海事案例解析

Analysis of maritime accident cases

方信雄 著

五南圖書出版公司 印行

前言

　　聯合國貿易和發展會議多年來皆估計全球貿易量的 80%，以及貿易總價值的 70% 是經由海上運輸完成的，可見海運絕對是國際貿易與全球經濟活動的最主要動脈，因此維持海運業的運作順暢與發展，一直都是全球各大強權與沿海國的基本共識。

　　事實上，為追求產業環境的永續性、數位化、提升作業與商業效率，海運業的商業運作在過去非常短時間內已產生根本的變革。而近幾十年來最顯著的轉變象徵，就是船舶船型尺寸的大幅增加，尤其自 1960 年代貨櫃船問世以來就一直穩定成長，且其成長幅度令人難以想像。2010 年前，如果有人提出要建造 24,000 TEU 的貨櫃船，定會招致一連串的冷嘲熱諷，但誰會想到當前最盛行的趨勢，就是全世界各大航商唯恐落人後，競相訂造超大型貨櫃船投入市場營運。也因為海運業者忠實奉行貨櫃船規模經濟（Economies of scale）愈大愈好的論點，造成港口、物流鏈、交通管理，以及生產線產生配套不足，甚至跟不上發展趨勢的潛在性嚴重衝擊。

　　因此，除了海上交通密度變高外，新一代船舶不僅船型變大變寬，船速更是比以往更快，前者嚴重阻礙了駕駛員的視野，後者則限縮了駕駛員因應緊急事故的時間。另一方面，作為物流鏈中最重要介面的港口，最常見的不合理現象就是船舶太大港口太小，猶如水溝行舟，加上傳統港口考量海運經營的多變性，添置拖船的意願不高，因

而船舶在港內運轉每有配套不足的缺憾。例如 2021 年 3 月 23 日長賜輪擱淺於蘇伊士運河，乃至 2021 年 6 月 3 日在高雄港撞倒橋式機的東方德班輪案例即是船舶大型化配套不足的典型負面案例。因為超大型貨櫃船的方型係數（Block coefficient）變大，使得超大型船已不再具有吾人認知中的「船」型，因而操船者必須調整船舶操縱方式與思維，並備妥完善的備套設施，否則將有處理不完的海事。

眾所周知，海上環境瞬息萬變，船舶管理階層或船舶操縱者可以從容地本著自身的知識、經驗面對橫置於前的困難、險阻或是發展中的危險狀況作出平靜、適當的回應，以化解危機或降低損害至最低程度，而此種難以下定義的職人專業工藝與技巧，即傳統航海上所稱之「優良船藝」（Good seamanship）。「船藝」可以被視為一種基本船舶手（工）藝（Craft），係指經由多年海上工作經驗的傳承、練習與鍛鍊而成的專業技巧。它是一種代代傳承而下的技巧，無法單憑納入標準工序或經由課堂上傳授即可習得者。

顧及當前儘管科技精進，唯海上事故率卻高居不下，所謂「前事不忘，後事之師」，因此特蒐集多起海事案例，進而依據事故後調查的相關資訊探討解析事故肇因，特別是從各案例獲致的經驗教訓，本著推行「分享文化」（Shared culture）的理念，於各案例解析中提供心得分享，期我海上同仁引以為鑑，並提升我航海同行的職場警戒，期以達致防範事故於未然之效。

筆者於 2020 年 9 月 28 日自 K 港引水人辦事處主任一職屆齡退休，是年恰逢六十年一輪的庚子年，也是民間傳言的災難年，果真於年初即引發全球性新冠肺炎病毒（COVID-19）疫情，並造成數以百萬人

染病喪亡，一時之間封城鎖國如同常態，加諸疫苗短缺人人自危，只得窩居家宅自尋消遣，再次體會人焉能勝天的無常？回想先前答應出版老師的書約未竟，遂在閉關躲疫期間動筆撰述此書，特此記述。

回首筆者自職校畢業即投入海上職場，除兩度回校進修外，此生幾乎都在航港界度過，其間有幸自臺灣省港務局時代起，及至交通部航港局連續被委任海事評議委員一職，復於 2019 年 8 月 1 日起被國家運輸安全調查委員會委任水路組諮詢委員至今，十餘年來參與數十起海事案件的評議，今膽敢僅憑藉服務航海界數十寒暑的職場工作心得與經驗編纂此書，純出自拋磚之圖，尚祈各方賢達、師長、先進不吝指教。

目錄

第五章　│　船舶沉沒案例

第六章　│　其他類型事故

第一章　海上事故的背景環境因素

1.1 引言

　　今日海運業涉及的團體甚眾，不同團體的動機雖然不同，但是讓船舶順利運轉的整體目標基本上是相同的。任何一個事故或其他種類的缺失，都可能影響到船員、船舶、貨載或環境，挑戰人命或身體健康及海洋生物，產生額外成本，乃至造成延遲或其他問題，並造成一個「不想預見的事件」（Undesired event）。因此沒有一位船員想讓自己涉入事故，進而讓自己與同僚的身命陷入危機中，當然也沒有一位船東、運航者、或租船人希望船舶與船員陷入危險的。因為一旦事故發生，除了需要減輕事故後果引發的金錢損失外，媒體的注意與大眾的負面認知可能對業者的營運帶來更多的挑戰。

　　我們知道從往昔至今，海運經營一直都是高風險產業，故而海上貿易的運作自古就被定義爲「海上冒險」（Marine adventure）。既然被定位爲「冒險」產業，就意味著無法全然避免非預期或偶發危險（Peril）與事故（Accident）的發生。加諸海運業具有強烈跨國產業特質，因而對「事故」一詞認定不盡相同，進而衍生事前防範與善後處理標準不一的窘況。

　　眾所周知，「事故」一詞率指負面與不愉快的狀況，從工安領域

來看，「事故」依其負面影響的程度大致上可分成：

1. 事件（又稱狀況，Incident）：造成或可能引起損害的狀態，事件若未造成職業病、傷殘、損壞或其他損失同時發生時，亦稱虛驚事件。

2. 意外事故（Accident）：當事件導致人體傷害、設備損壞、物質洩漏、對環境造成衝擊與傷害時，皆歸納為意外事故。意外事故乃是一種非計畫性且常常會造成傷害或損失，並干擾正常活動進行的事件，意外事故必然是由不安全動作結合不安全環境所引起的。

3. 虛驚事件（Near miss）：也就是在閩南語對話中常說的「好裡加在」，係指未對人員、設備或環境造成不良影響之偶發事件（Contingency or Contingent event），也就是說原本可能造成有害結果，但卻未發生意外事故，亦可稱為潛在危險事件。

1.2 海上事故的定義

長久以來，無論沿海國政府或海運社會對「海上事故」（Marine casualty or marine incident）的闡述與定義並不盡一致，因而產生許多困擾與爭議。似此，不僅增添事故後進行公正獨立調查的難度，更無法有效杜絕類似事故的再發生（Reoccurrence）。

而為有效防範事故的再發生，國際海事組織（IMO）的海事安全委員會（Maritime Safety Committee, MSC）於 2008 年決議案通過「海上事故或海上事件安全調查國際標準與建議實務章程」（Code of the International Standards and Recommended Practices for a Safety Investigation into a Marine Casualty or Marine Incident），簡稱海事安全調查章程（CI Code），並自 2021 年 1 月 1 日起生效。至此，國際間海難事故調查的合作遂成為強制性的規則（Mandatory principle），期以達致「透過調查與合作促進海運安全」的目標。而此一章程開宗明義即對「海上事故」作出明確的定義。

依據 CI Code，「海上事故」一詞係指與船舶運航、操作直接相關而發生，進而導致下列情況的事件或後果：

1. 人員死亡或嚴重受傷。所謂重傷係指從人員受傷之日起七天之內，造成人員無法保持正常功能 72 小時以上的傷害。

2. 船上人員失蹤。

3. 船舶滅失，推定滅失或棄船。

4. 船舶實質損壞。所謂實質損壞係指嚴重影響航海設施或船舶的結構完整性、性能或運作特性的損壞，以及需要重大修理或更換一個或多個主要部件的損壞，或主要航海設施或船舶的損毀。

5. 船舶擱淺、碰撞或不能使用。

6. 嚴重危及船舶本身、其他船舶或個人安全。

7. 船舶損壞造成對環境的嚴重損害，或潛在的嚴重損害。

必須強調的是，海上事故不包括意圖危害船舶、個人或環境的故意行為（Intentional act）和疏忽（Negligence）。

相對於上述工安領域的認定，CI Code 亦對海運領域不同影響程度的事故加以定義，但基本上是大同小異。

1. 意外事故（Accident）：乃是一種非計畫性且常常會造成傷害或損

失，並干擾正常活動進行的事件（an unexpected event with negative consequences occurring without the intention of the one suffering the consequences），諸如船舶的碰撞就是典型的非預期事件。意外事件必然是由不安全動作及不安全環境所引起的。

2. 事故（Casualty）

① 涉及人身的嚴重傷、亡的意外事故或災禍（an accident, especially one involving serious injury or loss of life）。

② 因為某一動作或事件（Event）所造成對任何人、團體、物品的損害或毀壞（如房屋遭致火災）。

③ 人們因一個動作或一個事故的結果而造成受傷害或喪生（one that is harmed or eliminated as a result of an action or a circumstance）。以人員傷、亡，財產毀損為要件。

3. 事件（又稱狀況，Incident）

所謂事件或狀況，是無預期、不期望發生的、一次性的、彼此不相關的負面事情。例如午後一場大雨、孩兒無由鬧情緒等都是「狀況」。狀況是具體的，可以很快處理解決。又狀況像疼痛，是一種病徵。「狀況」當然要處理，但若整天都在忙於處裡「狀況」，就非常態。故而處理「狀況」不能只看狀況本身，而要從潛在肇因來了解、解決問題。依不同的狀況，可能造成人員傷害、財物損害，或資源損失。

4. 災害（Disaster）

係指天然、人為或技術上的意外事件（Hazards）所造成的突然且通常為不可預見的禍害，並導致嚴重的人員傷亡、財物損壞、重

創經濟情勢與對環境造成劇變。災害大都起因於地震、水災、火災或爆炸等。災害可視為對風險（Risk）不當管理的後果。此等風險為「意外」結合「易受傷害性質」的產物。

　　儘管國際章程已對海上事故作出上述明確定義，但實務上立於職場第一線的海上從業人員，其又該如何看待海上事故呢？海上事故發生形態不一，通常會招致不同種類與程度的損害。一般在描述與評估海上事故時總不外考量下列各重要因素：

1. 商業用途或私人遊艇（whether the vessel or vessels involved are private or commercial）。
2. 船東或運航人的職責（the function of the owners and operators of the vessels）。
3. 事故的種類（the type of accident）。
4. 損害的種類與程度（the type of damages incurred）。
5. 有無人員傷亡（whether any injuries were suffered in the course of employment）。
6. 事故發生地（where the accident occurred）。

1.3 事故調查（Accident investigation）

　　事故調查或職業災害調查，係指由一位或多位具備專業、公正、獨立等條件的人員，針對事故或職業災害有關重要因素及背景因素加以研判，進而提出調查報告（Investigation Report）。調查報告內容的來源係從事故或職業災害相關人員、現場勘查、機具設備或其

他設備勘查等取得。

　　事故調查可作為認清所有有關造成危險事故的原因、狀況、環境及歸諸因素。實務上，常常產生乍看之下，導致事故的前後關係（the sequence of events）可能是非常明顯且合理的，但如果往深層探究可能會發現更多的細節才是造成事故的主要原因。又如果只把事故或災害的原因加以分類或分割，而忽略了各類原因之間的交互作用，以及漠視影響這些原因的外在因素，將很難有效防止或降低事故的再發生。因此面對事故，最重要的是，不能只看表面發生的，而是要蒐集所有可用證據並以公平的態度（Unbiased manner）澈底的分析。因為今天許多有用的科學證據可以得知到底發生了什麼事，但是它並不一定會告訴您為什麼會發生。以船舶碰撞為例，事故調查的重點應聚焦在操船者為何會有異於一般合理人應有的判斷與想法，而非只查出肇事過程的相關數據與紀錄，因為事故的發生常常是系統性或組織背景性的缺失所造成的。猶有進者，事故的調查必須排除調查員個人先入為主的偏頗意識，並以無究責的態度（No-blame conduct）進行，始不會產生失焦。

　　其次，有如著名的電腦語言「無用的輸入，無用的輸出」（Garbage in , garbage out）所述一樣，錯誤的資訊一定會產生錯誤的結論（the wrong data will produce the wrong conclusion）。很顯然的，進行事故調查時證據蒐集的不足將導致下列不良的結論（poor evidence collection leads to poor conclusions）：

1. 粗劣的結論導致粗劣的分析（poor conclusion lead to poor analysis）。

2. 粗劣的分析導致粗劣的建議（poor analysis lead to poor recommendations）。

3. 粗劣的建議導致粗劣的導正行動（poor recommendations lead to poor corrective actions）。

4. 粗劣的導正行動可能讓實際的系統原因未被提出（poor corrective actions may allow the actual system causes to remain unaddressed）。

　　作為海員必須能夠認清所有潛在證據來源，以及如何取得與保存（to access and preserve them）。這些來源可能是文書的，亦可能是物質的，或是以證據報告或面談的型式，尤其是 VDR 資訊。個人資訊及易消失的證據必須確認與記錄（perishable evidence must be identified and recorded），因為實務上常常發生時日一久，當事人難以提出保護自身權益的關鍵證據。其實，經驗上得知事故的相關照片常是重要的有力證據。

　　其次，「時間軸」（Timeline）在證據蒐集過程中是非常重要的邏輯守則（the timeline is the crucial logical ordering of the evidence gathered），它可釐清某些難以記憶的相關動作與情況。一個完整及正確的時間軸絕對可以協助調查者提升洞察力。此猶如一堆放在玩具盒子內的拼圖塊，與一張完整鋪在桌上的拼圖之差別，大圖會給您所要的答案。

　　再者，事故現場務必加以保護，此包括現場與相關證據的保存（preservation of the scene and associated evidence），認清珍貴的證據，包括物質、資訊及狀況等。

> **【註】**
>
> 　　法律上，船東與運航人負有提供具適航性船舶，以極盡最大努力使船舶具適航性的舉證責任（the burden of proving seaworthiness and exercise of due diligence to make the ship seaworthy is upon the vessel owner or operator）【Tug Ocean Prince Inc v United States, 584 F 2d 1151（2d cir.1978）】。因此，在航行事故發生的情況下，船東與運航人有義務證明其已盡最大努力（thus, in the event of a navigation casualty, it is incumbent on owners and operators to prove that they exercised due diligence）。

1.4 經驗學習（Lesson learned）

　　歷史經驗告訴我們，已發生的事故在未來還是會發生（accidents do happen and will happen in the future），所以人們必須從事故中學習教訓。然而日耳曼哲學家黑格爾卻又提醒吾人「歷史給我們唯一的教訓，就是我們無法從歷史中得到任何教訓。」此除了受人們擇喜棄惡的善忘本能影響外，更重要的是，憂心責任的承擔與世俗的面子牽掛，故而「隱惡揚善」、「家醜不外揚」常成為我們面對事故第一時間的潛意識態度。因此唯有在不以追究責任為前提的條件下，才能找出事故發生的根本原因，以及導致事故的狀況與環境，進而在船上、陸上及在整個海運業分享從中學到的教訓，並作為修改現行規定或作業程序的根據。究竟人生最有價值且具啟發性的學習，都是從錯誤中體驗得來。故而只要適當使用它們，當可防止事故的再發生（prevent recurrences of incidents），更可作為企業的實務指南，或是在訓練課

程中傳授「學到的教訓」（Lessons learned）皆具特別價值。

1.5 建立分享的文化（Shared culture）

眾所周知，當某件不符心願的事故發生了，人們的直覺反應就是保持緘默，其實如果能將經驗分享讓其他人得到防範意識，當可提昇從事故得到學習的分享文化。也唯有當人們處於一個無究責文化（No-blame culture）的環境中，從事故（Accidents）與虛驚（Nearmiss）中學到的教訓（Lessons learned）才會被報告出來，而且與海運社會各階層分享，這是提昇職場安全的重要基礎。

在完美的世界中，分享的文化不僅應始於安全建議的公布及傳播學習到的教訓，而是始於事故調查的最早開始時。海運為全球性產業，大部分的事故都會影響到不同的國際團體。船舶掛著不同國家的旗幟，並配置與搭載不同國籍船員與旅客在其他國家沿岸航行，假使我們企業的管理人（全球租船人）欲達到完全了解哪裡錯了，以及為什麼錯了的全面（終極）目標，則只有透過分享文化才能充分利用以不同代價所換取與學到的教訓。

那麼我們該如何做呢？如何能將經驗的知識分享於現今的商船隊？第一件事情就是要認知到相關問題究竟會影響到誰。很顯然地，此一清單將包括船員、船東、經理人、租船人、港口國、船旗國、保險業者（Underwriters）及環保人士（Environmentalists）。如果我們都受此一問題的影響，則我們就須一起找出解決方法。但必須注意的是，所有這些解決問題的建議絕不能增加船員的工作負荷。

分享提醒：

1. 引水人的主要責任是提供正確的資訊以確保航行安全，至於船長則負有船舶安全的最高責任（the pilot's primary duty is to provide accurate information to ensure safe navigation, while the master retains ultimate responsibility for the safety of the ship）。

2. 英國海事調查局的角色，是藉由與相關單位合作判定海上事故的原因與環境（條件），以降低類似原因與環境在未來再度發生的可能性，進而提升海上安全（the role of the MAIB is to contribute to safety at sea by determining the causes and circumstances of marine accidents and, working with others, to reduce the likelihood of such causes and circumstances recurring in the future）。

3. 加拿大運輸安全局（TSB）是一個專責調查海事、管線、鐵道與航空運輸事件的獨立單位。其主要目的在於提升運輸安全。至於究責與裁決民事或刑事責任並非本局的職責（the Transportation Safety Board of Canada (TSB) is an independent agency that investigates marine, pipeline, railway and aviation transportation occurrences. Its sole aim is the advancement of transportation safety. It is not the function of the Board to assign fault or determine civil or criminal liability）。

第二章　航行中船舶撞到不能移動的固定物體

2.1 引言

　　船舶碰撞事故若依「碰撞主體」區分，基本上可分成下列兩大類型：

1. 船舶與船舶之間的相互實際碰撞（Mutual physical collision）：涉事船舶同時處於碰撞到運動中他船的環境中。

2. 航行中的船舶撞及固定物（Allission）：亦即運動中的船舶撞到不能移動（固定）的物體的事故（one vessel runs into another or into an object that isn't in motion），最常見的就屬航行或運轉中的船舶撞及碼頭，以及碼頭上配置的岸基機具（Shore-based equipment），或是在離、靠碼頭的運轉過程中撞及泊靠在碼頭上的船舶，凡此吾人皆稱之為「船舶泊靠事故」（Ship berthing incidents）。此一風險區塊尚包括船舶在離、靠碼頭與繫帶纜繩過程中，造成船員或岸上工作人員的傷亡。

　　船舶在港區或河道內操作，因為運轉水域受限，故而撞及他船或外物的機率大增，尤其自從貨櫃船問世以來，船舶在港區內操縱過程中撞倒貨櫃橋式機（Gantry crane）更是船舶泊靠碼頭時最常見的事

故（參閱圖 2.1）。

圖 2.1　靠港貨櫃船撞垮橋式機

　　其次，因為在傳統港口的地形地貌未曾改變，船舶卻愈造愈大的背景下，使得港區內的操船條件更形惡化，故而稍有不慎即易釀成災禍。近年來最常發生的事故就是超大型貨櫃船在靠泊碼頭時，不慎撞到碼頭本體及其附屬設施（例如碰墊），而造成損失最大的情況就是撞倒碼頭上的橋式機，致使港口與碼頭的裝卸作業癱瘓。必須一提的是，隨著貨櫃船的噸位愈造愈大，損毀碼頭及其設施的事故率亦隨著愈高（參閱圖 2.2）。

　　眾所周知，關於撞擊貨櫃碼頭橋式機的防範措施，就是當船舶在泊靠碼頭的過程中，橋式機停放的最佳位置就屬指定船席（Assigned berth）的中間位置，如此始能在船舶失控的情況下，降低船艏或船尾觸擊碼頭橋式機的風險。其實，當船舶在泊靠碼頭的過程中，橋式機的最佳停放位置，就是遠離既經指定的船席範圍。但實務上，貨櫃碼

圖 2.2 船舶撞毀碼頭及其設施統計

頭場站為使裝卸作業不受延遲，常將碼頭橋式機置於可立即作業的位置是可以理解的。再者，貨櫃場站常因碼頭長度不夠，或鄰近船舶作業的位置不足而難以配合。

　　毫無疑問地，船舶泊靠碼頭時必須高度依賴作業過程中相關人員的互動（Human interaction）。過程中任一環節稍有出錯，常會導致船舶本身、碼頭、岸基機具的重大損壞，更有發生環境汙染的潛在可能，當然亦有可能造成船員與岸上工作人員的傷亡。

　　在大多數情況下，船舶離、靠碼頭必須經由船長、駕駛台團隊與引水人的聯合努力始能達致作業的安全。因此，團隊中每一個角色彼此間的良好互動，與相互了解對於船舶在引航水域的安全操作是很重要的，尤其務必將引水人實質地納入駕駛台管團隊（essentially integrating the pilot into the bridge management team）一起運作。因為引水人的主要責任是提供正確的資訊與運轉建議以確保航行安全，至於船長則負有船舶安全的最高責任（the pilot's primary duty is to provide accurate information to ensure safe navigation, while the master retains ultimate responsibility for the safety of the ship）。

　　從諸多案例顯示，港區內發生事故常肇因於船長對港口不熟悉，或是引水人先前未曾操縱過同型船（噸位與船種）。因此無論港口機關、引水人與船長都要經過適當的訓練與模擬，並備置完善的港勤作業支援系統與程序，始能安全地操控其所欲提供服務的船舶。

　　另一方面，主機與推進系統的故障是船舶發生碰撞最常見原因，也就是實務上最常聽聞的「倒俥不來」、「舵機失靈」、「發電機跳掉」等偶發狀況。對船方而言，為確保主機推進與操縱系統運作正常，必須建立並遵循正確的保養系統與程序，包括嚴格的遵守船舶管理系統（Ship's Safety Management System）。相同的，港口管理機關則須備置足夠馬力與數量的拖船，特別是要考量顧客的變化性需求，諸如大型船舶即是。其次，談及船舶繫泊（Mooring）或繫帶（Tying up），欲確保靠港船舶繫泊妥當的最基本條件，就是絞纜機作動正常而且纜繩狀況良好。

　　前述船舶在泊靠過程中的觸碰（allision occurred during berthing）事故，在天候惡劣時最易發生，例如強風的影響可能會造成無預期的艏向變化與風壓差（wind may cause unexpected heading changes and leeway）。又在泊靠碼頭時，若疏於正確修正風壓差常會造成泊靠事故（failure to compensate correctly for wind during berthing is a frequent cause of berthing incidents）。因而無論引水人或是船長在有風的情況下離、靠碼頭，必須審慎考慮並評估風的衝擊。

至於船舶肇事前的速度與碰撞損壞之間的關係，從長久的經驗得知，當泊靠船舶以大於 30° 的角度趨近碼頭時，只要在船速低於 2 節的情況下觸撞碼頭，船體大致還不會破損，最多僅是船殼板凹陷而已。反之，若觸撞前的船速超過 4 節，大多會造成船舯的船殼板破裂或損壞。因此，當欲泊靠的碼頭在目視可及的情況下，除了儘可能採取與船席法線平行的角度泊靠碼頭外，更要將速度減至 2 節以下，以避免重大碰撞事故。

近年來，氣候異常變遷加劇，使得往昔未曾發生與無規律的異常天候狀況愈趨頻繁，因此，所有船舶與港口務必針對本船或本港的獨特狀況，建立適當的緊急或應急計畫（establish appropriate emergency/contingency plans）。

2.2 案例解析

案例 2.2.1 貨櫃船撞擊碼頭及橋式機（Gantry crane collapses after allision with container ship）

1. **事故種類**：碼頭受創與橋式機倒塌
2. **案例陳述**：

某引水人於 2018 年 1 月 8 日 17：00 時，登上載運 1,367 TEU 貨櫃，由 X 港開往 K 港的 H 輪。當日 13：02 時，該輪航經富貴角

北方以 VHF 呼叫 K 港引水站，報告 ETA K 港爲 16：15 時，引水站以 H 輪原定靠泊碼頭仍有他船停靠爲由，告知引水人登輪時間延至 19：15 時，H 輪遂於 K 港西北西方 19.5 浬處停俥漂流等候。

　　17：10 時 H 輪啟動主機續航 K 港，其間曾於 18：30 時使用倒俥調整船速，及至 18：34 時，船位距 K 港防波堤口 1.5 浬處與引水船會合，18：35 時停俥，航速約 5.3 節，引水人順利登輪。18：37 時，引水人抵達駕駛台後，船長向引水人簡報：「目前航向 150°」，隨即啟動主機，並提供引航卡（參閱圖 2.3）供引水人參考。

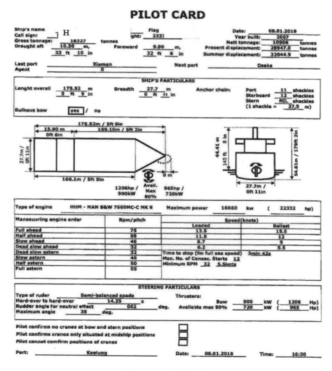

圖 2.3　引航卡

　　引水人下令穩舵（Steady），使用慢速進俥（S-AHD）續行。18：38時，引水人下達半速進俥（H-AHD）指令，同時告知船長已安排兩艘拖船協助右靠東11號碼頭（參閱圖2.4）。

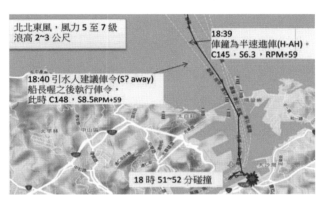

圖 2.4　H 輪進港軌跡示意圖

　　18：41～18：43時，拖船「K港1401」（下稱「拖船01」）、「K港1402」（下稱「拖船02」）分別向引水人報到，引水人指示「拖船01」左帶頭（左舷船艏帶纜）、「拖船02」左帶艉（左舷船艉帶纜），同時建議船長先帶倒纜（Spring line first）（參閱圖2.5）。

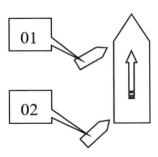

圖 2.5　拖船配置計畫圖

18：44 時，H 輪通過防波堤口，船速約 12.7 節、RPM+67，引水人建議慢速進俥（S-AHD），船長應聲後執行俥令，隨後引水人建議微速進俥（DS-AHD），至 18：44：53 秒，下達停俥（Stop Engine）指令，此時船速約 12.3 節、主機 RPM+44、航向 163°，距離東 11 號碼頭 1720 公尺。

18：45 時，H 輪通過內防波堤，引水人指示拖船 01 改至右船頭備便，稍後指示 H 輪左滿舵，此時航速 11 節、RPM+27，航向 168°，距離東 11 號碼頭 1340 公尺（約 7.6 倍船長）。18：46：11，船長提醒引水人船速 10.6 節，引水人當下指示正舵。及至 18：46：45，引水人詢問船長：「RPM 是否能歸零？」船長回覆：「RPM 可以歸零。」引水人立即下達微速倒俥（DS-ASTN）俥令，此時 H 輪通過西 24 號碼頭，船速約 9.6 節、RPM+23、航向 178°，距離東 11 號碼頭 980 公尺（約 5.6 倍船長），此時兩拖船向西 24 號碼頭南側平行移動（參閱圖 2.6）。

圖 2.6　拖船與 H 輪相對位置示意圖

　　18：47 時，駕駛台發出二次蜂鳴警報聲，船速約 8.9 節、RPM+20。期間，引水人請拖船 01 船頭貼上（右船艏靠上）儘快大俥「督」（推頂右船艏），另請拖船 02 貼上（左船艉靠上）。隨後引水人下達停俥俥令並用左滿舵，此時 H 輪在西 24 號至西 19 號碼頭之間，船速約 8.6 節、RPM+18、航向 184°，距離東 11 號碼頭 700 公尺（約 4 倍船長）。此時依據 VTS 航跡顯示拖船 01、拖船 02 分別位於 H 輪右船艉（船速太快致拖船 01 滑掉）、左船艉，H 輪向西 19 號碼頭接近（參閱圖 2.7）。

圖 2.7　拖輪未如預期及時帶妥拖纜

　　18：48 時，引水人命拖船 02 大俥推頂左船艉後，並下達微速進俥（DS-AHD）俥令，9 秒鐘後引水人下令停俥，此時船速約 8.2 節、RPM+46，距離東 11 號碼頭 720 公尺。期間引水人曾詢問船長船速，船長告知 8 節，引水人複誦 4 節？船長再次回應是 8 節，隨後拖船 01 回報已在右船艏全速推頂，引水人即下達正舵（Midship）舵令、

請拖船 02 停止推頂但靠在船邊準備帶纜，隨即下達微速倒俥（DS-ASTN）俥令。當拖船 02 回報「停貼」、船艉拖纜帶好之後，引水人指示拖船 01：「回到左邊來。」此時船速 7.8 節、RPM+13、航向198°，距離東 11 號碼頭 500 公尺（約 2.8 倍船長）。依據 VTS 航跡顯示，H 輪船艏朝左偏轉（應是拖船 02 在船艉推頂效應），但 H 輪船體卻偏右向西 19 碼頭接近（應是拖船 02 推頂位置偏船舯所致）。

18：49 時，引水人下達倒俥俥令並漸次加大俥速，在 46 秒鐘內從慢速倒俥（S-ASTN）加至全速倒俥（F-ASTN），期間船長第一次通知輪機長需要倒俥，並指示：「主機改手操控制，我們很接近碼頭，我現在需要倒俥（take to manual control, we are very close and we need now）。」引水人下達「艏側推（Bow thruster）全速向左（Bow full to port）。」拖船 02 大俥督（全速頂左船艉），拖船 01 正通過船艉往 H 輪左舷移動，此時航速 6.5 節、RPM+ 4～7，距離東 11 號碼頭 300 公尺（約 2.8 倍船長）。

18：50 時，引水人再次重複下達全速倒俥（F-ASTN）俥令，船長再次催促機艙開足倒俥，並要求拖船在船艉拖拉。引水人急聲指示「拖船 01 船艉貼上趕快全速推頂左船艉」，並指示拖船 02 退開待命。拖船 01 回覆：「01 過來（前往左船艉，但未到位）。」船長再次詢問引水人：「拖船是否正在船艉拖拉？」引水人大喝停俥，此時船速 5.1、RPM「0」、航向 152°，距離東 11 號碼頭 200 公尺（約 1 個船長）。18：51 時，船長向引水人表示倒俥沒來（engine is not coming），再次要求引水人請拖船在船艉拖拉，隨後 H 輪於 18：51：06 以 4.9 節、RPM-9、艏向 117°，撞上東 11 號碼頭南端，並擦

撞橋式機使之倒塌（參閱圖 2.8～2.13）。

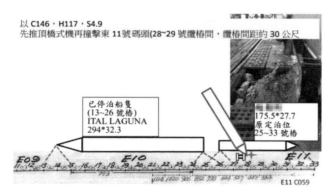

圖 2.8　H 輪撞擊東 11 號碼頭相對位置示意圖

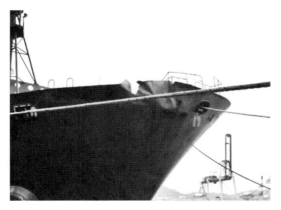

圖 2.9　H 輪右艏船舷緣損壞

圖 2.10   H 輪球形船艏損壞

圖 2.11   東 11 號碼頭損壞情形

圖 2.12   東 11 號碼頭橋式機倒塌（1）

圖 2.13　東 11 號碼頭損壞情形（2）

3. **案情研判（肇因分析）：**

　　依航政主管機關調查研判，本案係「船舶前進慣性未能及時抵銷」所致，其原因係由以下因素接續發生造成：

① 引水人與船長未核實確認俥令的收、發，致船舶前進慣性大幅增加。

　　從航行紀錄器（VDR）得知，該船於 18：40：46 秒即將通過東岸延伸防波堤時，引水人曾建議一俥令："S? away"，船長：「喔！」之後執行俥令，並無適當回報給引水人，而此一俥令執行長達 4 分鐘。經請引水人與船長聆聽 VDR 錄音協助辨識此一不清楚俥令，船長表示聽不清楚，但當時船隻準備通過東防波堤，半速進俥（H-AHD），唯船長在海事報告表示引水人所下俥令爲全速進俥（F-AHD），但船長手記俥令卻未記載此一俥令；引水人則表示 "S? away" 是指慢速進俥（S-AHD）。其次，執行此一俥令達 4 分鐘，主機 RPM 爲 +78（依據引航卡所示，RPM+78 應爲全速），卻未聽聞

船長回報俥令執行情形。顯然引水人未明確發令，船長亦未確實複誦回報俥令執行情形，雙方均有疏失。

② 船長與引水人未充分交換資訊，致未能及早採取因應措施。

　　船長對於引水人自 18：40：46 使用全速進俥（F-AHD）迄 18：44：08，長達 4 分鐘雖有質疑，但卻遲至 18：46：11 才提醒引水人船速 10.6 節；反之，引水人在 34 秒後才詢問船長：「主機 RPM 歸零，可否使用倒俥？」；船長回答：「可以。」

　　再者，下令倒俥之後，在 18：47：38 主機系統警報「Fuel cam abnor」（主機噴油異常無法倒轉）。儘管船長有請輪機長處置，但船長並未將主機無法倒俥的訊息告知引水人，引水人在沒有獲得警示之下，續行加大倒俥、拖船推拉等左轉靠泊碼頭的動作。雖碰撞碼頭前，主機確曾開出倒俥的負轉數，但均無法達到全速倒俥的較高轉速；而船長仍僅向引水人詢問拖船是否正在船艉拖拉？且遲至碰撞碼頭前才告知引水人倒俥沒來（engine is not coming）。或許情況危急，引水人對船長有關拖船的提問亦未做任何回應，當屬聯絡溝通不足的疏失。

　　必須一提的是，H 輪駕駛台的航行相關資料顯示器，乃架設於俥鐘操控台前方的走道正上方，恰好是在一般引水人操船位置的頭頂正上方，此配置不利引水人檢視船舶主機 RPM、船速、ROT 等船舶運動資訊，凡此皆會延遲或影響引水人操船決策的作成。

③ 船長與引水人錯估情勢，未以安全速度航行。

　　依據國際海上避碰規則第六條規定：「各船應經常以安全速度航行，俾能採取適當而有效之措施，以避免碰撞，並在適合當前環境

與情況之距離內，能使船舶停止前進。」顯然船舶港內航行時，應採取安全速度緩輪慢行，俾能採取適當有效之措施，及時使船舶停止前進。而安全速度之決定，應考量載重量、吃水、俯仰、既有船速，以及緊急停俥所需衝止距等因素。

④ 依據 STCW 公約第 A 篇強制性標準第 VIII 章當值標準第 A-VIII/2 節第八十條：「負責輪機當值的輪機員應確保永遠有空氣壓力或蒸氣壓力，並隨時立即執行駕駛台所有有關船速或航向變更操作之命令。」啟動空氣壓力不足可能與 H 輪主機無法倒轉有關。

⑤ H 輪主機無法倒轉的另一原因，係當下主機轉速高於主機反轉限制，而觸發主機保護機制。依據輪機長所提供機艙設備資料，H 輪主機 RPM 反轉警報值為 +18，然此一資訊並未揭露於引航卡上，引水人自難據以判斷並施與有效之俥令，而在調查機關第一次訪談輪機長與船長時，輪機長與船長均未主動提到此一限制，顯示船方對船舶特性未充分掌握，亦是影響決定安全速度的原因之一。

其次，18：46：45，H 輪甫過防坡堤，引水人詢問船長：「RPM 是否能歸零？」船長回覆：「RPM 可以歸零。」引水人立即下達微速倒俥（DS-ASTN）俥令，此時船速約 9.6 節、RPM+23。一般傳統柴油機船舶，在船速約 9.6 節、RPM+23 情況下，欲啟動倒俥較不可能，此乃基本操船常識。

⑥ 船速太快影響拖船帶纜。H 輪船長接受調查訪談時反映：「進港船速太快致拖船帶纜失敗（延遲）（she was little bit fast while entering the port that make tug boat failure to make fast）。」

4. 心得分享：

為避免類似情形再次發生，應注意與改善事項如下：

① 駕駛台團隊應保持高度情境警覺，隨時掌握進港動態。

由於 H 輪船長曾有多次靠泊 K 港的經驗，再加上進港前曾使用過倒俥，故而對船舶性能相當信任；反之，該引水人亦有多次引領 H 輪的經驗，經船長告知船舶運作正常後，雙方均認為船舶情況正常而降低警覺性。

② 引航卡應註明主機反轉有關 RPM 之限制，船長並應善盡告知義務。

H 輪的引航卡上未註明有關主機反轉之 RPM 限制資訊；VDR 錄音裡亦未聽到船長與輪機長、船長與引水人談及此資訊。如主機反轉最低 RPM 之限制資訊能加註在引航卡上，將有助於引水人與船長更精準掌握船舶運轉性能。

③ VTS 宜適時對進港船舶給予安全性提醒。

依據商港法第三十三條：「船舶在商港區域內停泊或行駛，應受商港經營事業機構、航港局或指定機關之指揮。」準此，VTS 依據經驗法則，對通過防波堤船舶的速度有安全之虞時應及時提醒，以利進港船舶依當時情況環境儘速調整船速。

④ 拖船應在適當位置待命，並適時提醒引水人無法配合協助的困境。

H 輪船長於海事報告中質疑兩艘拖船未能發揮作用。此主因船長與引水人錯估船舶運動慣性，而未能有效運用拖船。

⑤ 貨櫃橋式機應置於適當位置。

橋式機在船舶靠（離）泊前，應移至預定船席的中央，並各距離艏、艉部 2～3 個纜樁，以預防碰撞及方便帶纜。未作業之橋式機應

移離作業船席範圍。事實上，最安全的作法是船舶離靠碼頭時，橋式機應駛離泊靠船席範圍內，視情況安全無虞後再移回作業位置。

⑥ 善用船舶操縱資源，切勿動輒無謂啟動主機。

　　H 輪 ETA 16：15 時，但因等候碼頭，遂於 K 港西北西方 19.5 浬處停俥漂流等候。直至 18：35 時，引水人才順利登輪。根據 H 輪俥鐘記錄，該輪在等候進港的 2 小時 20 分鐘內，連續頻繁短暫啟動主機用俥，企圖抵銷流壓風壓以保持船位於既定位置。此一操作勢必加速啟動空氣的耗盡，終導致 H 輪進港後主機啟動空氣不足，進而造成倒俥無法一如預期順利啟動的情況。

　　船舶抵港後因船席不足須在港外等候的情況時常發生。遇此情況，只要將船駛離至不影響進出港船舶交通的稍遠處，VHF 通訊可及的範圍內即可。以本案 H 輪離港 19.5 浬就是適當的等候位置。似此，儘管流壓與風壓作用船位會產生漂移，但位移量終究有限，因為離岸邊較遠，基本上並無妨礙他船甚至擱淺之虞，實在沒有頻繁用俥的必要。

⑦ 考量拖船的作業環境。

　　18：48 時，引水人請拖船 02 大俥推頂左船艉，此時船速約 8.2 節。因 H 輪船速太快，拖船根本無法做橫向（近 90°）推頂，以產生迴轉效應。此舉充其量只能採取略與 H 輪運動同向的斜向（縱向）推頂，反而增加 H 輪的前進速度。類此因拖船幫倒忙出事的狀況稱為 "Tug assisted accident"。

⑧ 切記！冷靜也是一種操船技術。

　　操船者於短時間內頻下指令，操船邏輯全失，尤其當一個操船指

令尚未生效之前即再下達指令，實犯操船大忌。

案例 2.2.2 散裝船撞跨海大橋

1. **事故種類**：船桅撞大橋底部
2. **案例陳述**：

　　2018 年 10 月 22 日 00：30 時，由德國某散裝船公司運航的馬爾他籍貨船 "Erna Oldendorff（以下簡稱 E 輪）" 在航往日本廣島縣江田島港（Etajima）途中，在航經「大畠瀨戶（內海）」（Oobatakeseto）時，當其欲通過連結本州大富町與周防大島町（Suo-Osima）的大島大橋時，撞上大橋底部。造成周防大島町斷水與光纖網路（Fiber-optic cables）斷線。事故的發生不僅大橋本身受創，連帶發生的重大影響是島上 17,000 名居民面對斷水與通訊斷線的窘況，使得船方與貨主勢必面臨巨額索賠（參閱圖 2.14、2.15）。

圖 2.14　大橋下水管與光纖網路斷裂情況

圖 2.15　主桅折斷的 E 輪

　　E 輪船上包括印尼籍船長在內共有船員 21 名，該輪自韓國昂山（Onsan）裝載 6,300 噸氧化鋁欲先前往吳港外海檢疫，再前往江田島港卸貨。該船雷達桅杆高度約 40 公尺，甲板上並且設有四具高約 35-36 公尺的吊桿起重機。在通過橋高 31.9 公尺（自海面起算）的大島大橋時撞到大橋。事後，該船既未停船，亦未通報岸方，就在起重機損毀、桅杆折斷的情況下繼續航向吳港外海。事故當時該輪未僱用當地引水人，全程由船長自行操縱船舶。

3. 事故環境背景：

　　日本瀨戶內海（Seto Naikai）的潮汐漲落差極大，加諸水道狹窄地形複雜，是日本全國潮流最為湍急水域。特別是事故發生的「大畠瀨戶」海峽極為狹窄，每日通過的漁船約 124 艘，最多只能讓 4,000 噸級船舶通航，故而除了大型船舶不能從大島大橋下方通過外，即使 3,000 噸級的沿海小油輪，多數日本船東通常亦訂下「不可通過」的

自制條款。大型船舶只得航行周防大島東側情島與津和地島間的水道
（圖 2.16 中標示的藍色航路）。

圖 2.16　　大型船舶航行水路示意圖

　　　　至於超過 2 萬噸的大型船舶，更應從愛媛縣的中島與怒和島間
的主要航道「Kudako 水道」航行。至於超過 25,000 噸的船舶不能
川航前述海域，是日本海運相關業者盡知的基本航海常識（參閱圖
2.17）。因此，第一次通過該水域的印尼籍船長，其爲何選擇此一航
路成爲眾所關注的焦點。

　　　　其次，外國籍船舶進入瀨戶內海，應在進入前 24 小時向該管海
上保安廳的岸台通報船舶相關資訊，並依據通航水域的安全度決定是
否僱用經驗豐富的引水人協助引航。但由於大畠瀨戶水域屬非強制引
水區，因此船長可以選擇不僱用引水人。

　　　　再者，船舶進港卸貨，貨主應有委託當地船務代理處理相關事
宜，故而此代理行應與船上事先相互溝通聯絡，而共享航路等資訊是

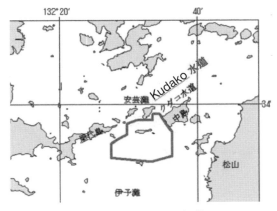

圖 2.17　Kudako 水道

一般實務上的常識。其次，因為橋梁或是障礙物的資訊在海圖上（含電子海圖）都有記載，並以該海圖所示圖資決定航路，所以即使不僱用引水人亦不應該發生類似事故。依據日本保安廳的調查報告，E 輪船務代理行事後表示該輪的航路「未取得本人同意」。

4. 事故分析：

　　船舶欲安全通過大橋，也就是通過橋體下部的最低處，只要查核自滿潮時的海面到橋下低點之間的間距，以及本船桅杆頂部高出水平面的高度（Air draft），就知道能否安全通過。

　　顯然 E 輪未預先詳查海圖與水文資料。當然船務代理未能提供資訊或預先查詢船長的計畫航路亦是事故原因。一般日本的船務代理遇有代理船舶的次一港口仍為日本港口時，在開船時除會詢問船長抵達次港的 ETA 外，通常亦會詢問船長的計畫航路，尤其是位處內海的港口。當然船長未主動告知船務代理，擬抄短路走捷徑亦是過於大

意，特別是在要通過大橋的關鍵情況，何況大畠瀨戶不僅水道狹窄，常有流速高達 10 節的潮流出現，航行非常困難。以船期緊迫爲由，在資訊未加確認前走捷徑是最不足取的。

5. **心得分享：**

① 核算船舶吃水與橋高間隙本係基本航海常識，故而本案顯非意外或偶發事故，而是人爲疏失的必然結果。船長與運航管理人皆難辭其咎。

② 大型船舶航行於不諳熟水域的情況下，與其擔心水深不足的風險，不如在進入瀨戶內海時即僱用當地引水人才是適當的作爲。因爲川航內海不僅要防範撞擊大橋，更要注意水深分布與潮流的急遽變化。尤其外籍船舶，船長與所有船員都是外國人，完全不知道瀨戶內海的水文狀況，基於安全考量，當然要僱用日本引水人領航，不能以降低成本爲由而不僱用。可以確定的是，本案 E 輪若僱有引水人在船，則熟知當地港灣水道常識的引水人就會建議「此船不可通過大橋」，也就不會發生撞橋事故。

【註】
　　日本的引水區管制稍有寬鬆，因而海運界彌漫著降低成本優先，安全第二的風氣。不容否認的，船長與引水人同爲船長，而且各人具備的教育與學習背景雷同，但船長終究不是每天在操船，故而操船未如預期順暢是理所當然。例如筆者往昔在引水執業中偶遇船長欲主導船舶操控權，基於海事法規，船長當然可取回操控權（Take the con），但偏偏船長所下的指令對船舶運動的結果是無意義甚至是負面的。這絕非標榜引水人操船技術高超，而是引水人每日與船爲伍，即使庸庸之輩，假以時日亦會習得一定水平的操船技術。筆者也是任職引水人後才慢慢體會操船要領）。

③ 本案 E 輪並非滿載，而是接近空載狀況，船長與駕駛員當然知道水面上船高較滿載時爲高。作爲航行基本資訊的海圖，都有詳細載明在最低潮時的水深，以及最高潮時的橋高，只要詳讀海圖都可據以判斷是否安全可行。

④ 傳統上，日本籍船舶的船長與駕駛員都是公司長期培育僱用的幹部。但是權宜船籍上菲律賓與印尼船員的調配則是由仲介公司（Manning company）負責招募的。此乃因爲日本自七〇年代起，龐大船隊即因船員嚴重不足，而不得不僱用外籍船員。而爲降低人事成本，日本的海運公司大舉在東南亞國家設立船員養成學校，培育優秀的外國船員作爲主力，也因此日本船東亦成爲廉價船員的最大雇主。事實上，減少僱用薪資較高的日籍終身僱用船員，改僱依賴仲介業者調派約僱船員的船東愈來愈多。就安全運航而言，船員合理的薪資不斷下降的問題不得不重視，因爲從市場上船員素質日趨低落的角度來看，各大海運公司紛將屬輪改懸法規規範鬆散的權宜國籍，難道與近年來船舶事故頻生沒有關係嗎？究竟開發中國家對船員的訓練與證書的核發相對鬆散。如 E 輪船長連本船高度都不了解，海運公司竟將價值數十億元的商船，託付此一完全不了解本身責任的外籍船長，即是得不償失的最典型例子。

案例 2.2.3 散裝船在河道撞上繫泊船（Allision between the bulk carriers）

1. **事故種類**：航行中散裝船喪失艏向控制力

2. **案例概述：**

　　2019 年 4 月 18 日，土耳其籍散裝船 "Gulnak（以下簡稱 G 輪）"，撞上繫泊在英格蘭 Teesport（以下簡稱 T 港）河岸旁散裝貨 Redcar 碼頭的巴拿馬籍散裝船 "Cape Mathilde（以下簡稱 C 輪）"。兩船都遭受損壞，但無人員傷亡，亦未發生油汙染事故。G 輪為載重噸 35,167 噸的輕便型散裝船（Handy size bulk carrier），方型係數（Block coefficient）0.8328。這一船型乃是分別在幾個中國造船廠建造的 24 艘姊妹船之一。G 輪所屬的公司於 1989 年設立於土耳其的 Izmir【註】，沒有證據顯示 G 輪或其姊妹船先前有在操縱過程中發生過無預期的障礙（Unexpected difficulties）的紀錄。

> **【註】Izmir**
> 　　伊茲密爾，土耳其的第三大都市，第二大港，伊茲密爾省省會。位於愛琴海伊茲密爾灣灣頭，為天然良港。

　　4 月 18 日 02：49 時，英國籍引水人在 Tees Bay 登上輕便型散裝船（Handy-size bulk carrier）G 輪，欲航往 T 港（參閱圖 2.18）。

　　引水人由三副護送至駕駛台（參閱圖 2.19），抵達駕駛台後三副接替舵工工作。此時土耳其籍船長在駕駛台，船舶採手操舵（Handsteering）模式運轉。

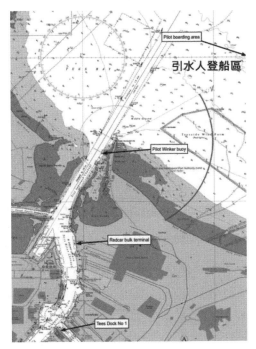

圖 2.18　摘錄自 BA2566 海圖之相關位置

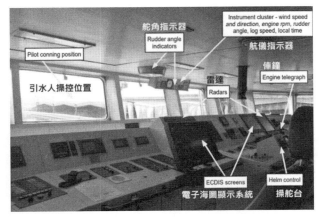

圖 2.19　G 輪駕駛台航儀配置

引水人下達「艏向 260°、全速前進（F-AHD）」的指令（轉數 105/10 節）。因為夜間能見度只有 2 浬，東北風風力 2～3 級。預期抵達 River Tees 河口的高潮時間為 03：35，潮高 5.31 公尺。預估漲潮流流速 0.5 節。

引水人與船長討論 G 輪泊靠 T1 號碼頭的航行計劃（passage plan to the ship's intended berth）。議題包括繫泊計劃（Mooring plan），預計在 Redcar 散裝碼頭（以下簡稱 R 碼頭）繫帶兩艘拖船，並告知船底龍骨間隙（Under keel clearance, UKC）不會低於 8 公尺。

船長告訴引水人 G 輪滿載石膏粉（Gypsum），艏、艉吃水皆為 10.27 公尺。所有機具正常，且船艏雙錨已備便。討論後，引水人使用特高頻無線電話（VHF）向船舶交通服務中心（VTS）報告其已登輪並航向港口。

03：02～03：12 之間，G 輪艏向大幅向左轉至 212°，引水人注意到三副使用 5° 舵角操縱此一重載船並無困難。

03：15 時，G 輪對地速度為 10.4 節。而為對準可航水道導引燈（Navigable channel's leading lights），引水人下達「艏向 210°」的指令。

當 G 輪接近第 9 號浮標時，引水人下達「半速前進」（H-AHD；85 RPM-8.5 節）的指令。三副在 45 秒鐘後確認主機處於「半速前進」狀態。

當 G 輪趨近第 11 號浮標時（參閱圖 2.20），引水人下達「左舵 10°」的指令，開始轉向至 170°，企圖使船航行至航道的中央。在 1 分鐘內，G 輪以每分鐘 23° 的迴轉率轉向南方，引水人遂下達「慢速前進」（S-AHD；64 RPM-7 節）的指令（參閱圖 2.21）。

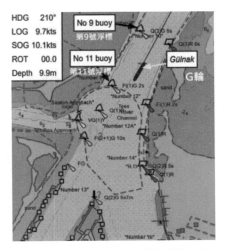

圖 2.20　03：20：10 採左舵 10°

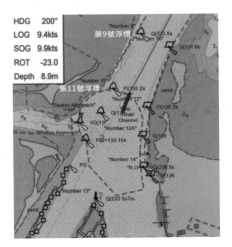

圖 2.21　03：21：01 採正舵

　　而為降低迴轉率，引水人隨即下達「正舵」（Midships）指令。
但此迴轉率遠超過引水人所預期者，因此引水人下達「右舵 20°」指

令，隨即改下「右滿舵」（Hard-a-starboard）指令。

03：21：17時，G輪以每分鐘28°的迴轉率艏向通過190°（參閱圖2.22）。

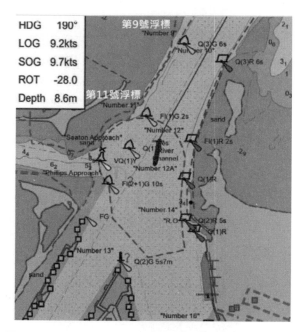

圖2.22　03：21：24時右舵舵角20°企圖穩住艏向

此時，船長立於俥鐘（Engine telegraph）旁，並觀察到迴轉率並未降低。因而主張加俥以制止船舶的迴轉。引水人同意並下達「半速前進」指令，於是船長搖下俥鐘。然而船舶仍以每分鐘22°的迴轉率通過166°（參閱圖2.23），因而船長再將主機加速至「全速前進」。

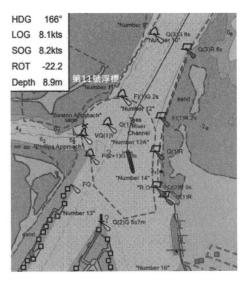

圖 2.23　03：22：22 時主機全速前進

　　稍後，引水人詢問是否：「全速前進」，船長回覆：「現在是全速前進。」

　　03：22：44 時，迴轉率爲每分鐘 21°，船長確認主機轉數爲 90 RPM，且在繼續增加中。

　　03：23 時，引水人擔心 G 輪仍繼續向左迴轉，促使他不得不再度向船長確認主機是否全速前進。船長確認：「是。」並向引水人表示已要求機艙增速至「海速全速」（Full sea speed）。

　　03：23：23 時，G 輪船速 7 節，迴轉率降至每分鐘 10° 向左，船艏向通過 147°。此時察覺，另一艘散裝船 C 輪繫泊於前方 220 公尺處（參閱圖 2.24），G 輪船長命令船艏繫泊部署人員（forward mooring party）準備拋錨（ready to let go the anchors）。

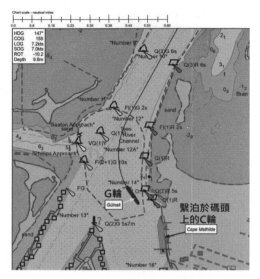

圖 2.24　03：23：23 時主機採全速倒車

　　此時兩艘在碼頭附近待命，準備協助 G 輪靠泊的拖船船長（Skipper），已察覺到當下的潛在風險（Potential hazard），並立即運轉趨近 G 輪。儘管 G 輪的迴轉率持續降低，但船長與引水人已體認到碰撞無可避免（a collision was inevitable）。

　　引水人走出駕駛台至左舷側（Port bridge wing），並下達「全速倒俥」（F-ASTN）指令。

　　03：24：20 時，G 輪左船艏以相對角度 29°、6.7 節的速度撞上 C 輪左舷。

　　碰撞後，引水人下達一連串俥令與舵令，企圖讓 G 輪船艉能夠甩離 C 輪。然在施行此等運轉動作時，引水人發現駕駛台左舷側的主機轉數指示器（Main engine speed indicator）指示異常。

　　此時引水人下令繫帶拖船，而船長則在評估損壞情況。另一方面，在碰撞當下，C輪正在休息的船員被撞擊的聲音與震動驚醒。

　　碰撞造成 G 輪左舷船艏嚴重凹陷，與備便中的左錨失落（參閱圖 2.25）。

圖 2.25　G 輪左船艏受創

　　C 輪左舷第 1 與第 2 舷邊壓艙水櫃之間水線上方的船殼板受創（參閱 2.26）。

圖 2.26　C 輪左舷受創

　　而 G 輪失落的左錨整個嵌入 C 輪第 1 壓艙水櫃的左前方。C 輪所有的繫纜完全沒有斷裂。

　　事後，兩船都在 T 港進行臨時性修理（Temporary repairs），並取得港口管理機關、海岸巡防隊，以及各自的船級協會的核可航往下一港口，並在後續的適當港口進行永久性修理（Permanent repairs）。

　　C 輪於 2019 年 5 月 10 日抵達法國的 Dunkerque，G 輪則在 2019 年 5 月 12 日抵達土耳其。必須一提的是，當 G 輪要離開 T 港時，引水人提及，船長似乎無法確認位於中央控制台的主機轉數指示器的指針是否正常作動。

　　依據調查報告，G 輪船長在碰撞發生後隨即儲存該輪的 VDR，所記錄的資訊稍後由調查單位解碼。但是解碼後發現紀錄器並無記錄有關舵機、操舵或主機轉數的相關資訊，而且 G 輪並未設置航向記錄儀（Course recorder）或主機（俥鐘）記錄器（Engine data logger）。

　　事故後，G 輪進行水下船體檢查發現舵板並未受損，並確認電力油壓操舵系統（Electro-hydraulic steering system）操作正常，可以在 21 秒鐘內自單舷滿舵扳至另舷滿舵（From hard-over to hard-over）。

　　另從 G 輪駕駛台 VDR 的收音器記錄顯示，引水人所下達的所有俥令與舵令，三副都有明確複誦，並在所下指令被執行後回報引水人。

　　G 輪海速最快可達 14 節，依據該輪的操縱資料，該輪主機從「全速前進」變換至「全速後退」要費時 7 分 46 秒。至於舵角的最大限制角度為 35°，而且可以在 22 秒內從單舷的 35° 轉至另舷的 30°。該輪在吃水達 10.3 公尺時，在 7 節與 10 節船速的航行狀態下分別會產

生 0.42 公尺與 0.83 公尺的船艉下蹲（Squat）現象。事故發生當時，第 11 號與第 13 號浮標間的河道水深因為河道北岸坍方（Slippage）減少了 4 公尺左右。主航道的潮流在大潮（Spring tide）時約為 1.5 節。此外，雖然河岸邊發電廠排出的冷卻淡水會使落潮流加速與減弱漲潮流，但在事故當時並無顯著影響。

3. 案例分析

① 速度與迴轉率（Speed/Rate of turn）。

　　03：20 時，在第 11 號浮標與 R 碼頭之間的潮流屬憩潮（又稱平潮，Slack tide）。從錄影帶的操船記錄得知，T 港的引水同僚認為在該情況下，G 輪引水人在第 11 號浮標與 R 碼頭間的操縱並無異於平常引航實務。唯一不同處是，當 G 輪通過第 11 號浮標時的速度快過其同僚慣用的 8 節。

　　G 輪是在沿著主航道航行，欲向左轉向至 R 碼頭時喪失艏向控制。G 輪在通過第 11 號浮標後，採取左舵 10° 欲自 210° 向左轉向 40° 至170°，結果產生每分鐘23°的迴轉率，艏向轉至200°（參閱圖2.27）。

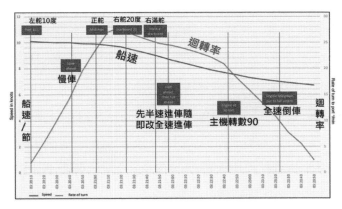

圖 2.27　G 輪船速與艏向向左的迴轉率

　　從圖 2.27 顯示得知，G 輪在 50 秒鐘內依序採行「正舵」、「右舵 20°」、「右滿舵」，相當程度制止了船舶向左迴轉的趨勢，但是直至俥鐘搖至「全速進俥」，主機轉數達 90 RPM，船舶向左迴轉的趨勢才明顯緩和下來。儘管稍後主機改採「全速倒車」，但仍無法避免撞上繫泊於碼頭的 C 輪。顯然肇事原因可歸諸於無法及時有效完全制止 G 輪向左迴轉。

　　必須強調的是，雖然 G 輪所配置的右旋螺旋槳，在低速運轉時，具有向左迴轉比向右迴轉容易的優勢。

　　又事故當時風力爲微風，潮流則是小到足以忽略的（Negligible），而且航道全程的龍骨下水深（UKC）都超過 8 公尺。再者，G 輪在失去控制之前，操縱上都未曾有任何困難，

　　事後，調查單位畫出八條其他同樣航往 T 港的輕便型散裝船的航跡（參閱圖 2.28），很明顯地，G 輪在迴轉時，船位較多數船舶的航跡偏西約 30 公尺。而且其他船舶在開始轉向 170° 處的速度皆在 8 節左右，此也是大多數 T 港引水人的習慣，但 G 輪的速度達 10 節。
② 淺水效應（Shallow water effects）。

　　如同多數船舶一樣，G 輪艏向與方向穩定性（Directional stability）不排除受船體、航道底床、船尾下蹲之間相互作用（Interaction）所產生的淺水效應影響。

　　G 輪的動態水呎（Dynamic draught）11.1 公尺（水呎 10.27m＋船體下蹲 0.83m），預測水深爲 19.3 公尺（圖示水深 14.1m＋潮高 5.2m），因此整段航程中大都能保有 8.2 公尺的龍骨下水深間隙，故而應不至於產生船舶操縱飄忽不定（Erratic steering）的淺水效應。

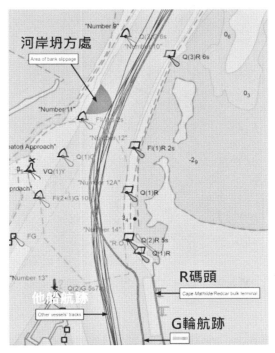

圖 2.28　G 輪與其他散裝船航跡比較

　　其次，由於主航道從第 11 號浮標到 R 碼頭之間約有 300 公尺寬，而 G 輪喪失控制當下的船位是近於航道中央線。理論上不會產生「岸吸、岸推（Bank-cushion）」或「船艏飄忽不定；狗頭嗅地（Smelling the ground）」等淺水效應。

③ 水流（Water flow）。

　　事故發生當時的水流（River flow）（參閱圖 2.29），G 輪喪失控制力的當下位於第 12 號與第 14 號浮標之間，仍處於漲潮的情況。但是這是可以忽略不計的（Negligible），因為其不足已嚴重影響 G 輪的運轉與操縱性（Movement and manoeuvrability）。

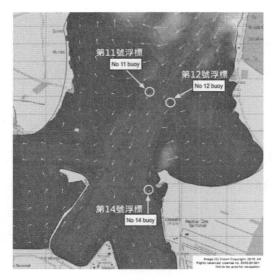

圖 2.29　高潮（大潮）前一小時的潮流

④ 主機速度（Engine speed）。

　　G 輪駕駛台內與左側翼的主機轉速指示器顯示不一的問題，可能是主機或是速度指示器並未如預期作動。然而，三副卻一直沒有告訴船長或引水人有關主機轉數與俥鐘轉數不一致的狀況。

⑤ 反應（Response）。

　　G 輪開始用舵轉向後，船長與引水人很快就發現 G 輪船艏並未如預期的轉向 R 碼頭，並迅速的採用右滿舵與全速前進欲制止船艏偏轉，這是許多船長與引水人在類似情境下都會採行的。

　　在大多數情況下，此等措施都可挽救危局，然而在本案中，即使引水人已採行 1.5 分鐘的反向舵補救措施，但仍是徒勞無功。之後，即使採用全速倒俥亦無可避免碰撞。至於拖船因為未帶纜，故而無法提供協助。

4. **結論**。

① 當 G 輪沿著主航道航行，欲向左轉對準 R 碼頭時喪失艏向控制，導致迴轉無法制止（could not be arrested），進而無法避免與 C 輪碰撞。

② 未能及早認知無法完全制止 G 輪的迴轉趨勢。

③ G 輪引水人的操作一如該港日常實務，除了在開始向左轉向點的船速較其他同船型散裝船快之外，其航行軌跡則與其他同型船的軌跡相似。

④ 雖然航程中全程的龍骨下水深都超過 8 公尺，但 G 輪的艏向與方向性穩定性（Heading and directional stability）亦可能受到某種程度的淺水效應影響。

⑤微弱的潮流與微風對 G 輪的運動不會產生明顯的影響。

⑥ 表面上，G 輪的俥、舵運作正常，但無法從 VDR 的紀錄器上得到證實

5. **採行措施**。

① 浚深第 9 號與第 11 號浮標之間的水深，冰清除河道北岸的坍方。

② G 輪與其姊妹船未來再彎靠 T 港時，必須預先通報港務長核可。

③ 要求引水人決定拖船待命位置時，應考量船舶的操縱特性（Vessel handling characteristics）。

④ 建議 G 輪所屬公司經常核對駕駛台航儀，包括主機轉數顯示器，以確保運作正常。

【註】MAIB

　　本案調查機構為英國海上事故調查局（The Marine Accident Investigation Branch, MAIB），屬英國政府組織。為表示事故調查的公正性與獨立性，如同全世界各海事事故調查單位一樣，MAIB 調查報告的結語都會特別強調「本報告所提出的安全建議不應作為究責或責任的推斷依據（Safety recommendations shall in no case create a presumption of blame or liability）」。

案例 2.2.4 散裝船觸撞碼頭

1. **事故種類**：聯絡溝通不確實致拖船未準時到場協助
2. **案例陳述**：

　　挪威籍總噸 32,839，全長 189.99 公尺的散裝船 "Spar Hydra（以下簡稱 S 輪）"，於 2018 年 2 月 28 日自韓國光陽港載運 14,000 噸鐵材啟航，於 3 月 3 日 17：00 時抵達高雄港外港錨地下錨。3 月 4 日 06：54 時，該船起錨並向高雄港船舶交通服務中心（以下簡稱 VTS）報告，欲航行至引水人登船區（Pilot boarding ground）接領引水人，VTS 請其於原船位等候。當時天氣晴朗，能見度良好，風速約 1～2 級，東南東風（102°～113°），港內平靜無浪。

　　07：08 時，引水人通知 S 輪航行至引水人登船區，S 輪隨即確認依序跟著雜貨船 "Thai Lotus" 進港。

　　07：12 時，引水人登輪。

　　07：14 時，引水人發現自己登上非原先排定引領的船舶。

　　07：15 時，引水人請 S 輪船長停俥，同時離船。

07：18 時，引水站請求 S 輪停留在目前船位，S 輪回應引水站流水頗強，但仍盡力保持船位，主機使用微速倒俥（D/ASTN）。

07：20 時，VTS 通知 S 輪為第 5 班進港船並請減速，此時 S 輪回報 VTS，先前引水人誤登該輪並已離船。

07：21 時，VTS 再請 S 輪減速，故而主機仍使用微速倒俥。

07：22 時，引水站通知 S 輪保持前進船速，並以微速進俥（D/AH）。

07：24 時，引水人 Y 員於高雄一港口外約 1.3 浬處登輪。船長與引水人隨即進行引航資訊交換（MPX），並討論引航計畫（Pilot passage plan），同時請引水人簽署引航卡（Pilot card）。引航卡載明船艏吃水 7.0 公尺、船艉 7.3 公尺，引水人詢問船長："Any cargo inside?"，顯然引水人意識到該船為輕吃水船。引水人隨即告知船長要從一港口進港，右舷泊靠 41 碼頭（參閱圖 2.30），進港後會有兩艘拖船前來協助泊靠，拖船要分別在左船艏與左船艉繫帶拖纜。

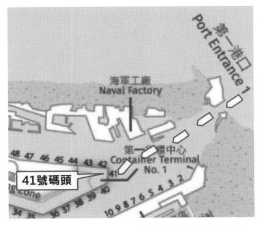

圖 2.30　高雄港 41 號碼頭位置示意圖

07：40 時，引水人向調度站申請兩艘拖船。

07：42 時，經協調後，確認將由「港勤 321」與「高 109」兩艘拖船協助。

07：44 時，S 輪通過一港口外防坡堤，主機慢俥前進（S/AH），船速 5.5 節。

07：50 時，以 6.8 節船速通過信號台。引水人經聯絡後始知高 109 尚在前鎮漁港附近趕來途中，因此請求調度站協調改派其他拖船協助。

07：51 時，調度站請引水人放緩船速，並告知高 109 應可來得及協助。

07：52 時，調度站告知引水人：「很快！高 109 馬上就到了。」於此同時，引水人請求船長雙錨備便，並告知另一艘拖船，將在 2 分鐘後抵達。此時，港勤 321 已抵達船邊。引水人下令停俥，並以 7.2 節船速滑行，距離 41 號碼頭 1200 公尺（約 6.3 倍船長）。

07：54 時，為保有舵效，引水人再度下達微速進俥（D/AH）指令，但隨即停俥。

07：55 時，港勤 321 拖船於左船艉繫妥拖纜並跟著前進。

07：56 時，引水人再度呼叫高 109，確認其仍在前鎮河口。

07：57 時，引水人告知船長船艉拖船來不及前來協助，並建議船長使用全速倒俥（F/ASTN），同時要求港勤 321 往正船艉方向全速拖拉，協助制止 S 輪前進速力。此時 S 輪船速 5.5 節，距離 41 號碼頭 420 公尺（約 2.2 倍船長）。

07：58 時，S 輪持續全速倒俥，引水人再度請求調度站調度附近

可支配拖船前來救急。

　　07：59 時，引水人建議船長拋出雙錨。船舶大副於距離 41 號碼頭 60 公尺處拋出左錨，再於距離號碼頭 20 公尺處拋下右錨。

　　08：00 時，該船以 1.8 節速度，與碼頭法線呈 70° 角觸撞 41 號碼頭。S 輪船舶觸撞碼頭後，持續倒車並絞起雙錨。

　　08：06 時，「港勤 322」抵達拖船於左船舶協助 S 輪泊靠碼頭。

　　08：12 時，第一纜帶上。

　　08：42 時，所有纜繩繫妥，完成泊靠作業（參閱圖 2.31）。

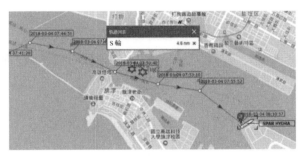

圖 2.31　S 輪運動軌跡示意圖

3. 案例分析：

① 本案最嚴重缺失在於應抵現場協助的拖船未準時抵達現場。調度站未經核實確認拖船位置即透過港勤網回覆引水人：「很快，馬上就到了」、「來得及啦！她已經快到前鎮河了」。類此訊息顯然過於草率，究竟「馬上」、「已經快到」等詞句語意不明。事後調查得知，07：50 時，高 109 船位約在 66～67 號碼頭之間，距

離 41 號碼頭現場約 2.8 浬，若以 10 節速度計算約需時 17 分鐘始可抵達。何況國內拖船在港內根本很難跑到 10 節速度，顯然過度高估拖船效率。

另一方面，引水人得知高 109 要從前鎮趕來作業，竟未積極審慎評估拖船未能抵達的情境。稍後再與調度站聯絡得知無法調派其他拖船協助時，更未依調度站建議調整船速。儘管 07：52 時已停俥，但船速高達 7.2 節，距離 41 號碼頭只有 1200 公尺。

② 引水人進入港內未以安全速度航行，致無法採取使船停止前進的有效措施。07：46 時，S 輪通過一港口防坡堤時，距預定靠泊 42 號碼頭，船長 199.9 公尺的「紹興輪」（Shaoshing）約 0.36 浬（約 667 公尺）。07：50 通過信號台時與紹興輪距離約 0.27 浬（400 公尺，約兩倍船長）。此時 S 輪主機慢俥前進（S/AHD），船速 6.8 節。與前船距離 400 公尺仍以 6.8 節船速前進，顯見引水人未依實際情況隨時調整船速保持與前船距離。

③ 從 VDR 解碼得知，S 輪 07：44 時通過一港口船速 5.5 節，07：50 時通過信號台船速 6.8 節，07：52 時停俥滑行船速 7.2 節速度滑行。船速未呈遞減反而持續加速，顯然忽略了碼頭的趨近。07：56 時離碼頭 420 公尺船速 5.5 節，碰撞已無法迴避。因為儘管引水人命令拖船往正船艉方向拖拉，但因拖船的拖纜帶在左船艉，實在很難朝正船艉方向施力，再加上 S 輪幾成空船狀態，甲板距水面高度較高，除非拖船帶長纜，否則拖纜離水面仰角過大，根本無法有效施力。

④ 07：57 時，S 輪船速 5.5 節，距離 41 號碼頭 420 公尺（約 2.2 倍

船長），再度請求附近拖船就近協助。似此，船速 5.5 節持續朝碼頭趨近的情況下，除非拖船已就位，否則根本來不及提供任何協助。

⑤ 07：59 時，S 輪在距離 41 號碼頭 60 公尺與 20 公尺處陸續拋出左、右錨。顯然離碼頭太近，效果不彰，致以 1.8 節速度撞上碼頭。依據往昔倒俥失靈緊急停船的經驗，此時唯一可行的就是及早陸續拋出兩舷艏錨，在更迭鬆出錨鍊拖行，或有效用。

4. **損壞情況：**

① S 輪船艏二處凹陷（參閱圖 2.32）。

圖 2.32　S 輪船艏凹陷

② 高雄港第 41 號碼頭岸肩路面破損部分突起，11 個岸際輪檔損壞，水下鋼板樁受損範圍長約 2.8 公尺，鋼板樁凹陷變形有 5 處破裂，並有淘刷漏砂情形，鋁陽極防蝕塊受損 2 塊。（參閱

圖 2.33、2.34、2.35）。一般船舶肇事後，未經澈底檢查前，船方都以為只有水上設施受創，其實巨大的衝擊力與震動都會相當程度破壞水下結構物。

圖 2.33　碼頭岸肩路面破損輪檔損壞

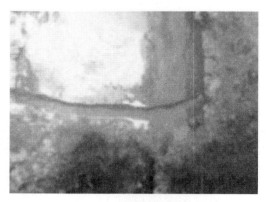

圖 2.34　水下鋼板樁斷裂情形

圖 2.35　水下鋼板樁斷裂有淘刷漏砂現象。

5. **心得分享：**

① 引水人登上非原先排定引領的船舶，實務上罕見。除非登船引水人受證照引領噸位限制，否則既然登船就應繼續執行引水業務，尤其在趨近港口的狀況下，接替引水人未登船前不應離船。因為此舉會給船長帶來不安心理，當然會影響到後續的船舶操縱。

② 高雄港幅員廣闊，引水人於 07：24 時登輪，07：40 始申請拖船，顯然為時稍晚。因為 07：44 時，S 輪已通過一港口外防坡堤，07：50 時，再以 6.8 節船速通過信號台。依照安全實務，拖船此時應在航道待命。何況本案自申請拖船後的短短 10 分鐘，要歷經調度站聯絡、協調與拖船移位運動等過程，

③ 船長在趨近碼頭，乃至緊急情況下皆未提出任何質疑，顯然未曾預先研讀計畫泊靠碼頭的水文與情勢。

④ 針對船速較快一節，引水人在調查過程中表示，S 輪後方有 8 艘

船舶排隊依序進港，爲恐影響後方船舶，致船速較一般情況快。此係港口交通與水域空間管理的問題，不應以後有追兵做爲違反安全速度規定的理由。究竟此一情況可透過聯絡或管制取得他船的諒解與合作。

⑥ 船長於調查過程中反應，引水人與信號台聯絡全採用華語溝通，他根本不知道內容爲何？法理上，船長只要有任何疑慮皆應立即請引水人澄清（Clarification）。當然從船舶安全與服務業角度，引水人遇有任何足以影響引航安全事宜或情況，當應主動以英文向船長做進一步詳細解釋。

⑥ 調度站值班員於事故調查時辯稱同一時間有太多船舶進港，所有拖船都在作業。事後證明一港口當時仍有一艘大拖船「港勤 322」已完成前一任務正閒置中；二港口仍有兩艘大拖船值勤備便卻未出勤。事實上，臺灣港口拖船能量不足已有相當時日，引水人面對此一情勢雖多方反映卻未見改善，因此謹慎的引水人多會對拖船的協助能量持保守態度，並隨時備妥因應方案。

案例 2.2.5 貨櫃船撞擊跨海大橋橋墩（Container ship Allision with bridge）

1. **事故種類**：霧中航行撞擊大橋
2. **案例陳述**：

　　2007 年 11 月 6 日，靠泊於奧克蘭灣（Oakland Estuary）奧克蘭港（Port of Oakland）56 號碼頭的香港籍"中遠釜山輪（Cosco Busan（以

下簡稱 C 輪）"，完成貨物作業準備出港。C 輪船長 247 公尺，馬力 77,600 匹，運能 5,447 TEU，2001 年建造。

11 月 7 日早晨 06：20 時，舊金山灣引水人（San Francisco Bar pilot）John Cota 船長登船，並與船長以及駕駛台團隊討論 C 輪出港的細節（Details）。當時海灣的能見度不佳，稍後更達到「濃霧」（Dense fog）狀況。

06：45 時，引水人開始與前來協助 C 輪的拖船 "Revolution" 船長聯絡。

06：48 時，拖船在左船艉（Port quarter）帶好拖纜。

07：45 時，引水人利用 VHF14 頻道向舊金山灣船舶交通服務中心（San Francisco Vessel Traffic Service，以下簡稱 VTS）進行初步核對（Preliminary check-in），並報告航行計畫（Sailing plan）。此一報告程序即使在能見度良好時亦須進行。引水人向 VTS 報告其將通過舊金山奧克蘭海灣大橋下 D 橋墩與 E 橋墩之間的跨徑（Delta-Echo span，以下簡稱 D/E 跨徑）。D/E 跨徑的水平距離為 2,210 呎（約 673 公尺）。

07：48 時，C 輪收回最後一條纜繩，再利用拖船協助與船艏橫向推進器（Bow thruster）的配合運作離開碼頭航行出港。C 輪迅即被引領至奧克蘭灣的主航道（Mid-channel）。此時能見度改善至約達 1/4 浬（約 463 公尺）。

08：00 時，拖船的拖纜改帶在正船艉（Centerline stern）。C 輪通過挖泥船 Njord，繼續正常地往海灣前進。由於加州船舶沿岸航行的空汙排放管制，C 輪採用柴油（Diesel fuel）航行。

08：20 時，三副首次測定船位，發現 C 輪船位偏離到預定航跡線（Intended track line）的左側 200 碼（219 公尺）處，但並未報告引水人與船長。

08：25 時，C 輪通過海灣航道 1 號燈標開始向左轉向。從船上 AIS 傳輸出來的軌跡線記錄顯示，C 輪迴轉時遠離大橋的 D/E 跨徑，航向 239°，船速 10.7 節。此時舊金山 VTS 曾與引水人進行短暫通話，告知引水人 C 輪的航向 235°，與大橋是平行的（running parallel to the bridge），請問其動態企圖為何？

08：29 時，引水人回報他仍繼續保持通過 D/E 跨徑的既定計畫，並告知 VTS 他的艏向是 280°。就在此時，船艏的瞭望員透過無線電告知「非常接近」（Very close）大橋。當下船速約 11 節（參閱圖 2.36、2.37）。

圖 2.36　C 輪電子海圖上顯示軌跡記錄（ECDIS tracking）

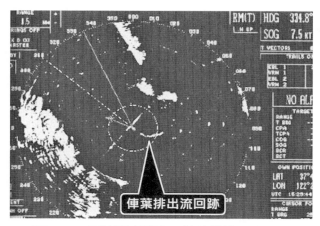

圖 2.37　岸基雷達顯示 C 輪俥葉排出流回跡

　　08：30 時，C 輪撞上大橋（San Francisco-Oakland Bay Bridge）的 D 橋墩，造成橋墩（Support）護墊基座損壞（參閱圖 2.38、2.39），以及 C 輪左舷船舯前部三個邊艙（Wing tanks）破裂。其中 2 號艙

圖 2.38　橋墩受創（一）

圖 2.39　橋墩受創（二）

是壓艙水櫃（Ballast tank），3 號、4 號艙是燃油櫃（Fuel tank）
（參閱圖 2.40、2.41）。引水人隨即報告 VTS：「C 輪『觸碰』」
（Touched）到大橋，正駛向 7 號錨地。」

圖 2.40　C 輪船殼板破裂（一）

圖 2.41　C 輪船殼板破裂（二）

　　08：37 時，舊金山灣引航站站長 Peter McIsaac 船長，向港務長（Captain of the Port, COTP）報告 C 輪觸撞橋墩，以及燃油外洩的事故。事後由海難救助與工程技術因應小組（Salvage and Engineering Response Team）計算此一突發事故燃油的外洩量，並確認汙染水域介於碰撞點與 7 號錨地之間。

　　08：50 時，C 輪錨泊於 7 號錨地。

　　08：55 時，肇事引水人 Cota 離船。

　　08：58 時，拖船離開。於此同時，引水船載來另一位接班引水人（Relief pilot）上船。傳聞當下該引水船船員曾向 VTS 報告，他們看到燃油自船殼內噴出（Pouring out）。

　　09：50 時，接班引水人向 VTS 報告擔心 C 輪在 7 號錨地其龍骨距海底間隙受限的憂慮，並請求移泊至 9 號錨地，港務長同意移泊。

　　10：22 時，錨離地（Anchor aweigh）。C 輪利用自力（under her own power）從 7 號錨地移往 9 號錨地。港務長認為在移泊的過程中，自破裂的油櫃漏出的油量應是微不足道的（Insignificant），因為油櫃

內的殘油因船殼破裂溫度降低更加凝結，而且殘油的靜水平（Static level）可能已與油櫃破裂處的最低點齊平。此時，又有非官方傳聞敘述：「殘油小量滲透（Seep）出來的。」記錄顯示，第 3 與第 4 號油櫃當時是處於沒有加溫（Heated）的狀態。

　　10：28 時，油汙染防治與因應加州辦公室（California Office of Spill Prevention and Response）通知州長辦公室與州警戒中心（State Warning Center）C 輪觸撞大橋，以及燃油外洩。警戒中心迅即將油汙染事故通知其他相關各州與當地機關。事後估算 C 輪造成 53,653 加侖燃油外洩的嚴重汙染事件。

　　10：40 時，C 輪通過大橋的 A 橋墩與 B 橋墩之間的跨徑（Alpha-Bravo span）。

　　11：05 時，拋錨於 9 號錨地。

　　11：54 時，海岸巡防隊調查小組首次登上 C 輪，並利用手機向地區指揮官報告，其 C 輪輪機長計算從船上油櫃漏出的燃油計有 0.4 公噸。

　　另一名由油汙染防治與因應加州辦公室派出的檢查員亦準備登船計算漏油量。該檢查員於 09：45 時抵達芳草園島碼頭（Yerba Buena Island, YBI），因一時無法取得交通工具，直至 12：05 時才登上 C 輪。可見事故當時人力與資源調度的困難。

　　14：30 時，檢查員在船上完成漏油量計算，並於 16：00 時趕回參加由統一指揮官（Unified command）主持的任務會議。會議中檢查員報告實際漏油量（Actual amount spilled）為 58,020 加侖，而且全是 HFO 380 重燃油（Heavy fuel oil）。

　　統一指揮中心於 20：00 時向加州緊急事務辦公室（State Office of Emergency Services）報告，並於 21：00 時發布新聞稿（參閱圖 2.42、2.43）。

圖 2.42　撞船 2 小時後的外漏油汙漂流示意圖

圖 2.43　鄰近海岸的油汙染告示牌

雖此次油汙染並非最嚴重的，但仍引起廣大的媒體、民眾與民選官員的關注。

在過去數十年間，舊金山灣區曾遭遇數起重大的油汙染（Significant spills）事故。

例如：

1971 年，"Arizona Standard" 與 "Oregon Standard" 兩艘油輪在濃霧情況中，於金門大橋下發生碰撞，造成 1,121,400 加侖燃油外洩。

1984 年，油輪 "Puerto Rican" 在金門大橋外 12 浬處發生爆炸造成 100～150 萬加侖油品外洩。

1996 年，貨船 "Cape Mohican" 在舊金山港 70 號碼頭外洩 81,900 加侖燃油。

本案 C 輪稍後再次計算漏油量得出 53,569 加侖（1275 bbls）。但第一天就回收 7,140 加侖（13.3%）；接續兩週自水面回收 19,466 加侖（36.3%）；自岸上回收 4,500 加侖（8.4%）。總蒸發（Evaporated）量為 4,060 加侖（7.6%）。

從上述數據即可得知美國海岸防衛隊（USCG）與公私海洋汙染防範與因應機構的超高清汙能量與效率。

3. 事故分析：

① 從 AIS 記錄發現，撞船前 C 輪的艏向曾與大橋呈平行狀態（參閱圖 2.44），但仍可看出碰撞前其曾以大角度轉彎航向中間橋墩（Central tower），而且有一艘拖船緊跟其後（參閱圖 2.45）。因此，除非有毀滅性的操縱失誤（Catastrophic steering failure），否則不會發生事故，因為該船所呈現的運作都是在良好的控制下，

亦即船舶操縱性能良好。

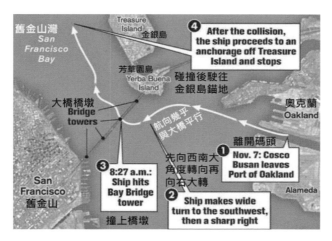

圖 2.44　C 輪撞橋前後的運動態勢與航跡示意圖

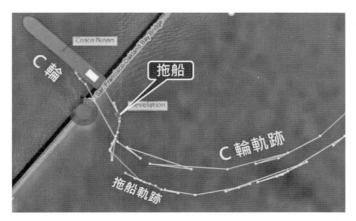

圖 2.45　電子海圖顯示 C 輪與拖船軌跡（ECDIS tracking）

② 事故當天，整個早晨海灣都是濃霧密布，引水人亦曾因濃霧而使
　　船舶開航延誤 90 分鐘。濃霧當然是拒絕開船的正當理由，但並不

表示絕對無法開船，因為有霧就沒有風，當然也沒有浪，因此只要經過審慎的安全評估，也就是交通情況允許、船機航儀正常、拖船護航，以及操船者熟悉當地港灣情勢等條件都具備，當然可以開船，只不過要採取分解動作緩輪慢行模式。

③ 碰撞前約 3 分鐘，C 輪明顯無法避免碰撞，負責監控港口交通的美國海岸防衛隊舊金山 VTS，曾和引水人聯絡並持續監視其進程，並且告知他其航行態勢是與大橋平行的，並質疑他的航向是否如先前報告的欲從 D/E 跨徑通過？顯然值班的 VTSO 已看到急迫的危險情勢，但卻無法積極有效制止事故的發生，甚為遺憾。

④ 碰撞前，該船全速航行，表示即使發覺事態危急亦無法立即停止下來，因而只有依賴轉向迴避。故而當引水人發覺船艏對著橋墩時，立即採取右滿舵，待船艏離開橋墩後，再下左滿舵指令，企圖利用船體迴轉產生甩艉之效，遠離橋墩。毫無疑問地，若非如此，而是以船艏正撞橋墩恐怕損害更大。但也因為船體迴轉造成左船舷沿著橋墩護材擦過 16 秒，致使整片船殼受創。

　　前述欲利用船舵迴轉船舶以產生甩艉現象，進而避開水面漂浮物或小型障礙物，是許多海員常用的操船技藝，也確實有相當效果。然而欲利用此一效果似乎只有在小型或運動靈敏的船舶始有成效，因為當前的大型船舶慣性頗大，故而迴轉時的縱距（Advance）亦隨之增長，加諸舵板面積亦未與船型作等比例擴大。因此欲利用類似前述「神龍甩尾」所產生的效應，當無法一如操船者所預期者一樣。

4. 心得分享：

① 引水人事後辯駁，C 輪雷達系統不可依賴（Unreliable），而且電

子海圖上的符號標識混淆（Confusion about symbols）。貨櫃船 C
輪船齡 6 年可算是新造船，除非有明顯的功能性故障，否則不能
歸咎於雷達系統不可依賴。至於海圖符號標識不清，更不能被熟
悉當地港灣情勢的引水人作為航行疏失的卸責理由。

事故後，舊金山灣區引水站規定所屬引水人登船時，務必要攜帶
內建有版本一致的電子海圖（Uniform electronic charts）的筆記型
電腦（Laptop computers），而不能單獨倚賴船上各家廠商開發的
不同版本的電子海圖。

② 一般發生油汙染事故，美國海岸防衛隊最先的反應就是防止汙染
擴散，其次是盡力降低公共健康與安全風險。但此次事故不幸與
公共安全最有關者並非油汙染，而是大橋的物理狀況（Physical
condition）。故而美國聯邦政府以「過失」（Fault）、「疏失」
（Negligence），以及違反安全與操作法規控告引水人。本案引
水人是整個事故中唯一被起訴的人。至於環保方面，美國法務
部官方聲明：「今日的求刑旨在強調 C 輪撞船並非一件意外事
故，而是一件刑事罪（Criminal act），這並非僅是涉及『錯誤』
（Mistake）的案例。此事的教訓是作為環境管理人（Environmental
steward）犯下放任船舶失控的嚴重疏失，致造成環境的嚴重損
害，將被嚴厲的起訴（will be vigorously prosecuted）。」此外，引
水人另被法院起訴的罪名如下：

a. 殺害候鳥（Killing migratory birds）。

b. 違法傾倒（Illegal dumping）。

　事實上，上述兩項被起訴的犯罪行為都是起因於油汙染，可見任

何海水汙染行為在當今海運社會都是絕對無法被原諒的。

【註】

　　過失（Fault）：依規定應有作為而不為或採取錯行（Failure to have or do what is required; something done wrongly）。

　　疏失（Negligence）：態度草率或漠不關心（Careless in manner or appearance; indifference）。

③ 本案引水人任職已 25 年，引領大船通過海灣大橋上百次。或許過於自信熟門熟路，才會輕率地踏上錯誤鏈（Error chain）的第一步——決定在能見度僅達 2,000 呎的濃霧下啟航，尤其未確認當下海灣中全面性的能見度狀況，深信僅靠雷達即可暢行無阻。吾人皆知濃霧常成團塊狀飄忽不定的移動，但總是區域性存在，因此不能心存僥倖。又儘管當前航儀發達精進，但是雷達顯像與實際地形地貌還是有差異的，尤其會有顯像變動或延遲的現象，此常會給在港區，或受限水域中操縱船舶的操船者帶來判斷上的錯誤，最常見的就是在濃霧中轉向時，很難準確地在適當的轉向點下達轉向指令與舵角的大小。筆者任職 K 港引水人期間，曾多次在濃霧中引領船舶進出港，最驚險的回憶就是貨櫃船要轉進西 23 號碼頭，以及大型郵輪要從西 18 號碼頭轉向出港過程。如同上述，霧中依據雷達顯像操船，每次轉向不是太早就是太晚，所幸速度極慢，才能化險為夷。因此，從航港安全角度來看，濃霧就是要禁止船舶進出港才是正確的港埠管理機制。

如同調查報告中引水人的錄音紀錄："Oh, yeah, it's so foggy. I

shouldn't have gone, I am not going to do well on this one.（霧太濃了！我真不應該開船。這次我搞砸了！" 吾人航行海上，與其事後懊悔，不如事先審慎評估，凡事都要做最壞打算，始能趨吉避凶。事故後，舊金山灣區引水人已經將開船的能見度限制從先前的 0.25 浬提高至 0.5 浬。

此外，當 VTS 告知引水人 C 輪的航向 235°，與大橋是平行的，引水人竟然毫無警惕，亦未積極核對艏向與船位，反而回報 VTS 他仍繼續保持既定計畫，而且告知 VTS 他的艏向是 280°。這就是最典型的「自滿」（Complacency）現象。

④ 引水人登船引領船舶，雖傳統習慣上皆視為船長的航行顧問，但在海事法規上船長絕對有權反駁（Overrule）引水人的指令。只是本案船長此航次剛上船，而且未曾有帶領 C 輪川航舊金山灣的經驗，加諸英文能力有限，因而很難質疑引水人的操作。當然東西方文化的差異（Cultural differences），亦是導致保守的華人船長未能積極向歐美引水人提出維護本身權益主張的原因。至於船長與當值駕駛員之所以無法修正或質疑引水人操縱疏失的另一個原因，就是因為他們沒有備妥一份經由駕駛台團隊充分討論後，預為擬定的航行計畫作為航行參考與比較範本。

⑤ 若從航行操作的角度探討此案，則引水人最致命的錯誤（Fatal error）為過度信賴電子海圖與船長陳述。當其察覺雷達顯像不可靠時，曾三度要求船長利用電子海圖上的標記（Symbol）指出兩個橋墩中間的跨徑（Span）所在，但船長卻將標記置於其中一座橋墩（Support tower）上。其實，此一認知差異主要起因於英文溝

通能力不足，而非技術性缺失。顯然 C 輪船長與駕駛台團隊成員的英文溝通（Verbal communication）能力有限，因爲引水人對於船上電子海圖不熟，撞大橋前引水人曾指著雷達螢幕請求船長指出兩個橋墩間的跨徑："Where is the span（橋墩跨徑）？" 但是船長可能誤解其意指向橋墩。「Span」一詞並非 IMO 標準航海詞彙，若非諳熟美式英文者，怎可能聽得懂。英文溝通能力不足雖不能視爲事故的主要歸因，但對整體安全運作卻有一定程度的影響。

⑥ C 輪雷達若眞如引水人所稱顯像不可靠，引水人爲何不積極另採其他方法作安全確認？須知埋怨並無法解決困難。

⑦ 本案引水人在事故調查中被舉發事故當時精神不濟，經查發現該引水人於 1999 年曾因酒駕（Drunk driving）被判有罪，而且長期服用抗憂慮及睡眠呼吸中止症的藥，兩者都會影響其操船的能力（impaired his ability to steer the ship）。專爲美國海岸防衛隊與聯邦航空管理局（FAA）評估船員與飛行員體能心智的 Dr.Robert Bourgeois 作證時指出：「我不希望任何服用那些處方藥的人，可以在位居安全相關位置作出決策。」此一案例提醒我海上同仁，若遇有身體不適服用藥物時，切勿勉強承擔關鍵職務。因爲酒精與某些藥物不僅會讓你（妳）體力變差，更會讓你（妳）喪失正常的判斷能力。如本案引水人就因服用特定處方箋藥物致降低了認知行爲（degraded cognitive performance）。

⑧ 本案船長與駕駛台團隊的缺失，就是謙沖地放棄關鍵時刻其對船舶的操控權（abdicated control of the ship），並讓與深受藥劑副作用影響的引水人，明顯的怠忽職守（clearly failed to fulfill his duties）。實務上，在巨大商業壓力下，沒有一艘貨櫃船不在趕船期，也因此幾乎沒有船長敢以天候不佳，如強風、濃霧爲由進而主張不開船的。

⑨ C 輪船舶管理公司於出事兩週前，在釜山更換整批船員的危險安排，被控疏於對派置於船上的新進船員施以充分的訓練，以及未部署充分的瞭望員，凡此皆是船舶撞上橋墩與漏油的主因。調查報告指出，C 輪船員的職前訓練是由一名只會說英文但不會說中文的印度人登輪隨船教授，再由船長翻譯成中文。該印度人從釜山隨船至奧克蘭，並於開船前離船，共計隨船兩週時間。但事實證明，船員並未如剛完成的訓練中所叮嚀的，竟未將碼頭至金門大橋間航程的航線畫出。此疏失看似與事故無關，因爲船員都認爲一位當地資深引水人定能安全引領船舶駛出海灣。此一漏畫航線的缺失，事故後被調查人員認定爲明顯的航行疏失。

此外，管理公司在招募船員時，曾指定英文爲船上所有中國船員的工作語言（Working language）。但實際上船上所有中國船員都無法閱讀船上的英文安全及作業程序（Safety and operating procedures）。

關於船員適任問題，本案即衍生出「如果一位引水人當他（她）知道引導一艘配置不適任（Questionable competency）船員的船舶出事時，仍會被判刑與課以財政責任，這將會是一個什麼樣的局面？」的憂慮。個人認爲在那種環境下，許多引水人應會拒絕引航船舶（Decline to pilot a ship under such circumstances）。因爲如果船員的能力及我們所信賴與期待的支持者是可疑的，爲什麼要由

引水人承擔責任風險（take the risk of liability）。

⑩ 船員的無奈：自事故發生後，有 6 名被「留置」（Detained）的船員，不斷往返旅館與法院之間。其身分並非嫌疑犯（Suspect），而是證人（Witness）。他們被留置於美國，只因他們是所謂對案件有決定性影響的證據保證（Material witness warrants）。此等「留置」模式已延續數世紀，即當遇有拖延訴訟，又缺乏其他法院證據時，為保全所需證據（to secure needed evidence）的方法。因為一旦一個外國公民（證人）回國後，實在無法確定其會依期回來作證乃至接受審判。

案例 2.2.6 油輪撞軍艦

1. **事故種類**：船速過快失控撞船
2. **案例概述**：

　　沙烏地阿拉伯籍油輪 "NCC SAMA（以下簡稱 N 輪）"，全長 183 公尺，寬度 32.2 公尺，總噸 29,168，載重噸位 46,791.4 噸，主機最大輸出功率 9620 kW（12900 HP），於 2019 年 3 月 8 日 13：00 時載運 MEG 硫酸鹽（非危險品）2258.22 MT 及甲醇（Methanol）9289.76 MT（Class 3, UN No.1230）由臺中港開往 K 港。進港後欲停靠西 16 號碼頭，因操縱失控撞上停泊於東 5 號碼頭的海軍「938 號寧陽艦（以下簡稱 A 艦）」。無人員傷亡，亦未造成油汙染（參閱圖 2.46）。

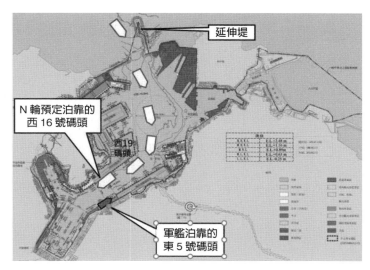

圖 2.46　N 輪引航計畫示意圖

　　碰撞當時，N 輪駕駛台除引水人外，還有俄羅斯籍船長與大副，以及菲律賓籍舵工。當天為農曆初三，退潮流流向東偏北，流速 1～2 節，港外風向為東，風力 3 級（7～10 節），港外浪高 1～2 公尺，港內無浪。

　　N 輪從全速進俥到全速倒俥需要 560 秒，主機連續啟動最多可達 22 次，主機運轉的最低轉數為 31.7 RPM，最低操舵有效速度（Steerage way）為 2.4 節。

　　A 艦排水量 4,265 噸，全長 134 公尺，船寬 14.25 公尺，吃水 7.54 公尺，艦艏朝港外右舷靠泊於東 5 號海軍碼頭。

3. 案例陳述：

　　3 月 9 日 00：00 時，N 輪依規定在距離 K 港 20 浬時，分別向 K

港 VTS 與 K 港引水站報到，K 港引水站告知引水人已在等候，請 N 輪繼續接近，並在距離防波堤 5 浬處再通報確認。

00：35 時，N 輪距離防波堤 5 浬時呼叫引水站，引水站回應引水船已在前往途中，請 N 輪繼續前進至距防波堤 3 浬的預定登輪點。

00：50 時，引水人告知 N 輪引水艇已在船艏 1.5 浬附近，登船速度 8 節。

00：57 時，引水人登輪，速度 7.5 節，俥鐘當時為半速前進（H/AHD）。

01：00 時，引水人抵達駕駛台，告知船長 K 港港口橫流強勁，隨即建議船長「全速進俥（F/AHD）」，並詢問船長吃水，船長回答最大吃水 9.8 公尺，並告知航向 170°，以及提供引航文件供參。此時由大副執行俥令，菲籍幹練水手負責操舵。

01：01 時，引水人請船長關掉甲板燈，進港後再開啟，並告知右舷靠泊西 16 號碼頭，會有兩艘拖船分別在左船頭、左船艉帶纜，使用拖船纜。

01：04 時，由於甲板工作燈亮度影響港口燈塔的識別，引水人再次請船長關掉甲板燈，船長表示收妥引水梯後會關掉。引水人隨即回應：「船長，我沒辦法很清楚看到防波堤，這比固定引水梯重要。」

01：06 時，距離延伸堤 0.9 浬，船速為 12.4 節，船長告知引水人：「本輪沒有船艏橫向推進器（Bow thruster）。」引水人回應：「我們有兩艘拖船。」船長：「本輪的速度要低於 4 節，才能啟動倒俥動能。」引水人回應：「4 節？」船長回應：「是的。」引水人則

表示：「船速低於 4 節才能啟動倒俥之要求不符合 SOLAS 規定。」

　　01：07 時，船速 12.7 節。船長向引水人表示：「現在是『全速進俥』，我猜當我們通過防波堤時，應會開始減速。」引水人回應：「是的，在那之後我會減速，OK？」船長：「引水人先生，我只是想請教您的引航計畫。」引水人回應：「是的，是的，我知道。」

　　01：08 時，N 輪通過延伸堤，速度 12.7 節，引水人開始採取減速，建議船長由全速進俥（F/AHD）減俥至半速進俥（H/AHD），並聯絡拖船「臺港 14301 號（以下簡稱拖船 01）」、「臺港 14302 號（以下簡稱拖船 02）」準備協助靠泊。船長提醒船頭人員將雙錨備便。

　　01：10 時，通過堤口，主機隨即停俥，引水人開始使用循環舵（Rudder Cycling）減速，並向船長說明所採取的減速措施。

　　01：13 時，通過西 19 號碼頭時，速度減至 8.5 節，拖船接近準備在船頭、船艉帶拖纜。

　　01：14 時，引水人與船長走出駕駛台右舷翼側。

　　01：15 時，N 輪向右轉入西 18 號碼頭水域後，引水人請船長可以用倒俥的時候通知，船長回：「OK」引水人隨後建議使用「正舵」（Midship），船長將此舵令傳給大副，大副卻回報船速，由船長糾正兩次後才將「正舵」舵令傳給幹練水手執行。

　　事實上，由於進港速度快，船體迴轉的縱距（Advance）亦會相對增加，故而 N 輪自外港（西 19 號碼頭）右轉進入內港（西 18 號碼頭），迴轉已經延遲，致船位偏向預定航跡（Intended track）的左側，也就是接近軍艦所在的一側（參閱圖 2.47）。

圖 2.47　船位偏離預定航跡

01：15：47 時，速度減至 6.5 節，主機 RPM 為 +8.6。

01：16 時，船艏拖船（拖船 01）在左船艏完成帶纜，此時船速 6.3 節，主機 RPM 歸零。

01：17 時，N 輪趨近西 17 號碼頭水域，船速降至 5.9 節，航向 225.3°（艏向 229°）。期間，引水人詢問船長船速，船長回應 6 節。同一時間，引水人向岸上繫纜工人表示 N 輪速度降的很慢，可能會超過船席再倒回來。此時，拖船 02 在左船艉剛帶好拖纜，引水人命令左船艏拖船 01 靠上並以中俥（Half power）推頂。

01：18 時，通過西 17 號碼頭水域，拖船 01 提醒引水人：「速度還滿快的！」引水人回應：「對，她要到 4 節以下才能打倒俥，所以一路上都不能用倒俥。」此時船長問引水人有何計畫？引水人回應：「因為速度快，保持向前滑行，就等待船長通知可以使用倒

倕。」此時，N 輪船速已降至 5.4 節，主機 RPM 歸零，航向 233.3°
（艏向 229.1°），此時引水人察覺船艉突然向左偏轉，即令左船艄拖
船 01 以大倕推頂（參閱圖 2.48）。

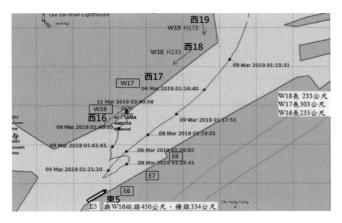

圖 2.48　N 輪運動航跡（自西 19 碼頭至西 16 碼頭）

01：19 時，N 輪船身超過西 16 號碼頭指泊船席位置，船長提醒
引水人船艉向左偏轉，引水人回應：「是的，我已命令左船艄的拖船
大倕推頂（Full power pushing）。」此時引水人不再等候船長可以倒
倕的通知，直接下達「慢速倒倕（S/ASTN）」，但由於對講機吵雜，
船長在傳遞「慢速倒倕」倕令時，未獲大副複誦執行，之後船長指示
大副「微速倒倕（D/ASTN）」倕令。大副執行後，主機 RPM 轉數
一度達到 −20.5，船長隨即回報引水人主機已「微速倒倕」，引水人
建議加至「半速倒倕（H/ASTN）」，並請左船艉拖船 02 朝後大倕
拉（Full power pulling），唯因主機倒倕 RPM 轉數未能維持，致無法

產生減速效能。此時船速為 4.9 節，航向 232.5°（艉向 223.5°），距離海軍東 5 號碼頭 327 公尺。

01：20 時，船長急速衝回駕駛台，同時駕駛台內傳出急促警報聲（主機啟動失敗），引水人建議全速倒俥（F/ASTN），船長令大副通知機艙用俥，機艙將主機操控切換成機艙控制室（ECR）操俥模式（參閱圖 2.49），隨後引水人建議下錨。在機艙接手控制主機、加大油門後，主機倒俥 RPM 順利建立並達到 –71.4。此時航向 225°（艉向 213.8°），距離東 5 號碼頭 212 公尺（約 1.1 倍船長），此時引水人命左船頭拖船 01 大俥推頂、左船艉拖船 02 朝後大俥拖拉，企圖將船艏扭轉向右。

圖 2.49　N 輪機艙控制室俥鐘與手動油門控制器

01：21 時，N 輪通過西 15（東 6）號碼頭，駕駛台持續發出急促警報聲，因左船頭逼近軍艦，左船艉拖船 01 請求退開避免遭夾擊，經引水人同意後退開。左船艉拖船 02 仍持續大俥往後拉。此時

速度降至 2.8 節，主機 RPM 轉數 –78.8，航向 215.1°（艏向 210°），
距離東 5 號碼頭 113 公尺。

　　01：22 時，N 輪船速驟降至 0.4 節，主機 RPM 轉數 –84.1，航向
183.3°（艏向 215.2°）。因距離軍艦太近，引水人雖指示拋下右錨，
全速倒俥，左船艏還是撞上停泊於東 5 號碼頭的海軍 938 號軍艦船舯
部（參閱圖 2.50）。

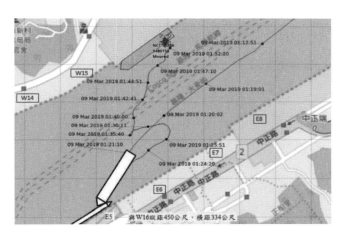

圖 2.50　N 輪碰撞軍艦示意圖

　　撞船的過程是 N 輪以結構最強的近錨冠（Crown）處先撞擊到軍
艦甲板上較脆弱的左舷舷牆，再順勢滑行擦撞，故而軍艦受創頗重。
而且在撞擊當下，因為軍艦水線上較高處被擠撞，致大角度向岸側傾
斜（從刮痕判斷傾角應很大），造成軍艦右舷船殼板嚴重凹陷受創
（參閱圖 2.51～2.56）。

圖 2.51　軍艦外舷被撞擊後受創（一）

圖 2.52　軍艦外舷被撞擊後受創（二）

圖 2.53　軍艦近岸側受撞擠壓船殼板嚴重凹陷

圖 2.54　軍艦漏夜搶修

圖 2.55　N 輪錨冠撞擊軍艦處

圖 2.56　N 左舷艏艛舷緣擦撞軍艦處

4. 事故分析：

海事調查機關經蒐集相關資料並訪談相關證人，研判本海事發生原因如下：

① 船長與引水人之間未充分交換引航資訊：參照 STCW 公約第 A 篇強制性標準第 VIII 章（當值標準）第十八 A-VIII/2 節第四十九條：「船長及引水人應交換有關航行程序、當地情況及船舶特性等資料。船長、及／或負責航行當值之甲級船員應與引水人密切合作，並對船位及動態保持正確的核對。」復依同公約第五十條：「如負責航行當值甲級船員對引水人之行動或意圖有所懷疑，則應要求引水人澄清之，如未能釋疑，應立即通知船長，並在船長到達前採取必要之行動。」可見船長與引水人密切合作、交換有關資料、正確核對船位及動態，是確保航行安全的基本要件。

本案引水人登輪後，為抗衡 K 港港口強勁的橫流，建議以「全速進俥」進港，但船長在引水人登輪後 6 分鐘，才告知引水人「本輪要有倒俥動能，速度要低於 4 節」，顯有延遲。另船長雖告知「本輪要有倒俥動能，速度要低於 4 節」的船舶操縱重要訊息，但未說明船速降至 4 節倒俥才能生效之理由，之後發生危急逼近情勢時，儘管主機 RPM 轉數已歸零，船長仍緊守「要有倒俥動能，速度要低於 4 節」的堅持，而不主動使用倒俥。其後又逕自將引水人建議之倒俥俥令由「慢速倒俥（S/ASTN）」降為「微速倒俥（D/ASTN）」。至於引水人部分，則有未及時回應船長對其行動或意圖提出詢問之情形，致進港前未能及早調整船速。

事實上，船速降到 4 節倒俥才生效，是船長在 N 輪最近兩次因

應主機燃油改採低硫燃油規定於進出麥寮、臺中港時，利用進港主機測試所累積的經驗。反之，若是使用重油的話，在速度 6 節就會有倒俥。此外，N 輪輪機長亦表示在使用低硫輕油（LSMGO）情況下，一旦船速超過 5.5 節，駕駛台操控模式可能無法啟動主機倒俥，但卻可以由機艙調整空氣、燃油比進行手動啟動。

② 船長與引水人溝通聯絡不足：N 輪進港過程中，船長曾二度向引水人關切船速，引水人亦有二次請船長告知可用倒俥時機。引水人為因應當下困境，建議使用「慢速倒俥」，船長則將俥令改為「微速倒俥」，但主機無法維持倒俥應有 RPM 轉數，經機艙接手控制後，倒俥 RPM 轉數才順利維持而產生應有性能。顯然船長與引水人的互動沒有交集，船長未告知倒俥沒來，只關切速度太快；引水人則是消極等待倒俥可用時機，未評估拖輪效能。

③ 情境警覺不足：N 輪船長與輪機長知悉其船舶使用低硫燃油後會有「船速降到 4 節倒俥才生效」的操控特性，但船長卻任由引水人登輪後加速進俥，卻未向引水人說明倒俥啟動有速限，亦未依當時情境及早改由機艙控制室操俥，致主機倒俥未能發揮應有效能。

很明顯地，本案船長與引水人都未體認對方真正意圖。船長無視危險的急迫性，始終堅持船速降至 4 節始可使用倒俥；引水人於登船時，船長已告知船速須降至 4 節始可使用倒俥，因此不管其有無符合公約規定與原因為何，最重要的是要想盡辦法及早減速，而非消極地等待船速下降。

再者，N 輪通過橫流區後船長關切速度太快，引水人理應立即減

俥降速，怎可以：「是的，是的，我知道」回應？基本上，除有急迫危險，否則基於尊重當應立即減俥以平撫船長焦慮。不容否認的，少數引水人囿於面子問題，會延遲回應船長的要求。

④ 引水人低估重載船的操縱不可掌握性（Unpredictability）：關於 N 輪向左偏轉之原因，引水人稱：「可能跟牛稠河流出之水流有關，也有可能為船艉拖船貼著走……」但對照氣象局所提供資料，事發前 3 小時平均雨量低於 1 毫米，另求證自牛稠港內西 11 號碼頭出發的拖船 02，拖船船長稱：「那邊流水無特別的異狀，跟平常差異不大。」顯然此一受流水沖激的說法不能成立。

至於碰撞前 N 輪的前進速度高於最低維持舵效船速（Steerage way），為何不使用右舵修正偏轉？引水人辯稱「船艙已經有使用拖船大俥推頂了，且那時候船速不足無法產生舵效。」然 N 輪引航卡載明最低維持舵效船速為 2.4 節。

綜上，引水人未預期船頭會向左偏而將船舵保持正舵（Midship），發現船艙向左偏後，又未以右滿舵瞬間進俥（Kick ahead）建立右轉動能，而僅以左船頭拖船向右推頂，但因此時船速仍有 3 節左右，迴轉支點（Pivot point）應位於近船艙端，故而拖船 01 在左船艙的推頂不易產生迴轉力矩，導致船艙仍向左偏，應是造成碰撞原因之一。

5. **心得分享：**

① 本案船長曾二次詢問引水人有關船艙速度的控制作為，引水人亦有二次請船長告知可用倒俥的時機，顯示雙方均高度關注船速，卻未能積極將憂慮化成有效的具體降速措施。

② 無論出於保護主機或使用特定燃油種類的理由，對起動倒俥的船速設限或可理解，但在緊急情況下，應毫無猶豫地放棄此堅持，積極要求機艙配合化解。

③ 儘管 N 輪重載，但進港以 12.7 節的速度通過堤口，明顯高估潮流效應，並且超過 N 輪的操舵有效速度（Steerage way）甚多。吾人常言加俥容易，但必須先考慮一旦俥速建立起來後，要如何減下來？尤其在港區內的有限水域。

④ 慎防拖船協助作業的負面作用（幫倒忙）（Tug assisted accident）。本案在 N 輪撞上軍艦之前，引水人請拖船 02 朝船艉方向大俥拉，企圖減緩 N 輪船速。但事實上由於拖船 02 所帶的拖纜極短，因此拖船全速拖拉的後果，就是以最大的排出流沖擊至 N 輪船體上，而此反作用力正抵銷了拖船的拖拉力量。另一方面，因為拖船帶在左船艉，加諸拖纜太短，因此很難轉至正船艉方向，更有可能因拖船在調整施力方向時，採「帶力迴轉」態勢而助長 N 輪的迴轉動能，加速 N 輪轉向軍艦（參閱圖 2.57、2.58）。

圖 2.57　拖船的負面作用（俥葉排出流反作用力）

圖 2.58　拖船難以自正船艉方向施力

　　除了拖纜太短之外，N 輪船速太快，若果拖船性能不佳，或拖船船長的操船技術欠佳，很難達致應有的預期功能。

⑤ 如港內水深足夠，應認真思考繼續往內港滑行，甚至採用瞬間進俥（Kick ahead）配合用舵，克制偏轉，待稍後船速降至可使用倒俥時再啟動之。

⑥ 全球各國的軍艦損壞賠償金額常是天價，因爲除了艦體表面損壞之外，每涉及武器系統的偏移走位校正，故而即使碰撞無可避免亦要遠離軍艦。一如前輩們常言，寧可重創商船亦不要擦碰軍艦。

案例 2.2.7 貨櫃船衝撞碼頭與橋式機

1. **事故種類**：拖船指令錯誤肇事

2. **案例概述**：

　　2019 年 1 月 28 日，總噸位 75,246，船長 299.99 公尺，最大吃水 13.7 公尺，運能 7,024 TEU 級的巴拿馬籍全貨櫃船 "E Summit（以下

簡稱 E 輪）” 在溫哥華港引水人引領下欲泊靠 "Vanterm 碼頭（以下簡稱 V 碼頭）"，碼頭水深 15.5 公尺。雖有兩艘拖船協助，仍撞上碼頭及碼頭上的橋式機。造成 E 輪、碼頭與橋式機的損壞，但無人員受傷，亦未造成汙染事件。

E 輪於 2007 年在日本三井重工製造，海上航行服務速度（Service speed）達 25.3 節。E 輪駕駛台離船艉距離 88 公尺，採全圍蔽式（Fully enclosed）設計，主操控台（Main steering console）位於駕駛台正中間，其右邊則是另一具包含有俥鐘與船艏橫向推進器（Bow thruster，以下簡稱「側推」）的控制台。另駕駛台兩側亦各有一具可以操控主機與側推的控制台，供離、靠碼頭操縱船舶時使用。船艏有兩具側推，功率合計 2,300 kW。兩部雷達都附有自動測繪功能（Automatic Radar Plotting Aid capability, ARPA）（參閱圖 2.59）。

圖 2.59　E 輪外觀

E 輪從寧波港開往溫哥華，船期表排定於 2019 年 1 月 28 日 06：00 時靠泊溫哥華的碼頭，船上裝有 3,462 只貨櫃，甲板貨櫃堆積至 8

層高。

E 輪在 1 月 27 日抵達加拿大維多利亞（Victoria）外海的引水人登船區（Pilot boarding ground）。22：40 時，加拿大沿岸引水人（British Columbia Coast Pilots, BCCP）登輪。此時駕駛台有船長、當值駕駛員、見習三副與一名正在操舵的舵工。引水人登船後，隨即與船長交換包括最大吃水、降低操縱船速所需要的時間（the time required for the vessel to reduce to manoeuvring speed），以及確認有無機具缺失（confirming that there were no machinery deficiencies）等引航相關資訊。此外，引水人亦與船長討論靠泊計畫（Berthing plan），並告知船長將要右靠 V 碼頭的 5 號與 6 號船席。此次事故前，E 輪船長曾靠泊 V 碼頭二十次以上，而且 E 輪船長與所有駕駛台團隊成員都完成駕駛台資源管理（BRM）訓練課程。引水人亦於 2016 年 4 月完成專為引水人設計的 BRM 訓練課程（BRM course specific to pilots）。

此時 V 碼頭上第 3 號與第 5 號橋式機被移動至碼頭的最西側端點處（離碼頭東端點 600 公尺），另三部橋式機（6、7、8 號）停在預定船席的船舯處（離碼頭東端點 300 公尺），最後一部橋式機（4 號）則是停留在碼頭的最東側（離碼頭東端點 80 公尺）。5 號與 6 號船席呈東西向（108°～288°），4 號船席則呈南北向與 5、6 號船席呈 72° 角（參閱圖 2.60）。

圖 2.60　E 輪預定靠泊船席與事故相關位置示意圖

　　事故當天，無風，黑夜但視線良好。高潮時間為 1 月 27 日 23：58 時，潮高 3.6 公尺，低潮時間為 1 月 28 日 04：54 時，潮高 2.7 公尺。事故發生時的潮高為 2.63 公尺。1 月 28 日 02：53 時，在第一峽谷（First Narrows）的最強退潮流（the maximum ebb）流速達 1.7 節，事故當時第一峽谷的退潮流流速 1.2 節。

　　引水人同時告知船長安排兩艘拖船協助靠泊作業，以及通過獅子門大橋（Lions Gate Bridge）前的龍骨距海底間隙（Under keel clearance），以及抵達大橋前 2 浬就要備便雙錨（參閱圖 2.61）。

　　船長隨即提供引航卡（Pilot card）給引水人，引水人查看引航卡正面的船舶運航相關資訊與背面的泊靠指南後，船長與引水人即在訊息交換卡（Master-Pilot eXchange Card, MPX Card）上簽名。引水人隨即架設其「攜帶式引航設備」（Portable Pilot Unit, PPU），以便掌控船舶的進程（monitor the vessel's progress）。

圖 2.61　E 輪趨近碼頭軌跡示意圖

　　如同一般船舶，E 輪引航卡詳述各種操縱特性與船舶規格細目。但引航卡上所載船舶的平行船體部（vessel's parallel body）長度 285 公尺是不正確的，285 公尺應是艏艉垂標間距（LBP）。從岸肩高度（level of the apron）量測 E 輪的平行船體部長度為 148 公尺，如從平均水呎處（level of the vessel's mean draft）量測則為 94 公尺。

　　引航卡背面印有離、靠碼頭的簡易指南（Berthing guidance），載明靠泊碼頭時，應將船舶駛抵與船席平行，距離船席外 1.5～2 倍船寬（約 64～68 公尺）處停住，再利用拖船協助以不超過 0.3 節（15.4 公分／秒）的速度橫向進靠碼頭（laterally into the berth）（參閱圖 2.62）。

　　隨後引水人接手操船，船長回到房間。船長從其房間的監視器不時地監督船舶的進程。

　　02：30 時，船長回到駕駛台。

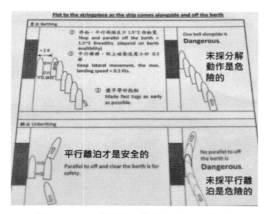

圖 2.62　E 輪離、靠碼頭簡易指南

　　03：00 時，船員至船艏、船艉部署準備靠泊，同時準備在船艏、船艉繫帶拖船。

　　03：21 時，E 輪通過第一峽谷，船速約爲 8 節。

　　03：23 時，引水人利用 VHF 無線電話第 17 頻道「引水人工作頻道」（Working channel）與拖船 "Seaspan Falcon（以下簡稱 F 拖船）"、"Seaspan Hawk（以下簡稱 H 拖船）" 聯絡。引水人按字母順序（position them alphabetically）將 F 拖船部署於 E 輪左舷船艏，H 拖船部署於 E 輪左舷船艉。拖船的總噸位 188.7，船長 25.45 公尺，馬力 3,200 HP。

　　03：33 時，H 拖船帶妥（船艉拖船視野較好，碰撞風險也降低，通常會比較快帶妥拖纜）。

　　03：38 時，F 拖船帶妥。此時船速約 5 節。隨著船舶接近碼頭，主機操控由主操控台（Main steering console）轉移至右舷操控台

（Starboard console），引水人亦移位至駕駛台右舷繼續操縱船舶。船舶、船艉拖船帶妥後，E 輪在趨近碼頭的過程中，利用主機微速前進（D/AHAD）與停俥（Stop engine）的更迭操作逐漸減速。此時在 V 碼頭附近的 W 錨地與 D 錨地並無拋錨船，因此 E 輪可以直接對著碼頭接近。此時，另一艘準備充當帶纜艇（Mooring boat）的拖船 "Charles H.Cates（下簡稱 C 拖船）" 已在碼頭邊待命準備提供協助。

03：38 時，C 拖船利用 VHF 無線電話與引水人聯絡，告知引水人碼頭附近的水流流向稍偏西。C 拖船告訴引水人由於燈光不足，無法看清楚駕駛台標識（Bridge marker）所在。

03：42 時，C 拖船告訴引水人，駕駛台標識距離碼頭（東）端點 412 公尺。

03：43 時，因 VHF 頻道有干擾雜訊，引水人要求變更工作頻道。此時，E 輪採取約與碼頭法線平行的航向趨近預定船席，距離碼頭寬度約 10 公尺左右（參閱圖 2.63）。

圖 2.63　V 碼頭 E 輪船席相關配置示意圖

　　當 E 輪駕駛台通過碼頭最西端角落時的船速為 1.3 節，而且船頭剛好與岸上的駕駛台標識齊平。此時船體並未感受到明顯的退潮流影響（significant effects from the ebb tide）。

　　03：59 時，E 輪駕駛台與駕駛台位置標識距離約 200 公尺，引水人下令微速倒俥（D/ASTN），企圖將船速降低到 1 節以下。而為抵銷主機倒俥可能引起的船體偏轉（Sheer）的趨勢，引水人同時與拖船聯絡，此時引水人立於右舷無法看到左舷拖船的實際位置【註】。

【註】
　　隨著船舶的日趨大型化，尤其是甲板裝滿貨櫃的超大型貨櫃船，或是駕駛台採全圍蔽式設計的汽車船或貨櫃船，由於船舶寬度較大所造成的視角限制與甲板貨櫃的遮擋，常常讓立於近岸側操縱船舶的引水人或船長，無法看到離岸側的拖船運動與其位置所在。

　　引水人命令船艏的 F 拖船拖纜開始吃力。但是當拖纜吃力後，E 輪的船艉卻向碼頭偏轉（sheer towards the berth）。此時引水人命令船艏的 F 拖船將馬力加到最大（to increase power up to maximum）拖拉，船艉的 H 拖船則是採最大馬力推頂（push maximum）。

　　此舉導致 E 輪船艉快速向碼頭移動，船長警告引水人此一趨勢。引水人隨即下令「側推朝右全速（Full to starboard）運轉、右滿舵、主機微速前進（D/AHAD）」。這一連串的指令，顯然是要調整 E 輪的船體態勢與碼頭法線平行。

　　01：41 時，H 拖船仍在船艉全力推頂，結果造成船艉的船殼外展（Flare）部分撞擊（Struck）到碼頭與第 5 號（置於碼頭最西側的

一部橋式機）。造成第 5 部橋式機的外側機架轉輪向碼頭內側倒塌折斷，橋式機的吊臂（Boom）掉落在 E 輪上。撞擊當時，E 輪船體約與碼頭法線呈 10° 角（參閱圖 2.64）。

圖 2.64　E 輪撞擊碼頭當下的船體位置與態勢示意圖

　　撞擊後，引水人下令主機與側推停俥，並命令拖船減少馬力及至完全停止。繼則下令拋下左錨，同時請拖船協助將 E 輪保持在固定位置。此時碼頭作業完全停止，並設立「禁行區」（Exclusion zone）。

3. 損壞結果：

3.1 船體與貨載損壞（Damage to the vessel and cargo）

　　約有 60 只裝載於最上層的貨櫃被掉下來的橋式機吊臂砸損。除此之外，船體亦遭受下列損壞：

① 右船艉船殼板與平面船艉板（Transom）交叉處破裂一道長約 30～40 公分的開口。

② 船殼板內凹長約 8 公尺、深度約 6 公分（平面船艉板與第 2 號肋

材之間）。

③ 右船艉的船殼板擦傷、油漆脫落。

　　2 月 6 日，E 輪依據船級協會規定在溫哥華完成臨時性修理（Temporary repairs）後，再航往下一港口。

3.2 碼頭的損壞（Damage to the terminal）

① 碰撞事故造成碼頭作業停止 8 天。

② 碼頭船席的水泥邊緣粉碎，木製車擋（Wooden bull rail）被撞破裂，並向岸側擠壓。

③ 一只繫纜樁（Mooring bollard）與兩片碰墊（Fender）受損。

④ 岸肩（Apron）的水泥鋪面隆起。

⑤ 第 5 號橋式機毀壞、第 3 號橋式機輕微受損。數部停於第 5 號橋式機下方待工的貨櫃拖車被壓毀（參閱圖 2.65、2.66）。

圖 2.65　事故發生後的 E 輪狀態

圖 2.66　E 輪右船艉受創情形（紅色箭頭表示觸撞位置）

4. 事故分析：

① 事故調查判定，E 輪撞擊碼頭的主要原因之一，是趨近碼頭過程過於貼近碼頭，也就是離碼頭寬度只有 10 公尺左右。以 E 輪為例，該公司發布的指南已明示靠泊時船體要停在離碼頭 1.5 倍船寬（64 公尺）處，再利用拖船平推進靠（pushed in laterally using tugs）。但是本案泊靠時，僅離碼頭 10 公尺。似此，若在操縱過程中船體態勢有任何偏逸，根本沒有時間與空間因應。調查時船長表示，雖引航卡載明靠泊時應離開碼頭 1.5 倍船寬，但本港引水人在趨近碼頭時常常是少於這一距離的。關鍵是負船舶最終安全責任的船長，在泊靠過程中竟然都未對此表示關切（did not express concern during the berthing）。

② 引水人雖有利用主機、舵、側推採行矯正動作（Corrective action），但未能產生充分的效果（Insufficient effect）。導致船體

中央線與碼頭法線呈 10° 角，以 0.4 節左右的速度讓船艉撞上碼頭。此主因 E 輪船殼外展（Flare）曲度過大（Large overhang），以及橋式機基座過於接近碼頭邊緣線，一旦船體態勢不與碼頭法線平行，船殼才會撞及碼頭與橋式機，導致橋式機轉輪倒塌，吊臂掉落到船上。調查報告指出，事故當時 E 輪船艉最大外展為3.13公尺（參閱圖 2.67）。

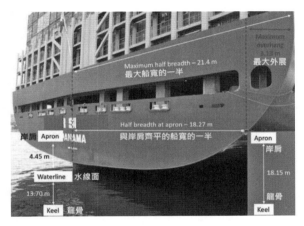

圖 2.67　事故當時 E 輪船艉最大外展（Overhang）

③ 引水人在運用拖船協助泊靠時，不慎對拖船下錯相反的指令才是事故的關鍵主因。當船舶以極近碼頭的距離前進泊靠時，引水人企圖利用倒俥減速，並預期在近碼頭處使用倒俥，倒俥的俥葉排出流，與水流衝擊岸壁反彈的緩衝效應（effects of water cushion）間的相互作用（Interaction）會使船艉偏向碼頭移動，故而命令艏、艉拖船一拉一頂，企圖保持船體與碼頭呈平行態勢。如果依

照引水人的判斷，正確的指令應是船艏的 F 拖船鬆纜待命，船艉的 H 拖船拖拉。但本案引水人卻下錯了指令，成為船艏拖船拉，船艉拖船推頂，且過程中未發覺指令錯誤，任令船艉拖船繼續大力推頂。一旦拖船忠實依據引水人的指令執行，E 輪船艉當然就會加速向碼頭偏轉。過程中船長雖有警示引水人船艉快速偏向碼頭，但引水人與船長都未意識到，此時拖船的施力方向是與其指令相反的。尤其引水人發現船艉偏轉向碼頭，非但未採取反制措施，竟然還要拖船加足馬力企圖矯正態勢，但因施力方向相反，只有更加速偏轉趨勢。

④ 船長與駕駛台團隊成員依賴引水人將船舶安全的靠泊碼頭，並將全部精神集中於監督船位，並執行引水人所下達的俥令、舵令與側推指令。但未能監督引水人下達給拖船的指令，以及拖船是否位於不會讓情勢惡化（deteriorating situation）的位置。

⑤ 過去十餘年以來，船舶噸位愈來愈大，但傳統碼頭相關設施未同步提升精進。因而碼頭船席的基礎建設（Infrastructure）是否適於泊靠大型貨櫃船？還有碼頭方面是否有做好風險管理？都是需要檢討的焦點議題。如果碼頭未曾改善，又不限制泊靠船舶的最大噸位，則泊靠船舶與基礎設施就永遠有遭受損壞的風險存在。

⑥ 橋式機置於船席中間或完全離開船席位置，是全世界貨櫃船碼頭管理人的共識，本案第 3 號與第 5 號橋式機仍置於碼頭西端的近船艉處，增加被撞的風險。

5. **心得分享：**

① 本案的 V 碼頭自 1990 年起，除了 2002 年碼頭有延伸長度外，

並無任何針對泊靠大型船舶所需的要求進行升等或修改工程。儘管現在港口管理機關已有船舶長度的限制，以及碼頭水深規定，但仍無要求港口管理機關須定期檢討相對於船舶大小的船席合適性（Suitability of a berth）的規定，並據以決定究竟多大的船舶可以泊靠特定碼頭，及該如何決定泊靠過程（如加派拖船或交通管制），此將造成管理風險的責任轉嫁到船長與引水人身上，結果船長與引水人只得承受失誤的風險，持續進行嘗試錯誤（trial and error）的挑戰。又如果這風險持續存在，我們是否應考慮泊靠大型船舶可接受的參數限制（limitations on acceptable parameters），例如天候、晝夜或潮汐與風力限制，或增派拖船或引水人。

② 巨型船離靠碼頭的另一個挑戰，就是船殼的外展（Flare）的幅度與曲度（Outreach and overhang）。當一艘具有明顯外展的船舶以某一角度趨近船席，因為船殼的上方較寬，近水線部分較窄，則上方的外展部分常會伸入碼頭法線內側。因此一旦未採平行態勢泊靠碼頭，外展部分就有觸及碼頭或岸上設施的風險，大如撞倒橋式機，小則撞毀繫纜樁，尤其在高潮時更易發生上述碰觸。而影響船舶最大外展撞及岸上設施的因素不外：

a. 船舶吃水（變動）。

b. 潮高（變動）。

c. 岸肩（Apron）距水面上的高度。

d. 船舶流線的特質（船艏船艉的外展幅度）。

e. 靠泊碼頭的角度（the angle of approach）。

③ 本案另一肇事關鍵主因，就屬靠泊過程中駕駛台團隊與拖船的

溝通聯絡（Communications with tugs during berthing）。眾所周知，大型船舶泊靠碼頭勢必需要拖船協助，但拖船的使用常因許多因素變得複雜化，諸如使用拖船的艘數（the number of tugs in use）、引水人能否看到拖船（whether or not the tugs are visible to the pilot）、泊靠碼頭船舶操縱的複雜程度（the degree of complexity of the berthing manoeuvre）。毫無疑問地，使用拖船的程序與技巧主要取決於引水人的個人判斷力（the discretion of individual pilot），因此根本沒有所謂的標準聯絡規範或最佳實務的正規分享（Standard communication protocols or formal sharing of best practices）。E 輪的案例中，引水人與駕駛台團隊都無法看到拖船的位置（the tugs were obscured from the view of the pilot and the bridge team），引水人只能依賴其記憶經驗與操縱船舶的心智模式，來推斷拖船的位置與運動。

如同全球大多數引水人一樣，本案引水人依照拖船船名的字母排列（或數字編號）配置艏、艉拖船的位置，此一安排就是易於記住個別拖船的部署位置。然而卻不慎在操縱的過程中，因資訊處理負荷滿載，模糊了前後拖船的部署，連帶地下達相反的指令（Opposite instructions）。這一現象是在技術導向的資訊處理（Skill-based processing of information）期間經常發生的記憶跳脫（Memory lapse）。調查機關指出本案引水人在引領前一艘船舶時，將拖船 H 部署在船艏可能是導致認知錯誤發生的原因。事實上，很多引水人在操船過程中偶會發生誤稱拖船船名的事例，尤其在協助拖船超過兩艘的情況下更易發生。但在大部分的情況

下，類似錯誤大都很快被察覺，並立即矯正而不會發生損壞，少有不被駕駛台團隊成員發覺或未被報告的。

調查單位認定，本港的引水人與拖船船長間並無標準聯絡指南或書面程序，因而下達給拖船的指令常是無所不包的。儘管拖船指令包括方向（拉／頂）與馬力（大、中、慢俥），但常未包含施力作用點的位置（the location where the action is required）（艏、舯、艉部）。如果引水人與拖船船長之間未將聯絡標準化，則使用拖船的錯誤指令情況一定會持續發生，造成事故風險的增加。

實務上，引水人多利用手持對講機下達指令給拖船，因此駕駛台團隊可能無法清楚聽到，也因此無法協助辨別可能的錯誤（to help identify possible errors）。

此外，引水人下達給拖船的指令各港口不同，並未標準化，導致駕駛台團隊更難以提出質疑。又由於拖船與引水人之間的聯絡常常使用當地語言（Local language）進行，語言障礙（Language barriers）讓外籍駕駛台團隊更難以了解拖船與引水人之間的聯絡，進而導致外籍駕駛台團隊難以養成監督拖船作業的習慣。

另一方面，因為拖船船長的責任被限制於安全執行引水人下達的指令，加諸拖船船長的視線通常會被其所協助的大船擋住，尤其是夜間與惡劣天候情況，因而也無法質疑引水人的指揮。例如本案引水人並未說出前後拖船提供協助的位置（例如船艏 F 拖船慢俥，或船艉 H 拖船慢俥拉），此讓拖船長船長也無法發現錯誤，進而向引水人提出警戒。

④ 航商奉行規模經濟理論使得船舶愈造愈大，但卻忽略了船舶大型

化間接的提升了離、靠碼頭的風險。例如傳統港口的碼頭長度不足，碼頭承受巨輪施加的負荷，碰墊與纜樁的負荷承受容量，碼頭距水面上的高度等。以最常見的橋式機被撞毀案例而言，爲滿足巨大型貨櫃船的需求，橋式機必須有足夠支架（Supporting frame）高度與外伸長度（Sufficient height and reach）才足以處理較高層的貨櫃，以及在各種潮汐與水呎狀態下，裝載離岸側（stowed on the outboard end）的貨櫃。因此橋式機近海側的軌道與碼頭線間之距離，將會影響特定橋式機的外伸（Outreach）距離。相對的，兩者之間也要有足夠距離，以降低船舶外展觸及橋式機支架的風險。類似 E 輪的船殼設計與乾舷高度，在低潮時，接近滿載的情況下，只要艏向角（Heading angle）自碼頭平行線向內或向外（converge or diverge from parallel to the berth）偏離超過3°，則船體的一部分（船艏或船艉）將與碼頭面壁相接觸。在高潮時艏向角只要偏離平行線 1.5° 就會碰觸。這也是許多船東要求船舶必須平行離靠碼頭的原因。

雖然沒有法規明定相對於船舶大小，橋式機近海側軌道與碼頭線之間的最小距離。但依據 *"Port Designer's Handbook"* 所載，兩者之間的距離不得少於 3 公尺。超大型貨櫃船因爲船艏、艉（內削）形狀與趨近角度的關係，不得少於 7.5 公尺。本案橋式機軌道至碼頭線間之距離只有 2.13 公尺，此表示船舶泊靠時只要稍偏離平線些許角度，就會觸及到鄰近的橋式機（參閱圖 2.68）。

圖 2.68　橋式機軌道與碼頭邊緣距離為 2.13 公尺

此外，少數航商為展現企業形象，刻意設計全覆蓋式駕駛台（Fully enclosed bridge），此設計雖可為駕駛台團隊提供遮風擋雨之利，事實上卻常造成不同方向的死角，故而從安全離靠碼頭的角度來看，並非妥善的設計。再者，因為駕駛台側翼結構物外緣的位置就位於船殼板垂直延伸線上，也就是離橋式機的吊臂與支架更近，因此無論橋式機移動或是船體傾斜都很容易造成觸碰損壞。何況還有結構物保養不易的缺點（參閱圖 2.69）。

⑤ 根據加拿大運輸安全局（Transportation Safety Board of Canada, TSB）的模擬實驗得知，船舶在泊靠碼頭時，除了橫向移動的速度外，船舶對地航向，也就是船體中央線與碼頭法線之間的角度，是決定船體衝擊碰墊的最主要因素。不容否認的，平行靠泊當然是最好的，但實務上因包含流力等外力因素的干擾作用下，常有一定難度。

圖 2.69　全覆蓋式駕駛台側翼距離橋式機過近的風險

　　從模擬得知，當一艘排水量 85,000 噸的船舶以 15 公分 / 秒速度進靠碼頭時，所有碰墊承受的總力量達 10,000 kN。如果排水量為 143,000 噸的船舶則會超過 26,000 kN。假設 85,000 噸的船舶同時接觸到 9 塊碰墊，則每片碰墊承受的力為 1,220 kN。又假設排水量

143,000 噸的船舶同時接觸到 14 塊碰墊，則每片碰墊承受 1,916 kN。因此當船體與碼頭法線不平行時，以 0.5° 為例，則船體整體接觸的碰墊數將會減半，因而每片接觸船體的碰墊將會承受雙倍的力。

　　此外，大型船舶乾舷通常較高，而此等船舶的超大排水量，表示需要較高的岸壁面（higher berth walls）才能吸收更多的動能與提供相對的繫泊力（to absorb more energy and support larger mooring forces）。

　　本案 V 碼頭舊有 5 號船席與 6 號船席的碰墊是採用橡膠中空圓筒形碰墊（Hollow rubber cylindrical fenders），沿著碼頭邊緣每只碰墊間隔 18.3 公尺，碰墊內徑 120 公分，長度 150 公分，船體貼靠之接觸面相對較小。碰墊的能量吸收力（Energy absorption capacity）為 243 kilonewton metres（kN-m），顯然不足以負荷巨型船泊靠時的不當衝擊力（參閱圖 2.70）。

圖 2.70　橡膠中空圓筒形碰墊

至於 6 號船席新建延伸部分所採用的碰墊則不同於前述圓筒型，而是採用由鏈條支持的平板式碰墊，碰墊的能量吸收力（Energy absorption capacity）為 799 kN-m，平板碰墊雖讓船體接觸面加大，但亦稍嫌不足（參閱圖 2.71）。

圖 2.71　6 號船席新建延伸部分採用的平板式碰墊

案例 2.2.8 輕載貨櫃船衝撞碼頭與橋式機

1. **事故種類**：空船風壓影響力相對增大
2. **案例概述**：

　　2021 年 4 月 6 日，巴拿馬籍全貨櫃船 "Milano Bridge（以下簡稱 M 輪）"，於韓國釜山新港進港，欲泊靠 PNC 碼頭第 8 號船席時，不慎撞倒碼頭上的橋式機與他船。日本川崎汽船公司（K Line）所有的 M 輪於 2018 年建造，出租給全日本貨櫃船聯營公司（ONE, all-Japanese boxship joint venture company），船舶管理公司爲新加坡的 "Fleet Management"，爲日本船東互保協會（Japan P&I）會員船。M 輪船長 365 公尺，寬 51 公尺，載重噸位 146,931 噸，運能 13,900 TEU。M 輪自中國舟山的造船廠完成裝置脫硫器（Scrubber）出塢後，空船直放釜山港，因此事故當時船上並未裝載貨櫃。

　　事故的過程是 M 輪先強力撞上（Heavy contact）碼頭上的 5 部橋式機，造成其中一部倒塌，接著撞及停在碼頭上的 10,000 TEU 級的貨櫃船 "Seaspan Ganges（以下簡稱 S 輪）"。

　　此次事故發生在釜山新港規模最大的碼頭，該碼頭平均每年可處理 550 萬個標準貨櫃。

　　事故的發生，導致該碼頭部分功能癱瘓，影響到近 70 萬個貨櫃入港作業，船東與保險公司勢必面臨高額索賠。初步估計，碼頭恢復正常運行至少需要幾個月，期間碼頭運營公司的損失，可能高達數百億韓元。

　　事故由韓國海事安全裁判所（Korea Maritime Safety Tribunal，以下簡稱 KMST）進行調查。調查發現，M 輪進港當時因爲未壓入足夠壓艙水，吃水只有 7.1 公尺，致使俥葉約有三分之一露出水面（about one-third of its propeller exposed above the water surface because it was not carrying sufficient ballast water）。

3. 事故時間線：

　　14：37 M 輪開始向右迴轉，舵角右舵 20°，微速前進（D/AHD），船速 9 節。

　　14：39 主機停俥，船速 7.6 節。

14：40 引水人顯現恐慌樣態（in painc），微速前進（D/AHD），船速 7.6 節，舵角右舵 20°，

14：42 引水人查覺到船隻明顯向左偏移，擔心會撞到繫泊於碼頭上的三艘船，更加驚慌失措，於是下達主機全速前進（F/AHD）、右滿舵指令。同時命令船艉拖船繼續拖拉（AFT Tug continuously pulling）。

14：44 通過第一艘繫泊船，漂向第二艘繫泊船。主機加俥至海速全速（Navigation full ahead），舵角右舵 20°，船體更漂向碼頭側。由於引水人使用韓語與船艏拖船溝通，因而船長無法得知當時船艏拖船採取什麼動作。船長此時使用船艏橫向推進器（B/T）企圖修正船體態勢，但此時船速太快，應該毫無效能。

14：47 通過第二艘繫泊船，引水人頻頻更換俥令與舵令（random orders on ME and rudder），船艉繼續偏向左舷，船速 6 節。

14：47：30 船體略與第三艘繫泊船齊平。

14：49 重擊第 85 號橋式機倒塌，橋式機吊臂折斷落至 M 輪船艉甲板上。接著陸續擦撞第 81～84 號橋式機。M 輪主機仍保持海速全速，船速 5.2 節。船艏拖船並未拖拉（參閱圖 2.72）。

14：50 緊急全速倒俥（Emergency full stern），以避免撞上前方的繫泊船（Moored vessel ahead）。

14：52 駕駛台側翼重擊第 81 號橋式機，這部橋式機正在從事前方船舶的裝貨作業，繼而輕輕擦撞前方繫泊船 S 輪的第二列（Bay）與第六列船身處（參閱圖 2.73、2.74）。

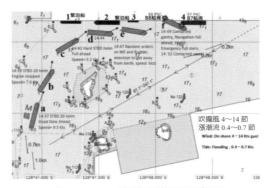

圖 2.72　M 輪港內進程示意圖

圖 2.73　橋式機吊臂掉落至 M 輪甲板上（一）

圖 2.74　橋式機吊臂掉落至 M 輪甲板上（二）

4. **事故後果：**

① M 輪撞擊碼頭造成第 85 號橋式機倒塌全損，橋式機上的操作手於橋式機倒塌仍離地約 10 公尺時，欲跳離逃生而致腳踝受傷。第 81 號橋式機雖亦被撞及但並未倒塌。第 84 號橋式機的移動轉輪被撞出軌，第 82 號及第 83 號橋式機只是遭受輕微的擦傷。估計更換第 85 號橋式機恐要花費近 8 個月時間，至於第 84 號橋式機的修理作業則需要 5 個月。本案所幸未造成油汙染事故。

② M 輪駕駛台側翼、左舷船殼板、船舷欄杆與甲板發生褶皺鼓起。第 85 號橋式機的吊臂掉落至 M 輪甲板上，亦有部分組件直接落入海中。

③ 如同所有港口一樣，事故發生後，港口集團快速採取各種因應措施，如要求引水人強化引水人的安全意識（Safety consciousness）教育，拖船務必要與引水人密切配合，貨櫃場站必須在船舶泊靠前與船方聯絡，以確保符合安全泊靠措施的規定，也就是橋式機不會影響靠泊位置，又在靠泊過程中如有任何問題，必須立即向引水人或船長示警（should be timely to pilot（captain）safety warning）。

5. **事故調查：**

① KMST 調查人員除了解析 VDR 資料與岸上裝置的閉路監視器外，還約詢引水人與船長進行相關調查。調查員亦試圖利用 M 輪的 VDR 解碼資料、相關人員的筆錄、以及包括風與潮流等天候水文狀況模擬 M 輪事故當下的操作。模擬結果顯示，如果螺旋槳全部浸至水面下，船舶的操縱性（Manoeuvrability）將會改善，或許能

避免事故的發生。又 KMST 經過計算模擬顯示，如果 M 輪趨近碼頭的速度降至 7 節，亦或可以避免事故的發生。

② 承上項，調查報告認定造成 M 輪泊靠碼頭過程中，嚴重撞擊橋式機事故的主因是船速過快（Excessive speed），以及低估空船對船舶操縱的影響，諸如俥葉與螺旋槳只有部分浸入水中將會使操縱性能受限（partially submerged propellers and rudder blades with limited manoeuvrability）。

6. **事故原因：**

① 根據調查機關的報告，事故的歸因爲操縱過程中的速度過快，而且低估空船的效應，諸如舵板與俥葉未全部浸水，致限制操縱性能。也因爲俥、舵露出操縱性能差，船速不得不快。然而船速太快又難控制。KMST 指出 M 輪以 8 節速度趨近 2 號碼頭，明顯超出平時泊靠該碼頭採用的 6 節速度。

② 本案 M 輪空船狀態，在順風情況下朝右轉向，轉向後風壓勢必會吹使船舶整體往下風舷漂，而且漂移量會隨著時間的延長增加。根據事故發生時的監控影像畫面，可以看到碼頭附近上空的黑煙正向碼頭方向飄去，顯然 M 輪轉向後承受吹攏風。

③ 圖 2.71 顯示，M 輪在位置 "a" 的船速 9.3 節，在距離碼頭前一個船長時，船速 6.0 節。船速太快，使得前後拖船都無法施行全力拖拉，船舶橫向推進器也因船速太快無法產生效能。

④ 利用俥、舵轉向，舵力常使船艉偏向下風。此時或可考慮拋錨或拖錨以提升操縱性能。

⑤ 轉向後持續用右舵轉向，企圖遠離岸邊卻適得其反，因爲使用右

舵將造成甩尾向左舷，形成與拖船拉力相抵銷的局面。

⑥ 新式超大型貨櫃船的駕駛台位於船艉稍前方處，此表示操船者所立位置近於迴旋支點（Pivot point），易讓操船者產生錯誤判斷。

⑦ 船舶輕載狀態下，乾舷較高，拖纜的水平仰角角度較大，導致拖力大幅降低。

7. **心得分享：**

① 本案的環境條件為空船加諸順風，因此轉向原則上不能利用俥、舵轉向，而須利用倒俥的減速與俥葉橫向推力，始可讓船位保持在較上風側（Weather side）。與本案極其類似的案例就屬 2021 年 6 月 3 日發生在高雄港第 2 港口，進港的 O 輪欲靠泊 66 碼頭，航經 70 號碼頭時，碰撞停泊於 70 號碼頭之船舶及 70 號碼頭橋式起重機，造成橋式起重機倒塌及一名工人受傷送醫。兩案的操船環境條件皆是空船加上吹攏風，拖船無法有效協助，甚至是產生負面效應。

② 大型貨櫃的空船狀態下，船艏船艉外展（Flare）更為明顯，利用左船艏拖船推頂船首協助轉向，不僅大船船速可以減緩，亦不會使船位落於下風而更接近碼頭線。

③ 轉向後，船體橫向受風，前俥力量不足，應配置三艘拖船，盡量朝船席的上風處駛去，抵達船席概略位置時停俥，指派一艘拖船在下風測推頂，外檔艏、艉兩拖船則是保持拖纜帶力，必要時調整拉力，唯有如此駛能減緩船體漂向碼頭的速率。

④ 筆者任職引水人期間，如果遇有大型船舶欲至 K 港的台灣造船公司進塢時，都會預先請船務代理通知船上，接近引水站之前務必

壓艙增加吃水，使螺旋槳全部浸至水面下，以提升操縱性。但實務上，因立場不同，船上大都只能盡力配合，但總比本案 M 輪的三分之一露出水面好。

⑤ 事故當時的風速為 5～8 公尺／秒，這在釜山港是很平常的狀態。可見問題的關鍵在於空船，而非風力。從岸上監視器錄影得知，M 輪及至撞擊碼頭與橋式機後，仍能看到舵板左右正常擺動無礙，而且有強勁的倒車俥葉排出流。很明顯地，本案 M 輪的俥、舵都是正常的。因此低估吹攏風與流向碼頭的漲潮流強度才是造成事故主因。最關鍵的，還有船長與引水人的互動（to see what the dynamic between master and pilot were）關係不夠充分。

⑥ 實務上，船長超過 300 公尺的貨櫃船靠泊碼頭時，通常需要三艘拖船協助（a container ship with a length of more than 300m usually needs 3 tugboats to assist in berthing），本案從監視影帶上只出現兩艘拖船，顯然拖船是不足夠的。這是部分港口引水人妥協於商業壓力下無心鑄成的大錯。須知一旦出事，天價般的理賠額豈是多僱用一艘拖船的費用所能比擬者。

⑦ 近年來因為船舶愈造愈大，致船舶靠泊碼頭時的衝擊力亦相對增大，常造成碼頭上的碰墊系統受創，例如本案即顯示出釜山港碰墊系統（Marine fender system）對港口設施與船舶的防護能力不足。鑒於港口基礎設施短時間內恐難改善，因此為避免類似事故再發生，大型貨櫃船進港靠碼頭時，應先將船舶駛至排定船席外停下後，再利用拖船緩慢推頂進靠碼頭。此一操作可避免因主機失控所造成的潛在性安全危險（Potential safety hazards）。

⑧ 14：44時，主機加俥至海速全速（Navigation full ahead），舵角才採右舵 20°。此有違操船邏輯，因為加俥如果是想藉由增加俥葉流沖激舵板獲致較佳迴轉效果，就應用右滿舵，而非右舵 20°。大可用右滿舵配合半速全進（H/AHD），因為一味地加速終將因為沒有再加速的餘地而步入失控局面。

⑨ 撞船前，船長曾使用船艏橫向推進器企圖修正船體態勢，但此時船速太快，應該毫無效能，這是所有海事人都會理解地。但在法律上，可解釋為船長已盡最大努力企圖降低損壞的發生，將有助於後續的法律訴訟。故而在緊急狀況下，卻勿理性的認為原本合理的措施恐將無效而採不作為的態度，以免陷入法律困境。

⑩ 類似本案撞倒橋式機事故一再發生，常常給 P&I Club 帶來數千萬（tens of millions）美元的索賠額。因為除了橋式機損壞或更新的賠償外，最主要的還是，事故造成港口裝卸作業停擺（disruption caused to the port）的業務損失賠償。

　　近年來，貨櫃船撞倒橋式機的戲碼一再重演，人們似乎從未記取慘痛教訓，總認為自己不會是倒楣的下一個。有關橋式機駛離船舶預定泊位的議題，從港口作業實務角度來看，船舶前來靠泊碼頭時，橋式機操作員（Crane driver）必須在場待命，並準備隨時將橋式機移往規定的安全區（Prescribed safe area）。而且要讓橋式機處於隨時可移動的狀態，以便因應緊急突發狀態（in a movable state to deal with emergencies）。然而有時受限於碼頭使用率（berth utilization rate）與空間上的不可行因素，橋式機操作手常常被迫將橋式機停置於危險區域範圍內。

第三章 航行船舶相互碰撞事故

3.1 案例解析

案例 3.1.1 蘇伊士運河連環撞船（Five ships mess with triple collision in the middle of the Suez Canal）

1. **事故種類**：運河內船舶追撞
2. **案例陳述**：

   2018 年 7 月 15 日蘇伊士運河罕見發生三艘船舶追撞事故。此一造成蘇伊士運河南段混亂局面的事故，是由韓國現代海運所屬貨櫃船 "Aeneas（以下簡稱 A 輪）" 引發的，事故發生於 7 月 15 日 A 輪加入蘇伊士運河南向護航（Southbound convoy）船隊過河，途中因為主機故障而停俥，並於 18：20 時拋錨。使得跟隨在後的三艘散裝船不得不臨時準備就近靠泊河岸，但於 18：30 時，三艘散裝船因無法及時停船或操縱受限，雖避開了 A 輪，卻造成相互間的連環碰撞事故。三艘散裝船依序為 "Panamax Alexander（以下簡稱 P 輪）"，"Sakizaya Kalon（以下簡稱 S 輪）"，"Osios David（以下簡稱 O 輪）"（參閱圖 3.1）。

圖 3.1 本案相關各船

碰撞過程是 P 輪先撞 S 輪（下錨繫泊於運河東岸），兩船再與 O 輪（下錨並繫泊於距 S 輪南方 0.2 浬的運河西岸）碰撞。O 輪被撞後，從其泊位脫離，直至最後情勢底定前，三船又再次碰撞（參閱圖 3.2～3.6）。

圖 3.2 P 輪左舷先追撞 S 輪右舷

圖 3.3　P 輪左艉再擦撞 S 輪右艏

圖 3.4　S 輪被撞後船體向左迴轉

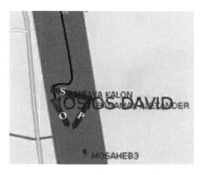

圖 3.5　三船撞在一起

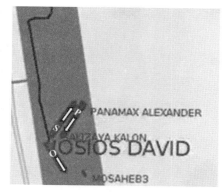

圖 3.6　P 輪與 S 輪後續又平行（反向）碰撞

　　三船連環碰撞不僅涉案船舶面臨究責，就連蘇伊士運河管理當局亦無法規避。因為一艘船舶的故障不應演變成多重碰撞，以及全面性的混亂情勢。

　　事故後，所有船舶都聲稱遭受損壞，並在拖船協助下拖離現場，暫時繫泊在附近之運河河岸。A 輪在短時間內即出淺，被拖往蘇伊士港錨地；O 輪在拖輪護航下往南駛往蘇伊士；而 P 輪與 S 輪因舵機受損被拖往大苦湖錨泊（參閱圖 3.7）。

圖 3.7 蘇伊士運河南段示意圖

　　然禍不單行，在前述連環碰撞事故稍後，就在 P 輪被拖往大苦湖錨地途中，卻又與北上的 NYK 公司所屬超巴拿馬極限型貨櫃船 "N Orpheus（以下簡稱 N 輪）" 碰撞。N 輪在運河北端的塞得港（Port Said）經澈底檢查後繼續北上航程（參閱圖 3.8～3.10）。

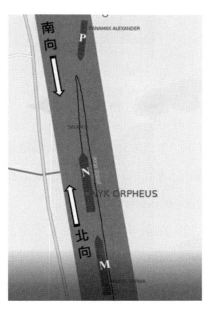

圖 3.8　N 輪運轉倒俥軌跡，跟隨其後的 M 輪倒俥停船較快得以倖免

圖 3.9　P 輪與 N 輪碰撞

圖 3.10　N 輪碰撞後靠泊河岸

　　事故後二天，7 月 17 日 03：00 時，A 輪繼續其南向航程航行於紅海上，P 輪、O 輪與 S 輪仍留在運河區等候事故調查與損壞修理。

3. 最後機會原則（Last opportunity rule）：

　　英國高等法院法官 Teare 判定希臘船東所屬 P 輪有連環撞船事故的誘發過失（Causative fault），應為三船連環碰撞損壞負責。這也是 Teare 法官在高等法院超過十年海事法官（Admiralty judge）任期退休前的最後一次判決。

　　此一連環碰撞事故衍生下列三項法律行動（Three legal actions were brought as a result）：（參閱圖 3.11）

① S 輪船東控告 P 輪船東。

② O 輪船東控告 P 輪船東。

③ O 輪船東控告 S 輪船東。

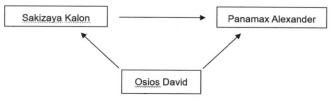

圖 3.11　碰撞各造間的責任歸屬

Teare 法官：「我對於第一次碰撞（P 撞 S）毫無疑問，……不僅僅是提供後續碰撞的機會，而且是構成事故的原因。」，並做成 P 輪要負起所有碰撞事故 100% 責任的判決結果。至於 S 輪或 O 輪並無誘發過失（Causative fault），故而都被認定為無錯方。法院裁定 P 輪疏於與 S 輪保持足夠的安全距離。尚且，S 輪與 O 輪都設法泊靠河岸，而 P 輪沒有合理解釋為什麼沒有採行相同措施（參閱圖 3.12），因此法官藉此判定 P 輪疏於評估當下情勢的潛在風險，未及早靠岸以避免碰撞。

圖 3.12　川航蘇伊士運河船舶必要時可繫泊於岸邊

　　S 輪的律師表示：「我們非常自豪能夠幫助我們的客戶在這件事故上取得如此全面的勝利。100% 的責任是非常罕見的」。但這確實是一件一目了然的案件，根本就不應該進入審判程序，因為從一開始就非常清楚誰是過錯方。顯然 O 輪的責任應是儘速通知緊跟其後的 S 輪，但是 S 輪已在第一次碰撞之前就已停船了。

　　事實上，船舶無論在蘇伊士運河或是巴拿馬運河，船舶在運河內靠不靠岸端視該船引水人的安排，船長根本無法主張意見。這一判決（Ruling）也應證了一度盛行的「最後機會原則」正有漸被厭棄的趨勢。所謂「最後機會原則」，乃是英、美等國法院認為在船舶碰撞事件中，一方如有最後機會避免碰撞的發生，但由於她的過失或未採行避免事故發生的作為，就會被認定為有最後機會化解事故的一方，並應對損失負全部責任。這也強調海員在處於由另一方疏忽所造成的兩難（Dilemma）困境中，不應被究責（are not to blame）。因此今後海員們對於傳統上奉行「其他人的疏失造成的事故可以不被歸責」的信條，恐要持保留態度。

　　P 輪船東在事故發生當下屬 Britannia P&I Club 的會員，該協會的律師竭力解釋該輪不應被究責。其主要抗辯理由是 O 輪與 S 輪並未告知其企圖（所以操船者在任何有碰撞危機情況下，告知周遭船舶有關本輪的運動企圖甚為重要）。其他辯明無罪的因素（Exculpatory factors），包括事故當下運河中有流速 2～3 節的順流，以及運河底部有海底電纜致在運河內無法拋錨等。事實上，S 輪與 O 輪都已設法在相同的受流情況下成功地停船，並繫泊於河岸，P 輪沒有理由不能如此做。

　　另一方面，法院雖判決 O 輪有疏於告知 S 輪其將繫泊於何處的過失。但無論如何，此一過失並非事故的誘發原因。因為沒有證據可以解釋 P 輪如果早些知道 O 輪的靠泊計畫就不會造成其航行的困難，以及其應對方式有何不同。至於 S 輪，儘管其就近靠泊河岸的決定受到質疑，但該船沒有收到任何他方的究責。值得一提的是，本案相關各造的辯護律師都屬 Quadrant Chambers 的會員。本來律師就是一直在不同時序中，反覆更迭代表原告與被告主張各自的立場，實務上常常發生某律師今日代表原告提告，他日卻替被告辯駁。

　　其次，此一案例亦顯示出案件審理採遠端取證模式的可能性，如本案一位證人在希臘，另一位在智利，還有一位提供證據者則航行在南大西洋中部。這是高等法院首次從公海上獲致證據的首例。然因此案審判允許證人從海上遠端提供證詞創下先例，也因而有律師質疑一旦 COVID-19 疫情過後，屆時是否會因證人到庭提出抗辯而生翻案。

　　再者，英國高等法院的判決，給人們一個對於先端科技消除已知或未知的誤差能力的深刻見解。因為早期經由法院或事故調查系統將「你說、他說」的論證加以分類整理，並據以作為裁決依據的作法已成過去。此一說法至少在船舶碰撞案件中，有關船員證詞部分確屬事實，因為現在很容易從航程資訊紀錄器（VDR）與船舶自動識別系統（AIS）取得證據核實比對（參閱圖 3.13）。

　　Teare 法官特別批判某些船舶的某些駕駛員，其常會提出牽強與不誠實的辯駁理由與解釋，例如 Teare 法官批判 S 輪的船長：「書面陳述與發生的事實存有矛盾，竟能無視其是否真實，企圖用盡所有方法解釋其不一致。」因此法官不採信船長的證詞。法官同時也提到該

圖 3.13　船舶航程資訊紀錄器（VDR）

負起連環碰撞完全責任的 P 輪船長：「我得到的印象是，其盡全力辯護他的船舶航行（操縱），勝過於坦率與誠實的回答我質問他的問題。」這確實是一般正直海員的常見反應。

　　事實上，法官亦證實許多事故辯護（Justification）的證據是被拼湊出來的，常是不真實的（Untruthful），甚至是捏造虛構的（Fabrication）。最常見的就是竄改航海日誌，以及涉及事故情境的海圖。使得法庭上有太多時間耗在拆穿這些作假上，之所以如此，乃因船長或駕駛員們想重塑事故當時的想法為何，因為證人通常會刻意修飾他們的敘述以協助其雇主或船東卸責。

4. 事故分析：

　　本連環撞船案例發生於蘇伊士運河內，屬較為特殊的案例。凡具海上實務經驗者皆知，船舶通過蘇伊士運河時，皆由運河引水人實質指揮，依過河（Transit）船隊編號順序航行，不僅船速、前後船舶之間的距離皆由引水人完全控制，船舶對外聯絡亦都由說阿拉伯語的埃及引水人負責，駕駛台團隊成員很難於第一時間掌握航行情勢與相

關資訊。因此遇此情境，即使再優質的駕駛台團隊都難以確保平安無事。

　　以本案為例，除非配置有前、後橫向推進器（側推，Transverse thruster）的船舶或可在慢速情況下藉以保持船舶態勢，乃至進行橫移。至於一般散裝船在無拖船協助下，即使拋下雙錨亦難保船舶態勢不變，碰撞終不可免。

5. **心得分享：**

① 儘管船舶由引水人指揮操控，駕駛台團隊仍應提高警覺，保持充分瞭望，遇有情況異常時，務必向引水人提出自己的質疑。

② 遇有異常事故，第一時間就要告知機艙值班人員，應隨時配合駕駛台指令儘速回應。

③ 過河期間應保持船艏錨泊人員部署待命，遇有緊急事故可隨時拋下雙錨。

④ 本案 P 輪在法庭辯論中所強調的操船「困難」（Difficulty），實際上是起因於其疏於與 S 輪保持足夠距離，以及未保持充分瞭望，致無法適當評估碰撞風險，及早停俥且繫泊於河岸邊。

案例 3.1.2 漏聽重要航行訊息（Misheard important VHF exchanges）

1. **事故種類：**疏於遵守國際海上避碰規則

2. **案例陳述：**

　　2015 年 2 月 11 日 23：42 時，貨櫃船 "E smart（以下簡稱 E 輪）" 與馬紹爾群島籍油輪 "Alexandra 1（以下簡稱 A 輪）" 在杜拜 Jebel

Ali 港狹窄的進出港航道外發生碰撞。事故由英國海事調查局（Marine Accident Investigation Branch，以下簡稱 MAIB）進行調查，並由英國高等法院（English High Court）審判。

海上事故調查局進行調查之目的，在於為事故相關各造釐清所有導致碰撞的原因與缺失，而非判定各造的事故責任。至於高等法院之目的，則在於判定涉及本碰撞案之兩船的各自責任分攤比例。

事故發生之前，港口交通塔台管制員（Vessel Traffic Service Operator, VTSO）要求滿載油貨的 A 輪，從外港錨地航駛至由浮標標識的航道入口（Entrance of the buoyed channel）。VTSO 同時告知 A 輪一經出港船 E 輪駛離航道後，即可進入航道。引水人擬於領航 E 輪完畢離船後，再搭乘引水船赴 A 輪引領進港。亦即兩船所僱用的引水人為同一人。

然由於 A 輪太早動俥駛離錨地，稍後發現自己過於接近航道入口，面對 E 輪仍未駛出航道的情況下，只能在航道入口處附近緩俥慢行猶豫觀望（Straddling the entrance of the channel）。

另一方面，E 輪的船長，在遵守引水人離船前的最後一個指令「保持航向」的同時，無意識地讓船位漂移至航道的左側。

其次，由於 A 輪漏聽（Misheard）發自 VTSO 的一句 VHF 訊息交換，故而認定 E 輪已被 VTSO 告知要從本輪的船艉通過。事實上，VTSO 正與另外一艘船舶聯絡而非 E 輪。

基於此誤解的推定，A 輪仍繼續慢慢往前走，進而發生碰撞（參閱圖 3.14、3.15、3.16）。

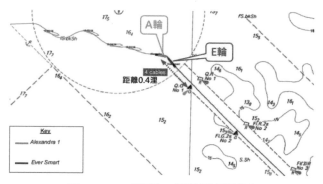

圖 3.14 A 輪與 E 輪航跡示意圖

圖 3.15 A 輪與 E 輪碰撞

圖 3.16 A 輪右舷船艏受創

3. 事故分析：

　　僅管碰撞發生在航道外，海事法庭的初審判決仍聚焦於避碰規則第九條（狹窄水道）與第十五條（交叉相遇情勢）間的分歧見解，並認定 E 輪要負擔較大比例的事故責任（Greater share of liability），因為 E 輪疏於遵守避碰規則第九條的規定，也就是 E 輪在狹窄水道內未將船位保持在航道的右側。

　　此一判決表示海事法庭完全無視 MAIB 調查報告已載明 A 輪疏於聽覺的瞭望，導致因漏聽 VHF 聯絡，而誤認 E 輪會走其船尾通過，而此疏失正是碰撞的關鍵。

4. 關於碰撞責任法律的攻防：

　　事故發生後，MAIB 經過 10 個月的詳細調查並發布相關報告如下：

① E 輪未能注意進港 A 輪之動態，直到碰撞前數秒才發覺油輪之逼近。

② A 輪過於接近入港航道之受限水域（Restricted area），而這種情況並未被 VTSO 制止。

③ A 輪無視情境的發展，僅憑 VHF 中引水人傳達的「建議」（Advice）操縱船舶。

④ 進、出港兩船對於擬採取的「會船」方式未曾明確告知對方，引水人離船的時機稍早。

⑤ A 輪未能在 AIS 上顯示出貨櫃船之船名，同時 VTSO 也未曾發現兩船逼近之險境。

4.1 英國海事法庭初審：

A 輪律師在法庭上表示，如果一艘船舶正在駛出狹窄水道，而另一艘船正在接近水道入口並意圖進入（但實際上還未調整至準備進入航道的最終航向），在這種情況下，理應適用「狹窄水道」規則。其次，在交叉相遇情況下，如兩艘相互駛近船舶之羅經方位無顯著改變時，碰撞危機應視爲存在。顯然，本案之 A 輪與 E 輪航行路線有碰撞的風險，但因 A 輪的航行路線不夠「穩定」，不足以適用「交叉相遇情況」規則。海事法庭對 A 輪所提這兩項主張表示同意，亦即 A 輪並非讓路船。

2017 年英國海事法庭（Admiralty Court），判決 E 輪應對碰撞事故負 80% 責任，A 輪則負 20% 責任（the E Smart was found to be 80% to blame, and the Alexandra 1 20%）。

E 輪方面則強烈認爲，A 方這兩項主張是錯誤的，因爲依此主張會損害，而不是促進海上安全。E 輪船東與其 P &I Club Gard 不服判決，並認爲此案嚴重關係到海運界的利益和海上安全，必須將該判定向上訴法庭（Court of Appeal）提起上訴。

4.2 英國高等法院判決（The Supreme Court judgment）：

最高法院於 2021 年 2 月 19 日宣布（Hand down）由 E 輪提起上訴案的判決。這是自 1976 年以來英國最高法院受理的第一起所有法官意見一致的碰撞案件。最高法院的判決文件顯示，碰撞發生當下，E 輪在狹窄航道內船艏朝向外海（約西北）方向，但船位稍稍向左偏離航道的中心線航行。A 輪自錨地向東緩慢行駛約 30 分鐘，並在航

道入口進處等候引水人。碰撞發生當時，A輪尚未向右轉向進入航道。

根據《1972年國際海上避碰規則》第九條「狹窄水道」（Narrow channels）規定，要求在狹窄水道內航行的船舶應盡量靠近本船右舷之水道行駛。但是，幾乎所有海員都知道另一條規則的重要性，也就是《1972年國際海上避碰規則》第十五條「交叉相遇情況」（Crossing Situation）：「兩動力船舶交叉相遇，而含有碰撞危險時，見他船在其右舷者，應避讓他船。如環境許可，應避免橫越他船船艏。」

法院認為雖然E輪在狹窄水道中線稍偏左的位置航行，但碰撞實際發生地點在航道外。其次，碰撞發生前，A輪位於E輪的左舷。依據避碰規則第十五條「交叉相遇情況」規定，當兩艘船舶交叉相遇且有碰撞危險時，見他船在本船右舷的船舶為「讓路」船，應避開對方的航道；反之，見他船在本船左舷正橫之前的船舶為「直航」船，應保持航向和速度繼續行進。準此，A輪就必須儘早採取行動，讓位於E輪，保持足夠的通過距離，而E輪則應保持原來的航向和航速。

不容否認，所有人都會認為，在海上交叉相遇時，應該適用交叉相遇規則。同樣，當兩艘船在狹窄水道上相遇時，也應適用狹窄水道規則。然而此一案例的難處在於，事故發生在狹窄水道與公海接壤的水域，特別是一艘船舶仍在水道內，而另一艘船舶則在水道外。

關於本案是否適用狹窄水道規則，高等法院認為，如果一艘船舶從狹窄水道駛出，另一艘船正在接近狹窄水道，並且存有交叉相遇的情況，則適用「交叉相遇情況」規定。法院的判決原文是：

「當駛離的船舶在狹窄水道上，與駛近的船舶交叉相遇而引致碰

撞的危險時，則不能僅僅因爲接近的船舶企圖並準備進入狹窄水道而推翻交叉相遇規則。只有當接近的船隻正準備進入，並調整其最終航向至進入航道入口偏右舷時，交叉相遇規則才會不再適用。」至於交叉相遇情況，法院認爲：「不一定要保持在穩定的航向上才能應用交叉相遇情況的規則。如果兩艘行進的船舶交叉相遇而有碰撞的危險，讓路船舶是否處於穩定的航向，並不影響交叉相遇規則的執行。」

　　準此，最高法院駁回初審 E 輪要爲碰撞事故負起 80% 責任的判決。根據最高法院的裁決，該案將被發回重審，以重新確定過失的分配。

　　此一判決對海員以及岸上的管理體系甚爲重要，因爲其爲駕駛員如何適用避碰規則避碰提供了明確及實用的指南。

4.3 最高法院的推論（The court concluded）：

　　法案在判決文主文的開始，特別強調海上避碰規則係依國際公約制定，故而船舶操縱規則必須簡單明確，以便讓全球海員、專家與業餘者容易了解與應用。

　　交叉相遇情況規則旨在防範碰撞的發生，除非有迫不得已的理由（unless there is a compelling reason to do so），否則不能被忽視與凌駕。再者，避碰規則第二條的規定並不能被解釋成海員可自恃船藝優良，並以之作爲不當使用交叉相遇情況規則的正當理由（藉口）。因爲第二條第一項已確認「遵守避碰規則爲優良船藝的基本原則。」第二條第二項則復規定「只有在特殊緊急情況下爲避免急迫之危險，背離本規則之規定才可被證明爲正當合理（無罪）的。」

　　此外，針對 A 輪律師主張 A 輪於碰撞前，因其航向不「穩

定」而要求免責，最高法院特別依避碰規則的適用，針對「艏向」（Heading）、「航向」（Course）、「方位」（Bearing）等名詞立下定義，此有助於釐清先前判決用詞的不夠精準。因為在趨近兩船間方位不變的情況下，瞬間的航向變動是極為合理的航海現象。

法院強調利用測目標方位評估碰撞危機是否存在的重要性，當趨近中的兩船若彼此方位不變，則可視為碰撞危機存在。

至於欲適用交叉相遇情況的規則時，就一定要保持穩定航向嗎（a steady course for the crossing rule to apply）？法院主張在適用交叉相遇情況的規則時，無論讓路船或直航船都不一定要保持穩定航向（on a steady course）。因為避碰規則第十五條完全未述及「航向」（Course）一詞。關鍵的判斷基準是船舶有否保持固定的方位（Bearing）。準此，本案既非迎艏正遇，亦非追越情況，只有適用交叉相遇情況的規則。

其次，「趨近」（Approaching）一詞並不表示兩艘船舶必須彼此以船艏相對，其只是簡單的表示兩船距離愈來愈近。

為了適用交叉相遇情況規則（經過評估兩船相對方位不變後），欲要求他船保持在固定航向，將會潛在的創立「由交叉相遇規則所提供的保護缺口（Void）。當碰撞危機出現時，卻沒有適用的規則規定哪艘船應讓路，或除了優良船藝（Good seamanship）以外的其他避碰指引。」

又當採用交叉相遇情況規則時，即使在等候引水人亦不能免除其應讓路的責任（where the crossing rules apply, waiting for a pilot does not free a vessel from her give-way obligations）。作為應讓路船即使其

已近乎停止不動，仍應與直航船保持安全距離（The give-way vessel must keep clear even if she is almost stationary）。何況依據避碰規則第七條第一項，當有任何疑慮時，碰撞危機應視為存在。

綜合上述，法院判定如果兩船都保有對地速度交叉相遇以致有碰撞危機，交叉相遇規則的使用並不由讓路船是否保持在穩定的航向（Steady course）上做決定。

很明顯地，該兩船非迎艏正遇，且在一段時間內彼此相互以穩定的方位（Steady bearing）趨近航行。故而兩船事實上屬交叉相遇，而且當下的交叉相遇情勢具有碰撞危機。即使應讓路船的航向是不穩定的（even if the give-way vessel is on an erratic course）。在該種情況下，除非採用追越的規則，否則即適用交叉相遇規則。

【註】
　　兩船彼此間之相對方位不變才是決定採取避碰行動的關鍵。因為航行中船舶的艏向與航向常有短時間且不斷的變動。

另一方面，狹窄水道規則的位階是否高於交叉相遇規則？（Does the narrow channel rule trump the crossing rules）？

關於上述二規則的適用性，基於碰撞前仍有一艘船在狹窄水道外，法院歸納認定兩船之間存有下列三種船舶運動類型：

① 船舶只是橫越水道入口，但並不企圖進入水道。

② 船舶企圖進入水道，而且位於最終趨近階段（已調整至欲進入水道的最終航向）。

③ 船舶企圖進入狹窄水道，但仍在等待中，尚未進入。

　　A 輪屬於第三種類型，因為她尚未轉向進入航道。很明顯地，「交叉相遇情況」規則只適用在第一種運動類型的船舶。至於「狹窄水道」規則則適用於第二種運動類型，因為她已依照第九條第一項「船舶循狹窄水道或適航水道行駛，於安全且實際可行時，應盡量靠近本船右舷水道或適航水道之外側行駛。」規定操縱。

　　至於第三種類型，法院認為 A 輪尚未依照第九條第一項規定航行（即 A 輪尚未調整態勢置船位於水道的右舷），仍應繼續遵守「交叉相遇情況」規則。

　　至於本案兩船究屬第二或第三類型，則須審視其航向與速度決定。第三種類型船舶絕不能僅因其欲進入狹窄水道，而主張其為第二種類型的船舶，而是必須調整其航向進入水道的右側，進而依照避碰規則第九條的規定航行始能主張適用。

5. 心得分享：

① 避碰規則的解釋原則是，必須合理清楚的參考兩造船舶發生事故前的航行操作。

② 法院的判決文強調無論在交叉相遇、迎艏正遇或追越情況下，利用目視或雷達觀測並持續監督趨近船舶的方位變化，以評估是否有碰撞危機存在的重要性。利用航儀的技術協助固然重要（依據規則規定也須採用），但其無法完全取代目視觀測目標方位的可靠性。何況涉案船舶上的航儀未必開機或運轉中。

③ 本案海事法庭初審對於採用交叉相遇規則的前提為「穩住航向」的判決被高等法院駁回。此乃因操船者立於駕駛台，並不一定可以察覺他船船速與航向作一連串小幅度變化（即使新式航儀亦

同）。相對於此，當彼此間方位不變就有碰撞危機存在。此亦是
要求新進航行員將連續觀測他船方位，列為航行當值必須優先採
取的動作之理由。

④ 引水人擬於領航 E 輪完成後，再搭乘引水船赴 A 輪引領進港。
此乃全球許多港口引水站基於人力調度與交通成本考量的常見實
務，特別是規模與業務量較小的港口。本案引水人與 VTSO 未告
知 A 輪船長，引水人計畫領航 E 輪完成後，再搭乘引水船赴 A 輪
引領進港。顯然引水人未盡告知的義務。

⑤ 船舶欲進出高風險水域前應再度確認交通狀況。A 輪駕駛台團隊
漏聽 VHF 訊息交換，並據以單方面認定 E 輪已被 VTSO 告知要從
油輪的船艉通過，而未再進行再次確認。

案例 3.1.3 流力效應形成挑戰（Hydrodynamic effects create challenges）

1. **事故種類**：受限水道內船舶間的相互作用

2. **案例陳述**：

　　一艘吃水 12.75 公尺的滿載油輪欲進入受限水道（Restricted waterway）。該船以 7.5 節速度在主航道（Main channel）中間前進。該主航道之右外側，有一條專供拖輪或駁船等較小型船舶通航的輔航道（Secondary channel）。

　　油輪的駕駛台團隊已從雷達上觀測到，在輔航道的右前方約 6 浬外，有一艘拖輪正在推頂一艘駁船（Barge）緩慢前進，並估計很快

就可以追越過。

　　為確保安全追越，油輪上的引水人預先透過無線電話與拖船船長達致會船協議（Passing agreement）。習慣上的安排是當大船追越時，拖船與駁船應與主航道保持一個角度（α），以便降低流體力學的效應（Hydrodynamic effects），並保持操縱性（Manoeuvrability）（參閱圖 3.17）。

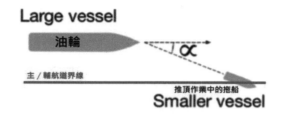

圖 3.17　油輪與被追越的拖船之相對位置示意圖

　　然而當兩船開始要接近時，拖船與駁船看似位於主航道與輔航道的界限，也非完全在主航道內，而且拖船與駁船的連結體（Tug-barge combination）並未採取先前兩船協商的預期角度以降低流力影響。

　　直到油輪趨近時，拖輪船長才告知其操縱困難（Difficulty steering）。而在追越過程中，拖船船長根本無法操控他的拖船與駁船。結果，拖船與駁船連結體突然向左偏轉（Sheared to port），進而撞擊到油輪的船艉。

3. 心得分享：

① 在狹窄水道追越他船是一項挑戰，事前應有周全計畫，當然包括擬定應急計畫（Contingency plans）。操船者應審慎考慮受限水域

內兩船之間的相互作用效應（Interaction effects）。雖吾人皆知在受限水域或狹窄水道會船可能有相互作用產生，但效用的程度大小，以及效用的強弱分布，皆是操船者難以精準預期的，但總要預爲提防因應。

② 航道與受限水域的地理性質、流力的強度與效應常常無法準確評估。

③ 在追越的情境下，兩艘船舶之間的速度差異與安全愼重同等重要。此將縮短流力作用到船體的時間，進而降低「阻滯（陷入）效應」（Trapping effect）【註】的發生機率。

【註】阻滯（陷入）效應

　　當一船舶追越另一船舶時，兩者不僅感受到側向力與迴轉力，同時亦感受到前方的阻力（Ahead resistance）。追越剛開始時，追越船遭受到減弱的船艏阻力，因而會加速前進。於此同時，被追越船則會因遭受到增加的阻力而倒退（Hangs back）。追越當中，現象則相反，即是當被追越船位於追越船的後方時阻力會減小。

案例 3.1.4 流錨中發生碰撞（Collision while leaving anchorage）

1. **事故種類**：流錨（Drag anchor）

2. **案例陳述**：

　　一艘雜貨船（General cargo ship）因等候船席必須在抵達港口的附近錨地拋錨。當時風力 7 級陣風 8 級（Wind force seven with gusts of force eight）。就當該船在錨地西北方角落拋錨後不久，船舶在強風以及接近 2 節流速的水流影響下開始流錨（Drag anchor）。稍後，該船漂出錨地範圍，並拖著錨漂向附近的分道航行巷道（Traffic lane）。

船長隨即起錨將船再度駛入錨地，另擇錨位（Repositioned the vessel）拋錨，此次拋錨位於錨地的西南側，距離錨泊中的油輪 0.8 浬。此一距離對該交通繁忙的錨地而言是很尋常的。

未過多久，兩船都向東北方向流錨，而且愈來愈近。最後，油輪船長謹慎地決定起錨，錨收回後，向左轉向雜貨船，企圖遠離之。

因為油輪是空船狀態，速度建立很慢，故而操縱不易，船舶的運動受強風與水流的影響甚大。此時風與水流作用於該船右舷。油輪遂向仍在錨泊中卻在流錨狀態下的雜貨船船艏駛去，造成兩船嚴重受損（參閱圖 3.18、3.19）。

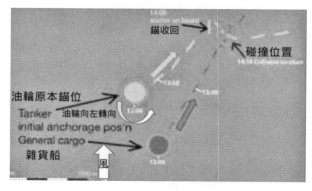

圖 3.18　強風下流錨碰撞示意圖

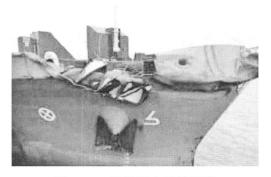

圖 3.19　雜貨船右船艏損壞

3. **心得分享：**

① 低速行駛的船舶，特別是空船狀態，受風與流的影響極大（vessels proceeding at low speeds, especially those in ballast condition, are greatly affected by wind and current）。

② 船艏頂風可以在低速下保持好的控制力（by stemming forces acting on your vessel, you can maintain better control at low speeds）。

③ 油輪右舷來風，船舶的迴旋支點（PP）在前，欲朝左轉向上風迴轉不易。

案例 3.1.5 迎艏正遇碰撞實例（Collision case the Head-on Situation）

1. **事故種類**：未遵守 VHF 的碰撞協議致兩船碰撞

2. **事故概述**：

　　1995 年 6 月 22 日海岬型散裝船（Capesize bulk carrier）"Mineral

Dampier（以下簡稱 M 輪）” 與 “Hanjin Madras（以下簡稱 H 輪）” 在韓國濟州島南方 100 浬的東海海域發生碰撞。碰撞後，M 輪迅即沉沒，船上 27 名船員全部失蹤。

　　M 輪爲 1986 年建造，賴比瑞亞籍，以色列船東，總噸 87,709，載重噸 170,698，長度 209 公尺，寬度 45 公尺，船員 27 名，其中 9 名爲以色列籍包括船長。M 輪自巴西航往韓國浦項（Pohang），船上載有 166,581 噸鐵礦砂，船艏、船艉吃水均等 17.4 公尺。所有航海儀器正常運轉且功能良好（Fully operable and functioning correctly）。M 輪在滿載全速狀態下的迴轉特性如下：

　　向左轉向 90° 須費時 2 分 30 秒。

　　轉向 90° 縱距（Advance）約 810 公尺。

　　轉向 180° 橫距（Transfer）約 330 公尺。

　　向右轉向 90° 須費時 2 分 30 秒。

　　轉向 90° 縱距約 820 公尺。

　　轉向 180° 橫距約 355 公尺。

　　M 輪船長曾任以色列埃拉特（Eilat）港的港務長，是一位品格高尚的資深引水人。碰撞當時由菲律賓籍船副值班。

　　另一方面，H 輪爲 1990 年建造，載重噸 150,977，長度 274 公尺，寬度 45 公尺，船員 27 名，空船欲自韓國浦項航往新加坡，船艏吃水 5.94 公尺，船艉吃水 8.75 公尺。法官將 H 輪配置的航儀描述成「一般航儀」（Usual navigational equipment），包括雷達、ARPA 與航向紀錄器（Course recorder），但所有航海儀器功能正常（參閱圖 3.20）。

圖 3.20　H 輪外觀

H 輪在空船全速狀態下的迴轉特性如下：

向右轉向 90° 須費時 2 分 22 秒。

轉向 90° 縱距（Advance）約 740 公尺。

轉向 180° 橫距（Transfer）約 768 公尺。

H 輪碰撞當下的當值駕駛員為 25 歲的韓國籍二副，前一年取得二副證照，第一次擔任二副，於 5 月 6 日上船，才跑了一趟加拿大回來。

事故當時吹西南風，風力 5 級，流向東北，流速 0.5 節，能見度普通（Moderate visibility），湧浪（Swell）2～3 公尺。在碰撞發生前的 30 分鐘內，能見度都在 3 浬以上，而且兩船都可以在前述距離用目視互相看到對方。由於當時能見度有 3 浬，故而直到兩船相距 3 浬之前，兩船的相同處境（Common ground）都是航行於國際海上避碰規則第十九條規定所指的能見度受限（Restrcted visibility）情況下。兩船都依照規定顯示兩盞白色桅燈、紅綠舷燈與白色艉燈。

　　本案最爲特殊的就是此一悲劇性的碰撞造成 M 輪沉沒，27 名船員全部失蹤，連帶所有文件證據亦沉入大海，使得法院無法自 M 輪取得任何證據。唯一可以推斷的就是 M 輪航往浦項港的航向應爲 029°。毫無疑問地，在無抗辯方的情形下，H 輪提出很多利己證據，但因沒有對造證人可資交叉詰問，故而所謂的事實幾乎都是來自法官的判斷。

3. 事故時間軸：

　　02：30 時，H 輪的航行多少受到由雷達所偵測到的漁船隊出現的影響，因此航向改爲 203°，船速約爲 11.5 節。當值駕駛員判斷在 10 浬外約有 70～80 艘漁船分成 4～5 群聚集作業，同時確認在其船艏稍偏右方另一漁船隊在作業。這一群漁船隊幾乎沒有移動跡象。所以當值駕駛員決定藉由朝左轉向，將 H 輪運轉至漁船隊的東方，也就是將原本位於船艏的漁船隊置於右舷通過。

　　02：57 時，H 輪當值駕駛員朝左轉至 150° 以便讓開漁船隊。此時能見度約 3～4 浬。就在轉向的稍前，在雷達幕上測到 M 輪回跡，距離約 10 浬，方位約在船艏偏左 3°，從 ARPA 上測得目標船航向 065°，船速 13.5 節。

　　03：06 時，H 輪再度朝左轉向至 140°，船速仍保持在 11.5 節。此時兩船相距約 6～7 浬。

　　03：10 時，M 輪藉由 VHF 與 H 輪聯絡，兩船相距約 4～5 浬。兩船開始第一次透過 VHF 通話，通話以英語進行。通話由 M 輪先發送，M 輪建議兩船以「紅燈對紅燈」（Red to Red）通過，也就是左舷對左舷通過。H 的當值駕駛員回以「OK！紅燈對紅燈通過」（Red to Red passing）。M 輪的當值駕駛員隨即表示同意。H 輪當值駕駛員則在通話時表達其將朝右轉向，請 M 輪保持其原來的航向。

當兩船相距 3 浬時，兩船已目視可及。約在此時兩船進行第二次 VHF 對話，先是由 H 輪的當值駕駛員發送信文要求 M 輪保持當前的航向與船速。M 輪回答：「了解你的信文」（Understand your message）。事實上，H 輪只是口頭承諾，當下並未朝右轉向。

03：25 時，當兩船相距約 1 浬多時，H 輪當值駕駛員認爲 H 輪已可通過漁船隊（無須朝左轉向了）。因此他下達右舵舵令，但只採 15° 舵角，並用汽笛鳴放一短聲。

03：27：30 時，H 輪當值駕駛員再下達右滿舵舵令。此舉雖可提升其朝右轉向的效能，但同時也降低其速度（which had the effect of increasing her turn to starboard and of reducing her speed）。另一方面，當 M 輪看到漁船隊時，她的艏向約爲 029°，因此依照先前「紅燈對紅燈通過」（Red to Red passing）的協議將船艏朝右轉向至 065°，船速約 12 節，以便將漁船隊置於左舷通過。此時 H 輪與 M 輪的相對運動態勢呈交叉相遇情勢趨勢（Approaching on crossing courses），亦即 M 輪位在 H 輪的右船艏，H 輪位於 M 輪的左船艏。

03：30 時，兩船發生碰撞，H 輪的右船艏朝 M 輪右船艉約以 50° 角撞上。碰撞當下 H 輪的（眞）艏向約 226°，M 輪的（眞）艏向約 356°（參閱圖 3.21、3.22）。

圖 3.21　兩船趨近及至碰撞前動態

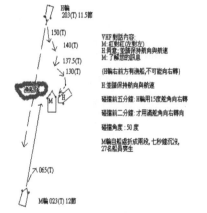

圖 3.22　兩船趨近及至碰撞前動態示意圖

4. 事故分析：

　　由於船東為以色列籍，加諸甲級船員全為以色列國民，故而本案由以色列運輸部調查並撰寫報告。為查明事故真相，運輸部特別僱用潛水夫下水探勘，潛水作業費用高達 200 萬美元，全由運輸部支付。

事故分析如下：

① 從 H 輪的雷達觀測資料來看，M 輪是在 H 輪朝左轉向避讓漁船隊之前，朝右轉向至 065° 避讓同一漁船隊。M 輪很明顯地一直依照 VHF 的通話協議保持其航向與船速，直至碰撞前約 3 分鐘，才急速朝左轉向（turn rapidly to port）。

② H 輪在事故發生後延遲 4 小時才發出撞船通告，原因難以理解（Mystery）。日本海上保廳在獲報 30 分鐘後抵達現場，但只發現兩塊艙蓋板與兩具大體。

③ M 輪船齡 10 年，H 輪船齡 5 年都不能算是高齡老舊船舶，為什麼 M 輪沉沒得如此快（Why had the M sunk so quickly？）。直到 1996 年 9 月，以色列官方還不知道 M 輪被撞沉的確切位置。後經潛水夫所拍攝的影片發現 M 輪幾乎折成兩段，因此推斷 M 輪被撞部位應是接近船舯。事實上，H 輪是撞上 M 輪的船艉部。此問題讓調查員甚感困惑，因為造船工程師認為如果位於船艉部（Rear）的機艙進水，或是機艙連同緊鄰其前方的第 9 艙進水，M 輪應不致會沉沒，至少不應沉沒那麼快。可以確定的是，船殼的一道裂痕就是 M 輪快速沉沒的原因所在。調查員經過許多研究做出碰撞除造成機艙進水外，第 8 艙與第 9 艙之間隔艙壁（Bulkhead）倒塌，致使海水大量灌入廣大艙間的結論。這一個毀滅性的不幸結合（Fatal combination），急遽的將 M 輪艉部往海底拉，同時在下沉過程中迫使 M 輪船舯部因壓力增加而變得彎曲（Buckle）。事故當時，大多數船員都在位於艉部的住艙睡覺，因而連帶的被吸入海底。

為何隔艙壁無法支持而塌陷？造船工程師認為如同承受海上的滔天巨浪一樣，散裝船在港的快速裝卸與裝卸貨順序不當導致重力分布差異，常給船殼施予不當應力（Undue stress），都是促成隔艙壁發生潛在結構性損壞的因素。類似 M 輪的隔艙壁都是用高張力鋼板（High-tensile steel plate）構造而成。最新的發展證明高張力鋼比一般鋼板強度高，因而可使用較薄的鋼板，進而降低造船成本與減輕船舶重量。其實，高張力鋼板的抗銹蝕性（withstood the corrosive effects）並不較一般鋼板佳。前述不當的應力產生船員不易發現的裂痕（Crack），使得碰撞後隔艙壁很快就倒榻。

④ 海底探勘發現 M 輪的舵板角度置於 10°。因為駕駛台以及內部的航海儀器摔得粉碎，所以無法找到駕駛台的舵輪所擺置的位置互做比對。事後，調查員訪談輪機長昔日同事，得知 M 輪輪機長在船上會要求將自動操舵儀（Autopilot）上的舵角設定限制在 10°，原因竟是避免損害到「他的」主機。

眾所周知，無論選擇自動舵或手操舵（Hand steering）模式，若用大舵角轉向一定會降低主機的 RPM。故而只要駕駛台使用大舵角轉向造成主機負荷加大時，這位輪機長就會衝上駕駛台咆哮甚至威脅要降低 RPM。可以想像的，碰撞當時，M 輪的當值駕駛員於採取行動前，一定經過一段長時間的猶豫，因為他知道輪機長很快就會出現在駕駛台咆哮指責。此一猶豫致延遲採取避讓措施，也可能是造成碰撞的因素之一。

⑤ 碰撞事故一旦發生，肇事各造常會質疑甚至推翻先前船對船的 VHF 通話內容解釋。依據海事法庭的見解，本案的爭論點是如果

M 輪未曾發信，她根本不用同意保持航向與船速，因爲 M 輪很明確的爲直航船。M 輪依照避碰規則規定本應保持航向與船速，直到認定讓路船 H 輪未採取避碰措施爲止。關於此點，有可能是 M 輪當值駕駛員在瞎猜，並一廂情願地希望 H 輪要採取什麼行動。又本案兩船都處在要避讓漁船隊的關鍵過程，故而儘管依照避碰規則 H 輪應及早朝右轉向，但 H 輪右方有漁船隊致不可行。似此，H 輪應該積極再以 VHF 告知 M 輪本船的困境，與如何化解此一局面的想法，而非自行判定漁船擋路的危機已解除逕自轉回右舷。因爲即使兩船先前已達成協議，當發現情形不對仍可修正。當然，如果 M 輪依照協議保持航向，碰撞可能就不會發生。

⑥ 法官歸責 H 輪當值駕駛員採取右舵 15° 的時機，與通過漁船隊之間有 4 分鐘的延遲，而且未再度評估 M 輪是否確定要通過 H 輪船艏，明顯有瞭望不足的疏失。因而判定 H 輪當值駕駛員作爲應讓路船（Give-way vessel），未能及早朝右轉向，是明顯的疏失。

5. **法律攻防：**

① 法庭上，N 法官認爲兩船都違反避碰規則第十九條第四項（in breach of rule 19(d) of the collision regulations）。就是當船舶航行於能見度受限制水域時，疏於及早採取措施避免逼近情況的造成。

② M 輪違反避碰規則第十七條「直航船的措施」規定，在交叉情況下直航船（stand on vessel）謹守優良傳藝的原則（the principles of good seamanship）。

③ T 法官則提出不同見解認爲，兩船都未違反第十九條規定。造成碰撞的唯一原因是 H 輪違反第十五條「交叉相遇情況」規定，其

未依規定讓路給 M 輪。法官認為在此情況下必須及早化解逼近情勢的發生。雖 H 輪因有漁船隊存在而無法朝右作大幅度轉向（made a substantial alteration of course to starboard），但應該可以減速，至於 M 輪則應該朝右作大幅度轉向。

④ 法官的判定皆依據避碰規則的規定，經過討論後認定本上訴案適用交叉相遇與能見度受限制規則。故而是用避碰規則第十五、十六、十七與十九條。

⑤ 法官的一致共識（Common ground）是，諸多沿海國的海事法庭（Admiralty Court）已在很多場合（on many occasions）提出駕駛員藉由 VHF 聯絡作為船舶避碰的依據是危及航行安全的警告。本案兩船的對話內容顯然是不完整也不夠明確，因為兩船都未即時發送有關本船運動企圖變更的訊息。

6. 心得分享：

① 因為 M 輪的事故教訓，新一代散裝船的後隔艙壁（Rear bulkhead）都有加強，以防止因碰撞後隔艙壁倒塌造成大量海水進入船艙。但專家們並不樂觀，因為每年依舊有 13～14 艘散裝船持續沉沒，而全世界的海運貨物量有三分之一要仰賴散裝船運送。

② 實務上，我們在海上職場確實也遇過少數輪機長會阻三擋四的，而這大都是公司賦予輪機長的無形力量。因為一般航運公司的管理階層，其大多看重工務部門或造船部門而輕視海務部門，故而船上每有大輪機長小船長的不堪局面。這也是船長與輪機長相處融洽者不多的背景因素。

記得筆者某次赴日本監工並接船，下水典禮時造船部門長官刻意

將我的位置排在第二排，及至林省三董事長抵達現場欲致詞時，往後目視列隊觀禮船員，突然問起：「船長呢？怎會排在後面？到前面來！」並趨前伸手與我握手致意：「船長！辛苦了。」短短幾分鐘讓我深深體會到尊重專業與職場倫理是多麼重要的修養，也算是我一輩子服務海上記憶最深最爲感動的時刻。海運界很難再找到類似林省三董事長那麼謙沖明禮尊重專業的董事長了。

③ 從航行安全的角度來看，我當然反對輪機長將舵角限制在 10° 的武斷作法，因爲：

a. 我們知道當值駕駛員通常只會利用自動操舵儀轉向，特別是睡意正濃的「0～4」班。

b. 我們知道 M 輪採用 10° 舵角難以轉向，此一角度在緊急情況下是不夠的。

c. 最重要的是許多當值駕駛員在有碰撞危機的驚慌情況下，可能會忘記舵角度數是有限制的，因而造成轉向延遲的現象。

其實，通常我不會太在意舵角被設限，特別是馬力較大的貨櫃船，及早轉向就可彌補舵角不足之憾。但是對慣性較大的散裝船則不一樣。M 輪的輪機長不論白天或夜晚，每當駕駛台轉向時就會衝上駕駛台，要求當值駕駛員解釋，甚至騷擾與威脅（harassing and terrifying）。似此，受到驚嚇的當值駕駛員（Intimidated officer）可能會在緊急狀況時忘記或猶豫要不要加大舵角，並改採手操舵以解除舵角限制。當然這也有些許種族歧視因素，設若 M 輪的當值駕駛員也是以色列籍，而非菲律賓籍則情況或有不同。

儘管我個人反對舵角設限，但不可否認的，一定有少數以和爲貴

的船長是不會拒絕輪機長的類似作為。我們無意詆毀多數認真合群的輪機長，但很不幸的，這確是許多船長的痛苦經驗。類此行為絕對不是輪機長的英勇表現，而是他們得自船公司不當鼓勵的結果。

④ H 輪當值駕駛員認為 M 輪船速 13.5 節，但法院認定只有 12 節。他認為他可以從 M 輪船艉距離 0.8 浬通過，但他並未解說其依據為何？事後法庭判決 M 輪應負 20% 責任（20% to be blame for the collision），H 輪則須負擔 80% 的責任，但 H 輪船東不服提出上訴（to appeal）。H 輪船東主張 H 輪雖應為碰撞負責，但承擔責任應低於 80%，結果上訴法庭仍支持原判決（Original verdict）。

⑤ M 輪舵角設限在本案並沒有成為法庭上的論辯焦點，倒是成為業界有關技術標準（Technical standards）的討論議題。輪機長也是往生者之一，故而無法為自己的作為辯護。如傳言屬實，也只是忠實地凸顯海運界駕駛台與機艙間常態性的緊張關係現象。從輪機長角度而言，輪機長當然知道新一代的主機性能多被高估（Overrated），根本沒有犯錯的空間（Lacking in margins），而且是很脆弱的。如果主機已經以正常滿載負荷運轉，因駕駛台使用大舵角轉向伴隨產生的轉力矩（Torque）增加，勢必會增加汽缸的壓力進而產生異常徵兆，容易使主機停擺（Immobilized），所以問題的根本不是人類的互動關係（Human relationships），而是不安全的主機設計原理（Unsafe engine design philosophy）。

⑥ 再度提醒當值駕駛員，VHF 雖提供吾人通信聯絡的方便，確實也是良好的避碰工具，但是以之為避碰措施的唯一依據是很危險

的。儘管雙方達成口頭上的避碰協議,仍要審慎的落實「聽其言、觀其行」原則,才不會誤判情勢。

案例 3.1.6 散裝船與油輪碰撞發生大火

1. **事故種類**:誤認雷達目標致生碰撞
2. **案例概述**:

　　2009 年 8 月 18 日 20:52 時,曼島(馬恩)籍(Isle of Man registered)總噸位 38,489,船長 225 公尺的散裝船 "Ostende Max(以下簡稱 O 輪)",與賴比瑞亞籍總噸位 39,307,船長 228.5 公尺的油輪 "F Brick(以下簡稱 F 輪)" 發生碰撞(參閱圖 3.23、3.24)。O 輪船員 22 名,目的港是新加坡。F 輪船員 25 名,目的港是韓國的大山港(Deasan Port)。

圖 3.23　事故發生前的 F 輪

圖 3.24　事故發生前的 O 輪

　　事故發生在馬來西亞領海內，鄰接麻六甲海峽分道通航制（TSS）航行巷道，狄克森港（Port Dickson）西南方的警戒區水域（Precautionary area）（參閱圖 3.25）。

圖 3.25　碰撞發生地示意圖

　　事故當時視線良好，海面清晰可見。此一事故的最大不幸是造成 F 輪船上 9 名船員喪亡，多名船員受傷。O 輪方面則有 3 名船員受傷。兩船碰撞後，F 輪因貨槽破裂致輕油（Naphtha）外洩起火造成大規

模爆炸，頓時大火吞噬兩船周遭的海面，並造成兩船皆遭受結構性損壞（Structural damage）。最遺憾的是，事故發生當時在附近的許多路過船舶，竟只有一艘貨櫃船主動停俥留在現場提供協助（圖 3.26、3.27、3.28）。

圖 3.26　碰撞後起火燃燒的 F 輪

圖 3.27　火勢撲滅後的 F 輪

圖 3.28　碰撞後船艏發生火災的 O 輪

　　事故發生前，包括 C 輪、F 輪、S 輪與 B 輪在內的數艘船舶，同時約以 130°（T）艏向在東南向航行巷道（SE bound traffic lane）內航行。O 輪則是從狄克森港出港，企圖橫越西北向航行巷道（NW bound traffic lane），欲轉入東南向航行巷道的船舶（參閱圖 3.29）。

圖 3.29　碰撞前相關各船位置示意圖

　　橫越船 O 輪是由三副擔任當值駕駛員（OOW），但此時大副與二副也在駕駛台，以及一位舵工。大副在雷達自動測繪設備（ARPA）上觀測目標以協助三副。船長此時亦在駕駛台不時的監視交通狀況。

　　最初二副只在海圖室內修訂圖資，但稍後即與大副、三副聊天說笑。二副的出現顯然是三副與大副的分心之源（source of distraction to the 3O and the CO）。

3. **事故時間軸：**

　　以下是 O 輪船旗國曼島海事調查機關，從約詢 O 輪船員所做

的筆錄，O輪船上蒐集的證據，以及解碼O輪的航程資訊紀錄器（VDR）節錄下來的事故流程：

19：18時，O輪引水人登船，在船艏、船艉繫帶拖船協助的情況下離開碼頭。

19：44時，引水人離開駕駛台準備離船（Pilot leaves the bridge to depart the vessel）。

19：48時，引水人離船（船位：02-32.47N，101-42.83E）。O輪繼續朝港外航行，駕駛台有船長、大副、二副與一名舵工。二副並非當時的駕駛台當值者，只是在海圖室從事航行圖資的修訂作業。

19：50時，O輪離開航道後慢慢加速，並朝向分道通航制的警戒區（TSS Precautionary area）航駛。

19：52時，船長與大副討論分道通航制的航行巷道內，往西北方向航行的船隻（NW bound traffic），以及穿越西北向航行巷道的理想時機與航行空間。

19：54時，機艙告知要更換主機汽缸襯套（Cylinder liner），因此需要一段時間以較低的轉數（RPM）運轉。船長聞之勃然大怒（Irritated），因為此時正處於需要儘速穿越航道的關鍵時刻。

20：08時，船長離開駕駛台回到房間。大副成為當值駕駛員並負起船舶的航行責任。

20：10時，三副抵達駕駛台準備接2000～2400的值班。

20：13時，O輪船位在02-28.35 N，101-42.86E，轉向至203°（G）。大副表示在西北向航行巷道內，本輪左側有兩艘橫越船舶（Crossing vessels）將繞經本輪船艉通過。

20：15 時，船長再度回到駕駛台，利用電話與輪機長討論船務，接著到駕駛台右舷翼側（Starboard bridge wing）抽菸。稍後船長回到駕駛台內，並告訴三副如有任何問題可隨時叫他。

20：16 時，三副與舵工閒話家常，而當 O 輪船位抵達 02-27.82N，101-42.73E 時下令轉向 205°（G）。

20：18 時，大副與三副討論如何橫越西北向航行巷道。船長問他們要如何通過左舷的船舶？

20：19 時，就當船長、大副與三副熱烈討輪如何穿越航道時，「巴生港船舶交通服務中心（以下稱 Klang VTS）」呼叫 O 輪。由於 O 輪沒有立即回答（immediate response），Klang VTS 遂呼叫一艘船名為 "Renate N（以下簡稱 R 輪）" 的船舶，並告知 R 輪其正與 M 輪發展成逼近情勢（Close quarters situation developing）。Klang VTS 建議 R 輪呼叫 O 輪，並小心觀察情勢（Observe the situation with caution）。O 輪三副稍後欲回應 Klang VTS 時，Klang VTS 正與其他船舶聯絡故而沒有回應 O 輪的呼叫。

20：21 時，R 輪呼叫 O 輪：

R 輪：「O 輪這裡是 R 輪呼叫，請轉至第 10 頻道。」但 O 輪沒有回應。

R 輪：「O 輪！貴輪太接近我了，最近通過距離（CPA）只有 0.16 浬。」

O 輪：「O 輪回答。請重複您的船名。」（使用「repeat your name」，而非 IMO 標準用語「Say again your ship's name」）。

R 輪：「我是位於貴輪左前方的船，貴輪是要進入航行巷道嗎？

貴輪離我太近、太近了！」

O 輪大副：「問他朝右轉向好嗎？」

O 輪三副：「我們就轉吧！」

O 輪：「Ok！我朝我的右舷轉向、我朝我的右舷轉向（I change my course to my starboard），這樣做 Ok 嗎？」

R 輪：「Ok！謝謝、謝謝」

此時 O 輪三副請教大副：「究竟是哪一艘船？」大副指著 ARPA 雷達：「可能是這艘（Probably this one）！215°（G）」就在 O 輪三副與大副討論當下情勢後，三副隨即與 R 輪聯絡，並告知 O 輪將會朝右轉向。O 輪船位在 02-26.82N，101-42.32E 轉向至 215°（G）。

其實，O 輪駕駛台也有討論有關朝左轉向的可能性，但很快被船長否決，因為朝左轉向會產生潛在的碰撞情勢。三副此時想要到駕駛台翼側抽菸，被大副拒絕。

20：23 時，輪機長來到駕駛台。

20：24 時，船長詢問關於左舷的船舶，船副告知朝右轉向後，對方將從本船船艉通過。船長感覺到 R 輪的 CPA 太近了。大副建議再朝右轉向 5°。

20：25 時，O 輪三副稱：「在自動識別系統（Automatic Identification System, AIS）上完全看不到 R 輪了（事實上，R 輪始終顯現在 AIS 上）。」因而駕駛台團隊立即討論是不是要給 R 輪更大空間，並下令從 215°（G）轉向至 225°（G）。當時 O 輪船位在 02-26.29N，101-42.04E。

20：26 時，輪機長告知船長剛更換新的汽缸襯套需要慢俥運轉，

船長與大副同意在避開左船的船舶後減速。輪機長離開駕駛台。

20：27時，輪機長打電話至駕駛台要求減速，三副請示船長與大副後，告訴輪機長要再等 20 分鐘後，因為左舷有一艘交叉橫越船舶。

20：28時，駕駛台團隊短暫地討論減速後對右舷交通情勢的影響（右舷仍有 Chrystal Beauty、FPB、Bic Irini 以及 Southern Highway 四艘船），並認為一旦減速，則右舷的橫越船舶將很快地從 O 輪船艏通過。

20：29時，船長與駕駛台團隊討論究竟要先穿過右舷哪一艘船的船艉後，再朝左轉向進入航行巷道，然後再減俥。

22：30時，船長打電話給輪機長告知船舶仍在警戒區，但如果輪機長認為有必要可以減俥。輪機長要求先走 10 分鐘半速前進（H/AHD），然後再走全速前進（F/AHD）。船長同意後，隨即將俥鐘搖至半速全進（H/AHD）。船長再通知輪機長如需要改變船速時務必通知駕駛台（實務上，類此緊要關頭主機發生狀況的場景常有）。

20：31時，三副、二副與大副繼續討論駕駛台當值的事情。船長告知船副們他要離開駕駛台拍發電報，明天見！

20：32時，O 輪安全通過西北向航行巷道內的最後一艘交叉相遇船舶，仍保持 225°（G）的艏向（此時如果採取朝左轉向進入分道通航制東南向航行巷道是可行的）。駕駛台的船副們討論前方的 "Chrystal Beauty（以下簡稱 C 輪）" 正朝右轉向進入深水航路（Deep water channel）。

20：33 時，駕駛台團隊確認船艏右前方的 C 輪向右轉向進入深水航路（參閱圖 3.30）。

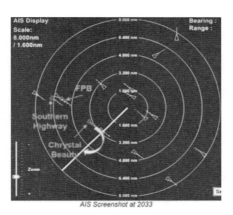

圖 3.30　碰撞前相關各船位置示意圖（一）

20：34 時，船長進入駕駛台。三副詢問船長他正在等待要從汽車船 "Southern Highway（以下簡稱S輪）" 船艉通過後轉向是否可以？船長確認要從右船艏三艘船的船艉後方轉向，並告訴大副他要去發送 ETA 電報，隨即離開駕駛台。

20：35 時，駕駛台團隊討論朝右轉向從右前方三艘船的船艉繞過的航向為 190°（T）。

20：36 時，三副詢問大副：

三副：「究竟朝左轉向好？還是朝右轉向好？」

大副：「自己決定（嘻笑聲）！」

三副：「總體來說，走哪邊都沒好處。」

大副：「你想走哪就走哪（Go where you want）。」

三副：「照理講應該朝右轉向。」

大副：「你想走哪就走哪，最好是朝右轉。」

20：38 時，三副與大副一同研判來自右船艏各船舶的航行燈光。

20：39 時，輪機長進入駕駛台，告知可在 21：00 時全速航行。大副與輪機長討論各水櫃的水量與船舶吃水。

20：40 時，輪機長離開駕駛台。

20：41 時，F 輪呼叫 O 輪，詢問 O 輪的動態企圖為何？（兩船距離 3.55 浬）

F 輪：「O 輪這是 F 輪呼叫。」

O 輪：「是。這是 O 輪回答。」

F 輪：「請轉第 6 頻道。」

O 輪：「第 6 頻道。」

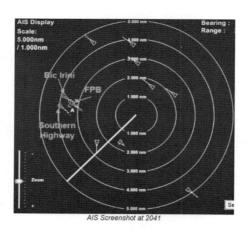

圖 3.31　碰撞前相關各船位置示意圖（二）

20：42 時：

F 輪：「請問貴輪何時會朝左轉向？」

O 輪：「請重複貴輪船名。」

F 輪：「本輪船名 "F Brick、F Brick"，位於貴輪右船艏距離 3.2 浬處，貴輪將通過本輪船艏。」

O 輪：「是。等貴輪通過後，本船再朝左轉向（企圖從 F 輪船艉通過）。」

F 輪：「請問貴輪是否想要通過本輪船艏（以為 O 輪會從船艏通過）？」

O 輪：「請稍待片刻、稍待片刻（please wait moment, wait moment）（非 IMO 標準航海用語）（未回答 F 輪的疑問）。」

大副：「發生什麼事？」

三副：「我們必須搞清楚，不然她會撞上我們。」

20：43 時，駕駛台 VHF 電話又呼叫：

F 輪：「Ok！貴輪可以朝左轉向嗎？」

O 輪：「貴輪距離本輪 3.5 浬嗎（實際距離是 2.96 浬，O 輪誤認 F 輪後方的 B 輪為 F 輪）？」

F 輪：「2.9、2.9 浬。」

大副：「應該是這艘（指著 ARPA 雷達上的 B 輪回跡）。」

三副：「再向右轉 10°。」

電話聲響，機艙打上來告知可以走全速，三副隨即將俥鐘搖至全速前進。

O 輪：「Ok！本輪朝右轉向、本輪朝右轉向（Ok, I change my

course to my starboard side, I change my course to my starboard side）。」

20：44 時，O 輪船位在 02-23.93N，101-39.87E，轉向至 235°（G）。

大副：「她很快就會通過，通過距離 0.5 浬。」

三副：「實在太近了！」

大副：「如果我們再轉一下，CPA 會加大一點。」

三副：「我在 AIS 上看不到她了！X（怒罵聲）！（B 輪出現在 AIS 上）」

大副：「應該是這艘。」

F 輪：「O 輪！O 輪！F 輪呼叫。」

O 輪：「是的。本輪朝右轉向、本輪朝右轉向。」

F 輪：「Ok！請貴輪趕快朝右轉向、趕快！」

O 輪：「是的。本輪朝右轉向 10°（Yes, I change 10 degrees to starboard）。」

F 輪：「Ok！」

O 輪：「回到第 16 頻道。」

三副：「這一艘（指著雷達）？」

大副：「這一艘是在那一艘的後方。我們搞錯了！X（怒罵聲）！」

20：45 時：

三副：「如果我們現在轉向就太近了」

大副：「不行！我們不能那麼做！我們不能那麼做！」

三副：「這些船都在追越中？」

大副：「不是。就是這一艘，另外兩艘（指著雷達螢幕）。」

三副：「我們是不是要再朝右多轉一點？」

大副：「是。是。」

三副：「我現在已轉向到 234°。」

大副：「很好。240°。」

三副：「這樣好像不夠！」

大副：「那就轉向到 250° 吧！」

F 輪：「O 輪！O 輪！F 輪呼叫。」

O 輪：「O 輪回答。」

F 輪：「貴輪現在要儘快朝右轉向，現在離最近距離點的時間（TCPA）只有 7 分鐘！7 分鐘（Very quickly change your course to starboard side now, TCPA now 7 minutes 7 minutes）（中式英文）。」

O 輪：「是的。本輪一直都在朝右轉向。」

20：46 時：

F 輪：「Ok！謝謝。」

三副：「要轉向至 250°？」

大副：「是的。轉向至 250°」

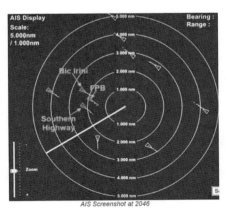

圖 3.32　碰撞前相關各船位置示意圖（三）

20：48時：

F輪：「O輪！O輪！F輪呼叫。」

O輪：「O輪回答。」

F輪：「O輪請貴輪朝右多轉一點。多一點！多一點！（O輪 change your course to starboard side more, too much too much）（又見中式英文）」

O輪：「聽我說（Listen to me）。我一直在朝右轉向。」

F輪：「要更快一點！只有4分鐘！4分鐘（TCPA）。」

大副：「現在F輪想怎樣？左舷還是右舷？她將以0.5浬的距離通過本船。現在請她朝右轉向（把F輪當作汽車船S輪）。」

O輪：「聽我說。CPA只有0.5浬，貴輪也可以朝右轉向（把F輪當作汽車船S輪）。」

F輪：「我的右舷還有另外一艘船、我的右舷還有另外一艘船（汽車船S輪在F輪右舷）。」

O輪：「聽我說。我已朝右轉向，我也有一艘船在我的右舷（O輪所指右舷的船就是F輪）。」此時F輪稍朝右舷轉向，以便增加其與O輪的CPA。

20：49時，VHF傳來附近其他船舶喋喋不休辱罵O輪所採的避碰措施。

大副：「（指著雷達）應該是這艘。此時舵工報告航向250°。」

大副：「很好，她很明顯可以通過。但是這一艘……（汽車船S輪CPA 0.46浬）；第二艘也想衝過來（the second is trying to barge through）（指B輪）。」

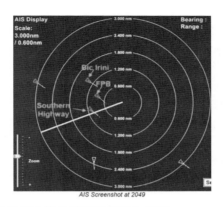

圖 3.33　碰撞前相關各船位置示意圖（四）

20：50 時，三副查看 AIS 告訴大副該船船名是 "Bic Irini"，B 輪約在其右舷正橫 1.39 浬處。

大副：「我們必須從她的船艉通過（指 S 輪）。」

三副：「哪一艘？從她船艉？」

大副：「這艘！我們會撞上她。」

三副：「好。現在這艘可通過（應該是指 F 輪）。」

大副：「不是。我們將通過。」大副並利用手提閃光信號燈顯示燈光約 4 秒鐘。（此時 F 輪距離 O 輪 0.52 浬）

F 輪：「O 輪！O 輪！F 輪呼叫。」

20：51 時：

大副：「最好轉向右舷」

三副：「右舷？要轉多少？」

大副：「這艘已通過。不行！我們不能朝右轉向，因爲……（依舊誤認 F 輪爲 B 輪）。」

三副：「向左轉向！左滿舵！」

大副：「不行！停止、停止！」（F輪距離0.35浬約648公尺，而O輪的雷達至船艏長度只有196.5公尺）

F輪：「O輪！F輪呼叫。」

大副：「停止！」

三副：「停止！」

大副：「停止！停止！停止！」

大副再用手提閃光信號燈發光警示，長達17秒。

大副：「X（怒罵聲）！搞什麼？他們究竟想怎樣？他們究竟想怎樣？他們究竟想怎樣？（What do they want?）（此時激怒飆罵不斷，並誤認S輪為F輪）。」隨即將俥鐘搖至「停俥（Stop）」位置。

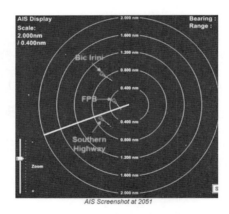

圖3.34　碰撞前相關各船位置示意圖（五）

20：52時，O輪與F輪在02-23.25N 101-38.66E發生碰撞。O輪艏向245°（G），船速11.1節（港速全速），F輪艏向142°（T），

船速 13.5 節（海速全速）。

由於 F 輪的貨艙油槽被撞破產生很大的爆炸。輕油（Naphtha）自 F 輪貨槽洩漏而出並起火。火焰圍繞著 O 輪周邊的海面，兩輪都遭受嚴重的結構損壞（significant structural damage）。接著 O 輪船殼的油漆開始燃燒（set alight），船艏樓甲板（Forecastle deck）因碰撞激烈也有火焰燃燒著。

20：52 時，船長來到駕駛台，鳴放通用警報（General alarm sound）。由於火焰溫度太高，所以船員無法到住艙外的指定逃生集合區（designated muster area）集合。

大副與三副離開駕駛台進行緊急集合任務。二副留在駕駛台協助船長。O 輪隨即利用 VHF 無線電話發送 "Mayday" 遇難求救信文。船員穿上浸水衣（Immersion suits）前往位於住艙內臨時指定的庫房緊急集合站集合。此時船員啟動滅火幫浦（Fire pump），三副打開位於主甲板的滅火水管，以便冷卻過熱的甲板，好讓船員可以逃到船艉甲板（Poop deck）。三副解開右舷救生艇固定纜索準備施放救生艇，並檢查船員有無受傷者。但部分船員建議拋出救生筏（Liferafts）比較安全，但三副認為船邊海面都是火焰而拒絕。

20：56 時，O 輪利用倒車脫離 F 輪。

20：57 時，F 輪船長利用 VHF 無線電話發送 "Mayday" 遇難求救信文。

20：58 時，B 輪利用 VHF 無線電話發送 "All Ships（所有船舶注意）" 信文，告知附近水域發生船舶碰撞事故。

21：08 時，O 輪船長利用 VHF 無線電話向狄克森港發送

"Mayday" 遇難求救信文。

21：10 時，O 輪船長啟動「船舶保安警報系統」（Vessels Ship Security Alert System），並利用衛星電話向公司報告事故。

21：19 時，O 輪船長報告 Klang VTS 該船所有船員平安，正在海上漂流。並告知 O 輪船上火災已撲滅，準備駛往狄克森港錨地。

21：28 時，路過事故現場的塞普路斯籍貨櫃船 "Nordspring（以下簡稱 N 輪）" 留在現場準備提供協助。N 輪是許多當時通過航行巷道船隻中，唯一一艘留下戒護的船舶。

21：44 時，馬來西亞的直升機飛越 O 輪評估現場情勢

22：23 時，O 輪船長向公司報告貨艙、壓艙水櫃未遭受損壞，只有前尖艙（Forepeak）與球型船艏（Bulbous bow）受損。

22：39 時，O 輪船長向 Klang VTS 報告，O 輪將繼續留在現場協助起火的 F 輪，並請求准許稍後航往狄克森港錨地拋錨。

23：42 時，Klang VTS 告知 O 輪船長不論拋錨或漂流都必須留在現場。同時詢問 O 輪船長是否可以收納自 F 輪逃生的 14 名船員？O 輪沒有回答此請求（或許船邊一片火海無法提供協助）。

2009 年 8 月 19 日：

00：03 時，Klang VTS 請求 N 輪行駛至近岸航行區（Inshore traffic zone），以利將獲救的船員接駁至岸上。

00：51 時，O 輪船長請問貨櫃船 N 輪：「F 輪的船名（太扯了！），以及救上幾名船員？」

01：28 時，O 輪在 02-29.5N 101-41.5E 錨泊。

01：40 時，N 輪拋錨並將救起的船員接駁給馬來西亞的主管機

關。F 輪繼續漂流，最後在輕油燃燒耗盡，以及滅火船的協助下終將住艙及貨艙的火災撲滅。

此一事故導致 O 輪 3 名船員受傷。其中 2 名是在前往住艙外逃生集合站途中被燒傷的。F 輪有 9 名船員被發現喪生在住艙與機艙內，某些被 N 輪救起的船員稍後被送往狄克森港的醫院就醫。

又碰撞的結果，造成 F 輪左舷住艙前方的油貨艙內的輕油大量外洩至海面上。輕油（Naphtha）是易燃（Flammable）且比重較海水低的油品，無法溶解於海水（Insolvent in water），因此外洩的油貨都漂浮在海面上，也因此火焰才會包圍著 O 輪船體。外洩的揮發油最後因燃燒而耗盡。

4. 事故調查：

① 依據官方事故調查報告，此次碰撞事故是發生在交叉相遇情勢（Crossing Situation）下，F 輪屬直航船（Stand-on vessel），O 輪為讓路船（Give-way vessel）。事故的發生是因為 O 輪疏於採取有效的避讓措施（Effective avoiding action），而 F 輪囿於遵守國際海上避碰規則第十五、十六、十七條規定賦予的責任，致嚴重地限縮了其採取避碰措施的企圖。

F 輪與 O 輪都可以清楚的利用目視看見對方，而且在碰撞發生前一段相當長的時間可以利用電子航儀監測對方。此一案例，凸顯了當值駕駛員在特殊情勢下，不能因為要緊守避碰規則的規定，而不敢採取背離規定的緊急避碰措施的重要性。

② O 輪駕駛台團隊連續誤認錯誤回跡（False echo）為避讓目標船，因而必須強調目視與航儀觀測並行的重要性。

③ O 輪連續採取小角度且反覆無常的轉向（Small and arbitrary alterations of course），無法讓他船判斷其運動意圖。

④ O 輪雷達未用「Trial manoeuvre」功能。只觀察對方的 CPA 而未觀察其羅經方位變化。

⑤ 當船舶航行交通密度較高水域，船長應令主機備便隨時可用俥。特別是當航路指南（Routing Guide）已有明載應提高警戒的水域。

⑥ N 輪作爲一艘唯一留在現場提供協助的路過船舶，應予讚賞並表揚。

5. **心得分享：**

① 儘管實務上遭遇目標船意圖不明情況時，其安全之道是採「拖延戰術」（time-proven tactics）以延長危機因應時間，但本案碰撞時兩船皆以全速前進，顯然忽略了在交通繁忙的分道通航制水域內，主機備便可隨時用俥的本意。

② 遇有無法確認避碰目標情況下，寧願先減速，亦不毫無根據的以「應該是這一艘」與「假設」的邏輯輕率地採取避讓措施。

③ 航行於高風險區、交通頻繁水域，以及其他處於需要高度凝神情況時，駕駛台應避免閒談（chit chat），以及討論與航行無關的交談（business unrelated to navigating the ship）。

④ 轉向幅度要明顯，以便讓對方船很容易地看出本船的運動意圖。

⑤ 本案同時亦凸顯出船舶應避免與他船陷入極度接近，致其依照避碰規則操縱船舶的能力受限的重要性。且應經常未雨綢繆地爲本船留下充分的緊急應變空間，以備發現他船不遵守規則時，可以從容地轉進逃生路線（Escape route）。

⑥ 當兩船在您附近碰撞進而爆炸，必須與之保持安全距離，但能提供遇難船員救助。絕對不能視而不見駛離現場。

⑦ 或許緊急情況下壓力大增，讓兩船當值駕駛員頻用錯詞表達企圖，諸如「please wait moment, wait moment」；「Very quickly change your course to starboard side now, ...」；「change your course to starboard side more, too much too much」。凡此皆非 IMO 建議的標準海事用詞，極可能誤導避讓對手方，故我航行員平日應多加模擬練習各種緊急情況下應如何發送精準信文，以確保航行安全。

⑧ 遇有避讓情境時，應及早表明本船運動企圖。本案 O 輪於第一時間未告知其右船艏三艘船舶將朝右轉向，等候三艘船舶通過再朝左轉向進入東南航行巷道。因而當 O 輪當值駕駛員表明其將朝右轉向的企圖後，F 輪的當值駕駛員雖感驚訝，但仍認為此在交叉相遇的情況下，是可以接受的轉向措施，但卻又不確認 O 輪是否真的要朝右轉向。似此，兩船皆未能確認對方真正意圖，卻又在全速進俥的情況下，持續趨近，當然會限縮後續化解危機的空間與時間。

案例 3.1.7 貨櫃船與散裝船碰撞

1. **事故種類**：未確認避碰目標擅作假設
2. **案例概述**：

   2007 年 9 月 15 日 10：42 時，德國籍貨櫃船 "Hanjin Gothenburg

（以下簡稱 H 輪）"，從天津新港（Xingang）航往韓國光陽港
（Kwangyang），航程中經過黃海的渤海海峽（Bohai Strait）。H 輪
總噸位 65,131，船長 274.67 公尺，船艏與船艉吃水皆為 11.9 公尺。
事故當時，駕駛台兩部雷達都開啟運轉，掃描距程（Range scale）分
別設定在 6 浬與 12 浬。H 輪自全速前進中使用全速倒俥，至完全停
止的緊急停止距離約 1.17 浬（2,167 公尺≒約 7.9 倍船長），費時約
7 分鐘。

　　16：00 時，H 輪船位 38°45'N，119°42'E，航向 102°，船速 25 節。
大副接替菲律賓籍二副的值班，日落時間為 18：03 時。自 18：30 時
起，駕駛台就只有大副一人值班，當值舵工則在房間待命。

　　19：10 時，船位 38°23.0'N，121°16.7'E，航向 122°，船速 26.1
節。大副觀測到右船艏有漁船。

　　19：27 時，將航向自 122° 朝左轉向至 117°。

　　19：30 時，將航向朝左轉向至 116°，船速 25.9 節。大副查看海
圖確認障礙物與淺灘後，決定再朝左轉向，讓漁船從右船艏通過。

　　19：32 時，轉向至 090°，並保持原來船速。此時尚未看到 C 輪。

　　19：35 時，船位 38°18.7'N，121°29.3'E，H 輪航向 091°，船速
25.8 節，以近 40° 的角度撞上 C 輪左舷船舯部。碰撞後兩船 H 輪船
艏插入 C 輪船身卡在一起（Wedged into each other）。碰撞稍後，中
國海防的直升機與救難艇抵達現場。

　　另一方面，巴拿馬籍散裝船 "Chang Tong（以下稱 C 輪）"，總噸
位 20,700，船長 182.3 公尺，船艏吃水 3.5 公尺，船艉吃水 6.5 公尺。
從臺中港航往秦皇島，航向 305°，船速 12 節。C 輪為空船狀態，駕

駛台有大副，一名瞭望員與兩名實習生，其中一名兼任舵工。C 輪所有船員都是中國籍。C 輪第一次從雷達幕上看到 H 輪大約在 19：17時，但此時 C 輪駕駛台的船員主要聚焦在其船艏前方的漁船。渤海海峽因為漁產豐富，因此除了商船以外，常有大批漁船群聚捕漁。

　　事故當天早晨因有濃霧，能見度一度只有 0.5 浬，但午後即改善至 9 浬。風力 2～3 級，風向偏西（參閱圖 3.35～3.39）。

圖 3.35　事故發生地相關位置簡圖

圖 3.36　碰撞前的 H 輪

圖 3.37　碰撞前的 C 輪

圖 3.38　渤海海峽作業漁船的交通狀況

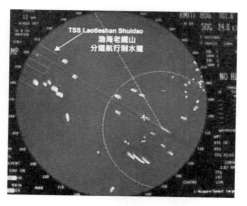

圖 3.39　渤海海峽的交通密度

　　2007 年 9 月 17 日，碰撞後卡在一起的兩艘船被拖往水面穩靜的
海域，準備進行拆離作業。但沒想到 C 輪脫離後，就因船艉部的船
體折斷而沉沒，而且漏出少量的油。很幸運地，本事故只有一人受到
與事故無直接關係的輕傷。

3. 事故時間軸：

　　10：42 時，H 輪自天津新港出港。

　　13：00 時，主機改海速全速全進，在頂流 0.5～1.0 節的情況下，
以 25 節對地速度全速航行。駕駛台有船長、二副與一名舵工。

　　16：00 時，大副接班。二副與舵工離開駕駛台。當天日落時間
為 18：03 時。

　　18：20 時，H 輪航向自 102° 轉向至 121°，離開老鐵山分道航行
制的航行巷道（參閱圖 3.40）。

圖 3.40　事故發生地相關航道位置

　　由於交通密度頗高，H 輪在離開分道航行水域後，曾經採取幾次
避讓措施。此時駕駛台只有大副一人，船長在餐廳，值班舵工在房間

待命（On stand-by）。雷達上觀測到右船艏有多艘漁船回跡。

19：00 時，船長再度回到駕駛台，但幾分鐘後就又離開。

19：27 時，大副查看海圖確認左舷有無障礙物或淺水區後，即朝左轉向至 090°，以便讓開右船艏的漁船。轉向後，約可與漁船保持超過 0.6 浬的距離通過。

19：35 時，就在看到 C 輪住艙燈光，不到 20 秒後就發生碰撞。船長衝上駕駛台，利用緊急停俥（Emergency stop）將主機停止。

另一方面，C 輪是 2007 年 9 月 12 日離開臺中港，在空船情況下以 12 節對地速度航往秦皇島。C 輪因為自動操舵儀故障改用手操舵模式航行。駕駛台只開啟一部附有 ARPA 的雷達運轉，掃描距程設定在 6 浬。

9 月 15 日：

15：35 時，大副到駕駛台接手二副的班，接班後轉向到 305°。此時 C 輪距離老鐵山分道航行區入口還有 80 浬。由於 C 輪船艏有幾艘拖網作業的漁船，因此大副多次以左右不超過5°的舵角避讓漁船。

16：40 時，兩名實習生到達駕駛台。實習生通常會在交通密度較低的水域操舵。

17：30 時，三副到駕駛台接班，換大副用餐。

17：50 時，大副回到駕駛台。

19：17 時，雷達上發現左船艏 15°～20° 方向出現一目標，航向約與 C 輪平行，船速約 20 節。實習生報告大副看到對方左（紅）舷燈，前後桅燈不成一線。大副從望遠鏡看到另外一艘船，經用雷達確認後得知距離為 6 浬。大副同時看到船艏前方約 1.5 浬處有拖網

漁船從右方趨近。此時大副命令操舵實習生將航向從 305° 朝右轉向至 310°。但根據航向紀錄器（Course recorder）顯示，C 輪只是稍微向左轉向後，之後再朝右轉一度至 298°。隨著愈來愈多漁船接近，H 輪也在接近中，而且同時可看到她的左右舷燈，附近還有其他拖網漁船。從雷達觀測得知 H 輪距離 2.6 浬。C 輪大副認爲 H 輪的（朝左）轉向只是暫時避讓漁船的操作，之後應會轉回到原航向。

19：30 時，航向 306°，船速 12.5 節，下達右舵 5° 舵令，期以避開左船艏的漁船。此時發現 H 輪從原本可以看到紅、綠舷燈的態勢，變成只能看到綠燈，兩船距離 2.1 浬。

19：30 時，C 輪已朝右轉向 15°。

19：33 時，大副查看 AIS 後得知對方船名，目視也可以看到 H 輪船殼的 "Hanjin" 字樣。因此立即用 VHF 電話呼叫：「Hanjin、Hard port！」連續呼叫兩次後，H 輪沒有回應。因此命令舵工採「右滿舵」，此時約在撞船前 2 分鐘。由於 C 輪在滿舵操縱時船體震動激烈，船速也隨著下降（空船）。撞船前，大副立即將主機停俥，船長隨即衝上駕駛台

19：35 時，以 077° 航向與 H 輪發生碰撞。船位：38°18.7'N，121°29.3'E（參閱圖 3.41）。

碰撞後，兩船卡在一起，兩船的船員都前往察看撞船後的損壞程度。兩船都向大連與煙台的船舶交通管制中心報告。C 輪隨後拋下左錨。不久，C 輪開始向左傾斜 5°。

19：53 時，因船體傾斜，C 輪船員越過船舷到 H 輪避難，但夜晚就又回到 C 輪。

圖 3.41　H 輪船艏插入 C 輪左舷船舯

　　22：48 時，一艘中國海防救難艇抵達現場。但由於天候海況良好，而且沒有人員受傷，故而並未立即採取救難行動。

　　為了排除碰撞後的進水，C 輪的幫浦持續運轉排水。救難艇持續在現場戒護，同時有直升機在現場監督有無油水洩漏汙染海面。

　　2007 年 9 月 17、18 日，兩艘撞在一起的船舶被拖往風平浪靜水域的錨地（參閱圖 3.42）。

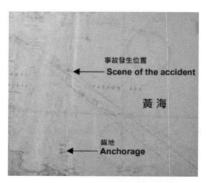

圖 3.42　涉事二船的錨泊位置

9 月 19 日 21：00 時左右，開始設置攔油設施。一日後，相關各方企圖利用 H 輪的倒俥，以及拖船的協助，將卡在一起的兩船分離。然而因為颱風的接近暫時放棄此一作業。

4. **事故結果**（Consequence of the acccident）：

碰撞事故讓兩船都遭受嚴重損壞（The marine casualty caused considerable damage to both vessels），而且後來 C 輪折成兩段並下沉。所幸僅造成輕微的油汙染，漏油量未公布。H 輪損壞的情況如下：

① 船艏因碰撞變形，以及右錨錨具（Ground tackle of the starboard anchor）損壞（參閱圖 3.43）。

圖 3.43　H 輪艏樓損壞情形

② 球型船艏（Bulbous bow）因撞擊與滑擦 C 輪船殼致嚴重凹陷。第一艙壓艙水櫃因船殼破裂約 20 公分而進水（參閱圖 3.44）。

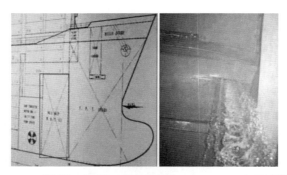

圖 3.44　H 輪第一壓艙水櫃（深艙：Deep tank）破裂進水

③ 艙樓庫房的肋材（Frame）遭受嚴重變形（Suffered considerable
deformation）（參閱圖 3.45）。

圖 3.45　H 輪艏樓庫房（Bosun store）受創變形

④ 右舷艏樓庫房造成一道長約 5 公尺、高約 0.5 公尺的裂口（參閱圖
3.46）。

⑤ 9 月 20 日當兩船被颱風吹分離後，C 輪吊桿的吊臂（Jib）竟然掉
落至 H 輪的艏樓甲板（Forecastle deck）上（參閱圖 3.47）。

圖 3.46　H 輪船艏船殼撕裂

圖 3.47　C 輪吊桿的吊臂掉落到 H 輪艏樓甲板

⑥ C 輪的第四部吊桿在兩船拆離作業時被完全撞毀，吊臂掉落 H 輪
　艏樓甲板上。吊臂掉落連帶地造成 H 輪甲板上第一列（First bay）
　貨櫃受損，也造成貨櫃內的危險化學物品外洩。H 輪水手長前往
　清潔與善後破裂貨櫃，眼睛遭受嚴重刺激（參閱圖 3.48、3.49）。

圖 3.48　H 輪船艏受創情形（一）

圖 3.49　H 輪船艏貨櫃受創情形（二）

④ 碰撞當下 H 輪船艏撞上 C 輪船舯第 3 艙與第 4 艙之間，造成兩艙
　之間的隔艙板（Bulkhead）與肋材嚴重變形與損壞，而且此區段
　的水櫃亦被撞穿。海水進入第 2 艙與第 5 艙，第 3 號與第 4 號吊
　桿受創（參閱圖 3.50）。

⑤ 9 月 20 日中午左右，颱風 "Wipha" 帶來的 9 級強陣風，竟將兩船
　吹分離了。C 輪從船舯部折斷（參閱圖 3.51）。

圖 3.50　H 輪船艏撞上 C 輪船舯部

圖 3.51　C 輪在颱風通過不久後即折成兩段

⑥ C 輪船艏折斷部分後來打橫與後半段幾成 90° 態勢。後半段船體後
　來沉至18公尺深的海底，但住艙仍然浮現在水面上（參閱圖3.52）。

圖 3.52　C 輪船艏半段打橫

⑦ 稍後在天候改善情況下，才將 C 輪船艙內的殘油抽出。船艏前半
段在多天時整段沉至海底。後半段亦下沉更深，而且左傾更嚴重
（參閱圖 3.53）。

圖 3.53　C 輪船艏半段沉入海底

　　另一方面，H 輪在煙台港錨地拋錨，直至中國海事主管機關完成
調查後，於 10 月 4 日開往新加坡修理。

5. **事故調查：**

① 從電子海圖的 AIS 軌跡記錄得知，碰撞前兩船幾以相反航向
（Reciprocal course）趨近（參閱圖 3.54）。

圖 3.54　碰撞前 H 輪與 C 輪呈迎艏正遇情勢

② H 輪朝左轉向，船速從 26 節降至 25 節。也因爲 H 輪朝左轉向，
　兩船從迎艏正遇情勢（Head-on situation）轉變成交叉相遇情勢
　（Crossing situation）（參閱圖 3.55）。

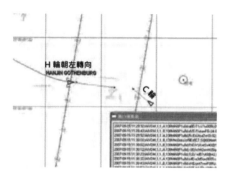

圖 3.55　H 輪朝左轉向：交叉相遇情勢

③ 當 H 輪朝左轉向至 090°，C 輪才開始朝右轉向企圖避讓（參閱圖
　3.56、3.57、3.58）。

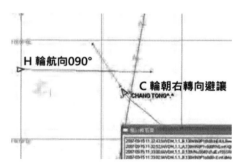

圖 3.56　C 輪採取避讓措施（航向 327.5）（一）

圖 3.57 C 輪採取避讓措施（航向 354.3）（二）

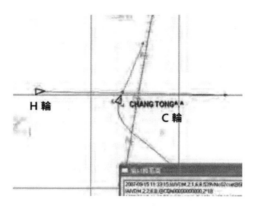

圖 3.58 C 輪採取避讓措施（航向 022.7）（三）

④ 下圖中 C 輪船速突然增至 21.6 節。雖電子海圖顯示兩船仍有距
離，但事實上此時兩船已經碰撞，應是 H 輪推頂著 C 輪前進。至
於圖示與實際位置間的誤差乃是資訊傳輸延遲所造成的，此等因
素包括 GPS 天線位置、兩船的 GPS 位置，以及兩船的長度等（參
閱圖 3.59）。

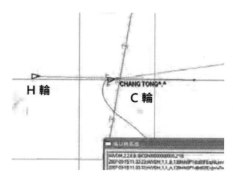

圖 3.59　兩船碰撞的可能時間點

6. 事故分析：

① H 輪於事故當時未部署瞭望員，顯然違反航行當值與避碰規則第五條有關適當瞭望的規定。依照規定大副的責任是必須利用各種可能方法，包括視覺與聽覺去判定碰撞危機的可能性。

雖 STCW 公約並未規定 H 輪駕駛台一定要部署兩個人，但是在黃昏視線減弱，以及漁船密度甚高的水域，應部署適當專責瞭望員才是合乎規定的。事實上，駕駛台未部署瞭望員乃是因為 H 輪船員白天在港配合貨櫃裝卸作業，出港後若再繼續至駕駛台值班恐違反工時規定，因而 H 輪船長授權大副決定舵工（兼瞭望員）可以在房間待命，但這是違反駕駛台安全當值（Safe bridge watch）的規定。毫無疑問地，這決定對大副是兩難的。也因為駕駛台只有一人當值，迫使大副不得不時常往返操控位置（Conning position）、儀器操控台與海圖室之間，以便核對航儀資訊定位並兼顧瞭望（參閱圖 3.60）。這在大洋航行絕對沒有問題，但事故

當天已入黑夜，漁船多、船速又快（25節），對於在港操勞過度的大副而言，要時時保持情境警覺是有難度的。

圖 3.60　當值駕駛員要奔走於各航儀之間

② 即使事故調查機關質疑 C 輪航行燈的燈光亮度不足，甚或未開航行燈，但 H 輪大副亦可由雷達輕易判斷其動態。調查機關訪談發現 C 輪的航行燈在白天都是關掉的。

③ C 輪駕駛台人力部署合乎規定。

④ 做筆錄時發現 C 輪當值駕駛員與舵工，其對於下達舵令時間與舵角大小說詞明顯不同。當值駕駛員未確實監督舵工操舵是否確實無誤，致使原本預期的航向與舵工實際操舵的航向不同。雖然以實習生充當舵工與撞船發生無直接關係，但大副要付出更多的注意力在舵工操作上是必須的。

⑤ STCW 公約規定當值駕駛員要選用適當的雷達距程（Appropriate range scale），事故當時 C 輪雷達距程設定在 6 浬，H 輪設定在 12 浬，但 H 輪船速 25 節，C 輪船速 12 節，兩船相對速度達 37 節。

因此雷達設定在 6 浬距程，表示操船者遇有緊急狀況時，欲作出避讓決定的時間非常有限。何況兩船當值駕駛員都聚焦於避讓漁船。

當 H 輪大副從 117° 轉向至 090° 時，勢必有一段時間要離開操控位置到雷達所在位置旁邊的自動操舵儀（Autopilot）。依據電子海圖（ECS）記錄所示，碰撞前轉向約費時 7 分鐘，表示此段時間內大副仍未觀測到 C 輪的存在。此時兩船距離約 2.5 浬。

⑥ 由於 H 輪未使用雷達比對 AIS 資訊，因而未能從漁船隊辨別出 C 輪的回跡。又證據顯示漁船隊是位於兩船之間，可見兩船的轉向避碰是沒有正確依據的。此外，本案兩船原本以幾近相反的航向迎艏正遇，依據避碰規則第十四條規定，各朝右轉向就可化解碰撞危機。但 H 輪無視此情勢，只為要避讓右船艏的群聚漁船，就朝左轉向至 090°，顯然是依據不充分的假設採取避讓措施。依據避碰規則第七條第三項規定：「切勿依據不充分的資料，尤其不充分的雷達資料，擅作假設。」C 輪就是依據不充分的資料擅作假設而低估了碰撞危機。因為 C 輪當值駕駛員憑空假設 H 輪很快就會轉回其原航向（Original course），因而將所有注意力集中在比較近的漁船隊，而未持續評估其先前的假設是否正確。

⑦ C 輪朝右轉向雖符合避碰規則的規定，只是未「及早明確」採行避碰措施。C 輪朝右轉向 15° 費時 5 分鐘，既不及時亦不明確，故可歸因為碰撞的原因。從航向紀錄器得知，右滿舵的舵令下得太慢了，致縱距延長約 1 浬左右。

⑧ 由於兩船都航行在附近有漁船隊的有限水域，唯一可行的避碰措

施，就是依據避碰規則第八條的五項規定：「如必要時，為避免碰撞，或容許有更多時間以研判當前情勢，船舶應減速或用停俥或倒俥，以制止船舶前進。」但本案兩船在碰撞前都採全速航行，實務上要當值駕駛員立即搖下俥鐘停俥是有難度的。

7. **心得分享：**

① H輪無視迎艏正遇情勢，逕自朝左從117°轉向至090°，已明顯違反避碰規則「不得朝左轉向」的原則性規定。但不容否認的，我們在海上朝左轉向讓船也是常有的事，因為只要水域寬闊沒有障礙物，亦無淺水區，能安全避讓他船就是最好的操船術。

② H輪是因為未充分瞭望致碰撞前還未觀測到C輪的接近，但C輪早就看到H輪的航行燈，未能及早採取明確的避碰措施甚為可惜。

③ 事故調查機關雖無確實證據說明為何H輪無法觀測到C輪？但關鍵應是H輪當值駕駛員未能密切觀測雷達顯像所致，以及駕駛台未部署專責瞭望員協助瞭望。

④ 至於考量當值舵工在港疲憊而准其在房間待命的作法頗值得商榷，究竟船上應還有可以代為值班的舵工人選，在高風險水域機動調度人力配置是有必要的。其實，值此船大人稀的時代，航行安全最為重要，至於船舶保養與美觀維護就盡力而為了，因為船上就幾個船員，怎可能面面俱到。猶記得筆者任船長時，常交代大副與水手長，人員與船舶平安最重要，其餘只要船上能動該動的都要會動就好了！究竟每人每天都是24小時，讓無關重要的雜務排擠安全維護的時間絕對是不當的安排。因此本案H輪船長與大副若是開船後請代班舵工充當瞭望員，隔天讓其補休假，說不

定就不會發生事故了。

案例 3.1.8 **潛水艇撞商船**（Submarine has collided with a commercial ship）

1. **事故種類**：潛艇上浮前瞭望不足導致撞船

2. **案例概述**：

　　2021 年 2 月 8 日 10：55 時，一艘排水量 2,950 噸級日本海上自衛隊潛水艇 "Soryu（蒼龍，以下簡稱 S 艇）" 在日本四國島足摺岬（Cape Ashizuri）外海欲浮起到水面時，與一艘香港籍散裝船 "Ocean Artemis（以下簡稱 O 輪）" 發生碰撞。碰撞事故造成 3 名潛水艇官兵遭受輕傷，以及艦橋發生歪曲，操控塔右側的「水平舵」（Hydroplane）折斷，連帶地使潛水艇的天線桅桿（Antenna mast）與聯絡系統嚴重受創，迫使潛艇不得不以自力航行至手機可接收到信號的近海範圍，才得以將事故詳情上報基地司令部。海上自衛隊司令部直至 14：40 時才收到事故報告（參閱圖 3.61）。

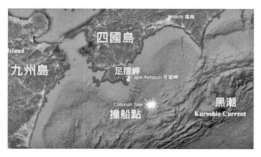

圖 3.61 撞船事故位置示意圖

　　S 艇於 2021 年 2 月 6 日離開基地港前往四國外海進行操演，船上有 65 名官兵。事故當時視線良好，西北風，陣風 25 節，浪高 1.59公尺。事故地點的水深超過 1,000 公尺，其不僅位於四國南方的主要海運航線，更是暖洋流黑潮（Warm Kuroshio Current）的主流流域。故而雖是冬季，海水表面溫度仍約在 21°C，直至水下 200 公尺處，水溫才降至 15°C。黑潮平均流速約爲 2 節，流向約爲 070°。

　　事故當時，S 艇正進行上浮操演（Surfacing drills），當 S 艇從潛望鏡（Periscope）看到商船時，已經來不及採取避碰行動。S 艇屬柴電動力潛艇（Diesel-electric submarine），艇長 84 公尺，寬 8.1 公尺，自 2009 年開始服役。S 艇在水面上的速度爲 13 節，潛航速度可達 20節。最大下潛深度（Maximum diving depth）可達 600～800 公尺（參閱圖 3.62）。

圖 3.62　撞船前的蒼龍潛水艇

　　另一方面，散裝船 O 輪於 2011 年建造，總噸位 51,208，載重噸位 93,103 噸，全長 229 公尺，最大航速 13.8 節。O 輪從中國青島載運鐵礦砂，欲前往日本瀨戶內海岡山縣倉敷市的水島港（Port of

Mizushima）。事故發生當時 O 輪的最大吃水爲 14.9 公尺。事故前，O 輪正繞著四國島以 060° 航向進入瀨戶內海（Seto Inland Sea）（參閱圖 3.63）。

圖 3.63　事故後等待調查的 O 輪

　　事故後，S 艇於 2 月 8 日 23：20 時，駛進高知縣的高知港停泊，配合後續調查。O 輪則在日本海上保安廳的指示下，於 9 日傍晚航抵神戶港接受調查。另一方面，散裝船在事故中毫無損壞，船員甚至表示一點震動與噪音的感覺都沒有。

　　日本防衛廳長官對於此發生在高知縣外海的撞船事故深表遺憾（Extremely regrettable）。被譽爲「世界最安靜」的日本蒼龍級潛艇爲何會出現在巨型貨輪下面，並與之相撞？讓更多人對這一問題揣測紛紛。

3. **事故後果**（The Aftermath）：

① S 艇主操控塔（Conning tower）右舷的「潛舵」折斷。潛舵的英文名稱爲 "Hydroplane"（水平舵），是潛艇在潛航或上浮時必須使用的船體必要構件（參閱圖 3.64）。

圖 3.64　水平舵折斷的 S 艇

② S 艇主操控台凹陷以及部分隔音貼材（Anechoic tiles）的損壞，天線桅桿與通訊系統嚴重受損。

③ 事故後，海上自衛隊派遣潛水夫至神戶港協助調查 O 輪受損情況。潛水夫在 O 輪的球型船艏處發現許多刮痕，以及來自 S 艇的黑色油漆附著。船艏同時發現有一道 20 公分長的裂痕，導致海水滲入船艙內。前述黑漆殘留（Black paint residue）的樣本事後經海上防衛廳立川研究中心比對，確認爲 S 艇船殼漆無誤（參閱圖 3.65、3.66）。

圖 3.65　潛水夫檢查 O 輪船艏受損情況

圖 3.66　O 輪船艏底部船殼油漆擦刮情況

④ 日本首相菅義偉及防衛廳長官岸信夫，對於事故報告因通訊設備故障延遲 3.5 小時才上報，表示完全無法接受（Utterly unacceptable），要求自衛隊立即改善與檢討緊急狀況下無法立即聯絡的嚴重性，並為此對日本國民表達歉意。海上自衛隊參謀長表示所有自衛隊艦艇都安裝有衛星電話（Satellite phones），但本案因 S 艇通訊天線受損，只得駛近岸邊才能藉由手機向司令部報告事故。稍後，S 艇再移航回到神戶的三菱重工船塢進行後續維修，艇長被調職等候調查。

⑤ 高知縣知事代表當地漁民提出嚴重關切，聲稱肇事海域為日本鰹魚的傳統漁撈海域，類似事故對漁民造成嚴重威脅，務必查明肇事原因並防止類似事故再發生。

4. **事故原因：**

① 事故發生前的 10：58 時，S 艇正從深水上浮欲進行水面演練，但

　　卻疏於利用聲納探測周邊船隻，及至上升至潛望鏡可及的深度，才經由潛望鏡看到水面上的 O 輪，但為時已晚，致無法採取有效避碰行動。依據日本防衛廳表示，潛水艇欲浮上水面時，應該利用聲納確認附近有無航行船隻，及至快接近海面時，才將潛望鏡升出水面，並利用目視對周邊水域進行瞭望。本案發生則是潛艇上浮，直至官兵企圖利用潛望鏡確認周邊有無船隻時才發現 O 輪，此時兩船已接近至無法避免碰撞的距離。

② 海上自衛隊幹部表示，事故現場附近的潮流流相頗為複雜，在此等海域音波容易產生折射，利用聲納探測目標的難度較高。因為黑潮大量溫水層與流向的不定性，乃至主流流域周邊地形影響衍生的渦流與反流（eddies and countercurrents），都會對潛艇航行產生變化莫測的聲波環境（treacherous acoustic environments）（參閱圖 3.67）。

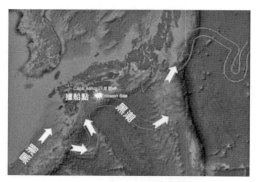

圖 3.67　相對於黑潮主流流域的撞船位置點

5. 心得分享：

① 就一般人的理解，潛航在水面下的潛水艇怎可能撞上水面船隻？但事實就發生了。而且本案是發生在美國核子潛艇格林維爾號，在夏威夷歐胡島外海撞沉日本宇和島水產高校實習船愛媛丸，造成 9 人死亡後的 20 年。當年美國海軍以賠償一千六百萬美元給死亡學生及其家屬，潛艇艇長被判刑並強迫退休為協商條件才得以結案。本案雖無人傷亡，但卻凸顯出潛水艇並非是絕對安全的船種，尤其國際間缺乏相關一致的規範，甚至連國際避碰章程都無相關規定。當然如強將本案說成是不對的時間與不對的地點之巧合加總，誠屬運氣不佳（just pure bad luck）亦無不可，究竟類此事故的機率太低了。

② 由於潛艇主要受損部位在右舷，因而可推斷事故當時潛艇的航向不是與 O 輪同向，就是以接近相反航向迎艏正遇。也就是說，如果潛艇航向再往南偏一點，則兩船將會發生災情更嚴重的正面對撞情況。

③ 上浮操演是潛艇在平時最為危險的操作，即使有最新式的聲納設備（Sonar equipment），在海上交通密度較高水域，仍常有與水面船隻發生碰撞的可能性。

　　基本上，位於潛艇前方的聲納都因有「擋板效應」（Baffles effect）產生所謂的「盲區」（Blind spots）。因此潛艇正後方的某塊區域內是無法偵測到水面目標的。故而為了確保上浮的安全，潛艇必須先採「排除擋板」（clearing the baffles）的作業程序，以確認有無水面船隻在盲區內。通常都會採取微幅迴轉的動作，以便偵測到先前

隱匿在盲區內的船隻。一旦排除擋板作業完成後，潛水艇才會在不超過 10～15 分鐘時間內上浮到水面。因為只要時間一拖長，水面上的交通情勢就可能發生變化。因此本案 S 艇有可能未適當的實施排除擋板作業，或是在排除擋板作業後延遲太久時間再做上浮操作。S 艇的艇長 K. Keisuke 在此之前已擔任過其他潛艇艇長職務，應該很清楚此一作業程序（參閱圖 3.68）。

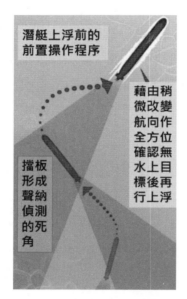

圖 3.68　潛艇進行「排除擋板」操作

必須一提的是，S 艇此次出航前，曾在船塢停泊很長一段時間進行定期保養。因而有可能官兵的操作熟悉度仍未達顛峰水平，進而較易犯下錯誤。可見船舶進塢或閒置停航太久再啟航時，管理幹部應特別提高警覺，注意船員的操作是否有所遺漏或疏失。上述原因

亦有可能導致聲納士久未定期操練而疏於報告水面接觸物（Surface contact）。

客觀言之，設備缺失（Equipment failure）發生在船齡甚輕的日本潛艇艦隊的可能性較低，尤其日本自衛隊的潛艇屆齡 20 年就要除役。因此剛進塢維修完畢潛艇的聲納系統，其缺失導致碰撞的可能性極低。海上自衛隊亦嚴正否認外界有關瞭望鏡與聲納故障的傳言。

另一方面，從散裝船 O 輪的噸位與吃水狀態來看，亦有可能是造成碰撞的另一個原因，因為 O 輪可能產生「船艏訊號微弱效應」（Bow-null effect）。亦即當兩船以迎艏正遇態勢趨近，船長稍長的水面船舶會產生一如屏蔽（Shield）的作用，進而大幅降低來自位於距離船艏數百公尺後方的主機與螺旋槳的聲波物理場特徵（Acoustic signature）。此一現象容易造成位於遠處，且方位相近的潛艇聲納的誤判，進而造成潛在的災難情勢。此一現象亦常被認定是大型水面船隻撞上鯨魚的原因。因此，海洋環境與地理因素亦常是肇事的主因，以潛水艇為例，水溫、深度、鹽度都會對聲波的傳遞產生重大影響。另外，如果事故海域有淺溫層（Shallow thermal layers）存在，則可能會營造明顯的波速梯度環境，結果促使某些表面聲波偏轉向上（deflected upward）。此導致在此海水層下方的潛艇不易從水下偵測到水面上的船隻，而本案事故發生地所在的暖洋流黑潮流域恰可創造類似的水溫層，尤其事故發生在冬天早晨，二月更是北半球典型的寒冷月分，因此更利於上述水溫層的產生條件。

④從海洋先進國日本海軍的標準而言，一艘潛艇無法下沉，亦無法與岸上（基地）聯絡，絕不能稱為輕微受創（Damage "Minor"）。

眾所周知，日本海上自衛隊在世界各國海軍中被普遍認為是反潛作戰能力最強，和擁有靜音性能最佳潛艇的海軍。蒼龍級潛艇也頻頻被中國的軍事評論員說成是日、美聯盟在亞太反制中國海軍的利器。媒體分析認為，本案日本潛艇很可能是在頻繁操演某些特殊演習動作時不慎撞船，更有軍事迷揣測，事故潛艇很可能是在演習近距匿藏於貨輪船底，以便隱蔽行駛而不慎撞船。本案事故發生時正值美國兩大航母戰鬥群進入南海展開演習時，自然引發多方揣測。蒼龍級被認為是全球最大的絕氣推進（Air-Independent Propulsion, AIP）潛艇。所謂絕氣推進，亦稱不倚賴空氣推進，是指無須獲取外間空氣中的氧氣情況下，能夠長時間地驅動潛艇的技術。使用該技術的潛艇，其自持力比一般需要上水面換氣的柴電潛艇大一倍以上，亦即連續的潛航時間及潛航距離較長，但仍比核潛艇短很多。也由於能夠長時間下潛，故而可獲致更好的隱蔽性。

一般使用柴油機的傳統常規動力潛艇，其在水面使用柴油機驅動，下潛狀態則使用蓄電池驅動。這種潛艇需要經常開動柴油機為蓄電池充電，這就需要上浮吸入柴油機燃燒需要的空氣，因此潛艇下潛連續航行的時間受到限制。其次，蒼龍級潛艇採用流線型減阻設計，安裝了吸波塗層（油漆），內部也安裝了隔音裝置。由於使用日本最先進的靜音技術，蒼龍級潛艇具有極佳的靜音性和隱蔽性。另外，這種潛艇採用特種鋼材製造的外殼，使它的下潛深度能夠達到 500 公尺，超過了世界上大部分潛艇。我國友也曾一度對日本蒼龍表達過購買的興趣，可惜無法如願。

案例 3.1.9 汽車船與漁船間的碰撞

1. **事故種類**：瞭望不足導致撞船

2. **案例概述**：

2013 年 6 月 22 日 17：00 時，馬紹爾籍的汽車船 "NOCC Oceanic（以下簡稱 N 輪）"，自日本京濱港啟航，目的港為巴拿馬的 Balboa 港。

6 月 23 日 09：44 時，約在 32°28.1'N，144°05.4'E 處，與自宮城縣仙台鹽釜港（Sendai Shiogama）出港，朝東南方前往預定漁場（Fishing ground）的日本籍漁船 "Yujin Maru No.7（以下簡船 Y 船）" 發生碰撞（參閱圖 3.69）。

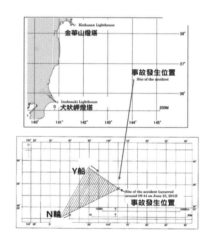

圖 3.69　N 輪與 Y 船碰撞位置示意圖

N 輪於 2012 年 6 月 1 日下水，船東為挪威 NOCC OCEANIC 公司，總噸位 58,250，全長 199.98 公尺，船寬 32.2 公尺。主機馬力

13,570 kW。共有 12 層甲板，船員 22 名全爲菲律賓籍。

Y 船於 2011 年 3 月 10 日下水，母港爲高知縣的須崎港（Susaki），總噸位 19，船長 18.95 公尺，船殼爲玻璃纖維材質。主機爲推力 736 kW 的柴油機。9 名船員中有 2 名日本籍，7 名爲印尼籍。

撞船後，Y 船自船舯處被撞成兩段，船長失蹤。N 輪無人員傷亡，但是船艏兩側船殼板有刮傷痕跡（Suffered scratches on the outer plate of both bows）。

3. 事故（可能）原因（Probably Cause）：

本案最可能的事故發生原因是，因爲豪大雨造成視線不良，朝東北方向航行的 N 輪船艏，撞上朝東南方向航行的 Y 船的右舷船舯部。事故當時 N 輪由三副值班，Y 船則是由一名船員剛接替另一名船員在駕駛台值班。

6 月 23 日 08：00 時，N 輪三副並未發現其他船舶，保持原來航向與船速航行。有可能是由於 N 輪的第 2 號雷達受豪大雨影響，並未顯示出 Y 船的回跡。

另一方面，Y 船的船員亦未發現 N 輪，有可能是 Y 船瞭望室（Watch room）的一面牆板造成盲區（Blind area）所致。由於 N 輪從 Y 船右前方 83° 方向趨近，此一方向正位於該面牆板所造成的盲區範圍內。此外，兩船在能見度受限制情況下，都未依規定鳴放汽笛，亦與事故發生有關。

4. 事故調查：

本案事故調查由日本運輸安全局（Japan Transport Safety Board, JTSB）負責。

4.1 N 輪的 VDR 有 6 個麥克風，4 個裝在駕駛台內的天花板，駕駛台兩翼側各有 1 個。VDR 自 2013 年 6 月 23 日 09：32 時起，至 10：02 時止，駕駛台外側麥克風收音記錄到下列聲音：

① 自 09：32：25 時起，至 10：02：00 時止，所收到的聲音為下雨聲。09：34：00 時左右，雨聲變得最大，直至 10：01：30 左右。至 10：02：00 時，就再聽不到降雨的聲音了。

② 自 09：44：12 時起，麥克風記錄到不同於雨聲的音響約 3 秒鐘。

另一方面，位於駕駛台內的麥克風收音器則是記錄到（Audio records by microphones inside the bridge）：

① 約在 09：32：33，無線電音響播叫系統（Paging system）利用菲律賓的「他加祿」（Tagalog）語廣播：「船長請回到房間，我有些話想在電話上向您報告。」

② 約在 09：32：45 時，電話再度響起後，麥克風收音記錄到他加祿語：「很快就要下雨了，請船員將電梯間（elevator hall）的門關上。」

③ 自 09：44：12 時起，駕駛台內的麥克風收音記錄到持續約 3 秒鐘的巨響（loud sound）。

4.2 至於 VDR 的雷達顯示記錄，是取自裝設於 N 輪駕駛台左舷的雷達（以下簡稱「2 號雷達」）。資料顯示自 23 日 08：00 時至 10：00 時，以每 15 分鐘的間隔顯示一次。

① 自 08：00 至 10：00 時，2 號雷達被設定「真北向上」（North-up），掃描距程（Range）12 浬，加上使用偏心（Off-center）功能，故而可以顯示 20 浬的距程。但未使用抑制雨雪回跡反射的 FTC

（Fast Time Constant）功能。

② 自 08：30 至 09：30 時，雷達螢幕顯示 N 輪前方雨雲（Rain clouds）快速發展（參閱圖 3.70）。

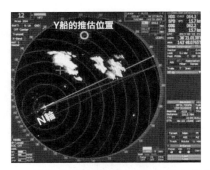

圖 3.70　N 輪前方雨雲快速發展；仍未發現 Y 船

③ 自 09：34 至 10：00 時，雷達螢幕顯示 N 輪正位於雨雲（Rain clouds）當中（參閱圖 3.71）。

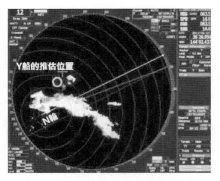

圖 3.71　N 輪進入雨雲中；仍未發現 Y 船

N 輪為符合海事勞工公約（Maritime Labour Convention）有關船員工時與假日的規定，船長可視情況依據船舶管理公司提供的駕駛台程序手冊（Bridge Procedure Manual），准許駕駛員一人當值（Sole lookout duties）。

④ 6 月 23 日，船長約於 07：30 時來到駕駛台，天氣與視線俱佳，附近並無足以造成航行障礙的其他船舶，因此認定可以由駕駛員一人當值。

⑤ 三副於 07：50 來到駕駛台接班，大副告知視線良好，周邊沒有其他船舶。三副確認自動舵的航向設定於 063°（T），船速約為 15.8 節。將位於駕駛台右舷的 1 號雷達距程設定為 6 浬，2 號雷達距程設定為 12 浬，並自 08：15 時開始由三副一人當值。

⑥ 約在 09：15 時，三副注意到開始下雨，看到濃厚的雨雲自左前方逼近。因此打電話給船長告知即將下雨，建議最好命令下班船員確認住艙的門窗是否關緊。

⑦ 約在 09：30 時，N 輪進入雨雲陣中。因為雨下得太大，能見度變得很差，距離駕駛台僅 30 公尺的前桅勉強可以看到。三副停止目視瞭望，開始改用 2 號雷達進行瞭望。因為降雨影響，在雷達螢幕上並未發現他船，而且電子海圖上的自動識別系統（AIS）亦未顯示其他船舶的訊息，因此三副自以為本船航行在大洋當中，周邊應該不會有其他船舶。所以也不用報告船長能見度變差，而且未依能見度受限情況的規定鳴放汽笛（conducting audio signals in restricted visibility），保持既有航向與速度繼續航行。

⑧ 直到 10：00 時，大雨才停止，變成毛毛雨（Drizzle），這段時間

內除了雨聲之外，三副並未聽到任何聲音。約在 11：00 時，降雨完全停止，能見度也變好了。

⑨ 約在 16：30 時，日本海上保安廳的飛機利用 VHF 電話呼叫 N 輪，並告知其與 Y 船發生擦撞。

⑩ 約在 17：00 時，N 輪船長指示船員檢查船殼的狀況，但沒有發現任何損壞。

⑪ 約在 19：10 時，N 輪的船務代理利用衛星電話與船長聯絡，告知日本海上保安廳要求其停止 VDR 的記錄並返航日本。

⑫ 約在 19：25 時，N 輪停止 VDR。

⑬ 約在22：20時，N輪遵從公司指示，改變目的地前往仙台鹽釜港。6 月 24 日 19：25 時，N 輪抵達鹽釜港，並在檢疫錨地（quarantine anchorage）拋錨等候調查（參閱圖 3.72）。

圖 3.72　等候事故調查的 N 輪

4.3 Y 船在 2013 年 6 月 22 日 12：10 左右，離開宮城縣鹽釜港，欲前往馬里亞納群島（Mariana Islands）東方海面的漁場捕魚。約在

14：00 時，Y 船的姊妹船 C，跟隨 Y 船離開鹽釜港前往漁場（參閱圖 3.73）。

圖 3.73　Y 船的姊妹船 C

① 6 月 23 日 05：00 時左右，C 船船長與 Y 船船長討論航路，並確認 Y 船的船位約於其東方 30 浬處。Y 船船長依照慣例執行駕駛台輪值，即船長除外，由 8 個船員輪值 8 班制，每一個船員單人輪值 2 小時。

② 約在 08：00 時，船員交班由一人當值，並確認航向利用自動舵設定在 125°（T），船速約為 9 節。雷達掃描距程設定在 12 浬，採用艏向向上（Course-up）顯像模式，並進入操舵室上方的瞭望室（the watch room above the steering room）。

③ 約在 09：00 時，當值船員注意到雨下得太大，視線無法看太遠。

④ 約在 09：30 時，當值船員自瞭望室跑下到操舵室，並確認雷達幕上的雲塊回跡，以及右舷船艉約 60° 方向，距離 6 浬處有一艘船。然而因為正橫前方沒有其他船舶，更因為 Y 船船艏的構造，如果在操舵室採坐姿瞭望，將會形成一個限制能見度的盲區。於是當

值船員約在 09：35 時，再度爬上瞭望室，坐在地板上靠著後牆板，繼續保持瞭望，但因為牆板阻擋，造成自右舷約 45° 起朝後的範圍內，存有一個瞭望的盲區（參閱圖 3.74、3.78）。

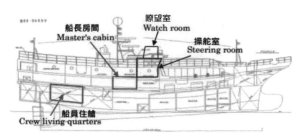

圖 3.74　Y 船住艙配置圖

圖 3.75　操舵室內操舵座椅周邊

圖 3.76　操舵室與瞭望室外觀

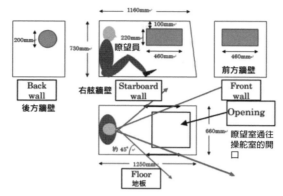

圖 3.77 Y 船瞭望室空間規劃圖

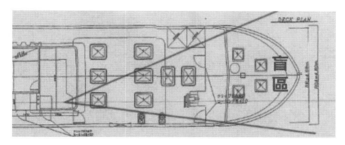

圖 3.78 Y 船船艏構造使得從操舵座椅位置向前瞭望產生的盲區

⑤ 當值船員突然感受到一陣衝擊,隨即掉落水中。衝擊後,輪機長與 6 名住在機艙後方住艙的船員,發現海水自房門的底部冒出,並流向機艙,因而立即自住艙逃出。此時 6 名船員都看到一艘藍色大船,其中一名更看到大船船艏漆有 "OCEANIC" 字樣。同時將置於左船舷的膨脹式救生筏(inflatable life raft)充氣拋入水中準備逃生。先前落海漂浮在海面上的 Y 船船員發現自己距離藍色汽車船非常近,隨即游向救生筏並爬上。輪機長與 6 名船員也都在救生筏上。

輪機長稍後發現船長並未在救生筏上，隨即對著 Y 船大聲呼叫，但並無任何回應。此時 Y 船開始傾斜，船員只好解掉救生筏的繫泊繩（mooring rope），並啟動「緊急船位指示無線電標杆」（EPIRB）等候救援。

⑥ 雖然 Y 船 8 名船員稍後被趕至現場的姊妹船 C 船救起，但是還是未發現船長。

5. 碰撞造成的損壞：

依據 N 輪三副的調查筆錄，下大雨後，他改立於 2 號雷達前方保持瞭望。此時三副所站位置與前桅距離約 30 公尺，其眼睛高出駕駛台地板的視線（line of vision）高度約 154 公分。N 輪兩部雷達於航行中保持隨時運轉，自動舵設定在航行模式，可以自動修正風壓差。N 輪有 12 層甲板可以裝載汽車，駕駛台前緣至船艏最前方的距離為 33 公尺。事故當時船上所有機具，包括船殼都無缺失（參閱圖3.79）。

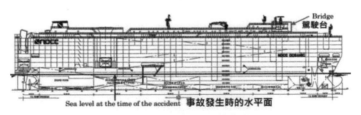

圖 3.79　N 輪船體配置示意圖

如同時下一般新式船舶，N 輪駕駛台的飛機駕駛艙式航行操控台（Cockpit-type navigational console）位於駕駛台前壁後方約一公尺，

自左至右依序為海圖桌、兩部 GPS、AIS、2 號 VHF、2 號雷達、
汽笛開關、雨刷開關、操作資訊監督顯示器（Operation information
monitor display）、船艏橫向推進器控制開關、機艙遠端操控、1 號
雷達、電子海圖系統、1 號 VHF、駕駛台航行當值警報系統（bridge
navigational watch alarm system），以及 VDR。操舵台（Steering
stand）位於上述操控台後方的中央位置。很明顯地，海圖桌位於左
舷，無線電設備位於右舷（參閱圖 3.80、3.81）。

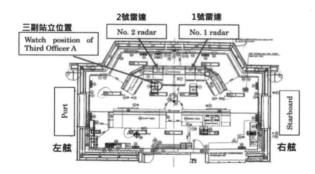

圖 3.80　N 輪駕駛台與三副站立位置示意圖

圖 3.81　從三副站立位置自駕駛台往外望的景象

當調查員 6 月 26 日在鹽釜港檢疫錨地將 N 輪的 2 號雷達設定在
6 浬距程，真北顯像（North-up）模式，測試觀測到漁船的距離，發

現可以在 4 浬處偵測出漁船存在。但調查當時天氣是陰天沒有下雨（參閱圖 3.82）。

圖 3.82　雷達目標的偵測狀況

事故後，N輪只有船殼輕微擦傷油漆剝落（參閱圖 3.83、3.84）。

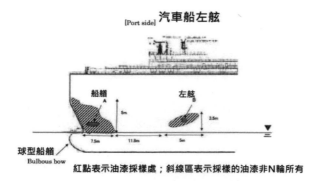

圖 3.83　擦撞後 N 輪左舷船艏外觀示意圖

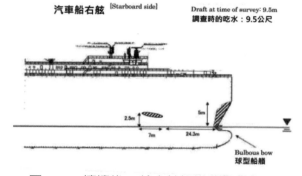

圖 3.84　擦撞後 N 輪右舷船艏外觀示意圖

　　另一方面，依據 Y 船輪機長的筆錄，Y 船的航海儀器除輪機長外，其他 7 名船員不可以操作，只要發現其他船舶立即報告船長即可。Y 船是一艘單一連續主甲板的鮪魚延繩釣船（Tuna longliner），事故發生當時船上所有機具正常運作，亦無人為疏失。日本保安廳調查發現 Y 船被撞斷成兩截，但船艉部包括操舵室已經不見（參閱圖 3.85～3.87）。

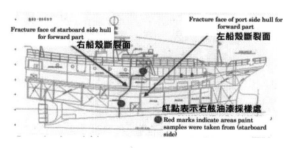

圖 3.85　Y 船船體被撞部位示意圖

圖 3.86 Y 船的前段船體

圖 3.87 Y 船的後段船體

6. **經驗分享：**

① 本案肇事原因明顯在於雙方當值人員在視線不良情況下，未積極
採取適當瞭望所致。至於鳴放汽笛，實務上在大洋中航行，少有
船員會因能見度惡劣而鳴笛的。但不容否認的，一旦發生事故，
無論海事法庭或調查官都會將此項列入嚴重疏失。

② 時下造船技師在配置駕駛台航儀排列位置時，常會講求人體工
學、美觀與方便性，進而妥協了航行安全的實際需求。此理念與

傳統航海的駕駛台紀律是相悖離的，究竟人性本就會因過於舒服而鬆懈了警覺性。

③ 由於 Y 船在靜水環境下，從位於操舵室右舷的操舵座椅位置往外瞭望，會有自船艏起算向左 23° 至向右 8° 範圍的盲區存在。尤其遇有波浪致船體縱搖（Pitching）時更為嚴重，因此瞭望員必須從操舵室爬上位於其上方的瞭望室，才能保有較佳的視線。又由於瞭望室沒有裝設航儀，故而瞭望者必須透過通往操舵室的開口往下看，才能看到 1 號雷達螢幕。另外，由於瞭望室的設計與空間限制，如果瞭望者採坐姿靠在後方牆壁上，則會產生自船艏起向左與向右各有 45° 的盲區。

④ 姑不論印尼籍船員的專業素養如何，Y 船船長限制駕駛台當值船員使用航儀是最不可取的作為。猶記得筆者早年初出校門上船實習時，老船長或會珍惜船上唯一一部真空管雷達，除了船長本人外，不准任何人觸碰。但時至今日，航儀的簡易操作與耐操度，尤其是雷達，鼓勵船員使用都來不及了，怎能限制其使用？

第四章　涉及引航相關事故

4.1 前言

　　本章所解釋的案例，主要以引水人在船引航期間涉及的海事。依據國際船東互保協會集團發行的「1999～2019 年涉及船舶在引水人引航下的（船舶所有人責任）防護及補償的理賠報告」（Report on P&I claims involving vessels under pilotage 1999～2019）指出，造成此等索賠案件的主要潛在原因（Dominant underlying cause），是船上駕駛台資源管理的施行未達最佳標準。

　　眾所周知，法理上船長須為船舶的航行安全負最終責任，然實際上引水人作為一位具備當地水文知識的操船專家，卻承擔起船舶整個航程中，最容易發生事故的重要關鍵水域的船舶操縱任務，因而引水人的作為與不作為關係船舶安全至鉅。也因為如此，海運社會的少數好事者常將引水人登船情境說成：「引水人的登船就是危險的開始。」實則正確說法應是：「引水人的登船就是**危險水域**的開始。」

　　前述報告同時揭露出船舶涉及引水人在船的賠償案件的主要原因，是駕駛台團隊未能提出或提出無效的質疑，而且未能介入（事故的）關鍵肇因（lack or ineffectiveness of challenge and intervention by the bridge team as a key contributory factor）。

為降低類似肇事風險，就是要積極鼓勵駕駛台團隊成員要多與引水人交換意見，究竟將 "Challenge" 一詞解釋成「挑戰」或「質疑」，對駕駛台團隊成員都是具有難度也不願意的，因為在跨國語言溝通的潛在障礙下，稍有不慎，「挑戰」或「質疑」都可能衍生誤會，進而造成不同程度的敵意或不妥協，因而筆者比較建議海上同行採「交換意見」的態度進行意見交流。還好海上職場的英文溝通，只要重點表述即可，無須在意文法與腔調的優劣，因此凡在駕駛台當值只要有意識到不當或不妥的情境或疑處，應及時尋求引水人解釋。

4.2 案例解析

案例 4.2.1 引水人登船的危險情境（Dangerous pilot boarding situation）

1. **事故種類**：引水人登、離船安全措施
2. **案例陳述**：

某貨櫃船在浪高 3 公尺，且遭遇幾近正橫的湧浪情況下進港，造成船體橫搖激烈（Roll heavily）。就當引水人抵達船邊時，因貨櫃船橫搖激烈使得引水人登船邊門（pilot boarding assess portal）二度傾斜浸水（參閱圖 4.1）。

引水船只有駛離船邊稍遠處等待安全登船時機，直至貨櫃船改變艏向營造下風（make a good lee），讓船體橫搖減緩後，引水人才得以安全上船。

圖 4.1　引水人登船邊門浸水狀況

　　本案例雖未造成引水人傷亡事故，但總是延遲引水人登船時間，此對趨近港口的船舶而言，無異是增高潛在風險。因此抵達引水站前務必要確認當地風向海況，並配合引水人建議，調整船速與航向營造下風，讓引水人及早登輪才是確保船舶安全的必採措施。

3. 心得分享：

　　船舶抵達引水人登船區之前，船長與駕駛台團隊必須確認是否備妥接領引水人登船的各種前置作業？並考慮下列環境因素：

① 選擇在何時、何處營造下風面幫引水船擋風擋浪？建議在引水人登船區的近外海一側較佳，因為設若引水人登船稍有延遲甚或不測，才不會發生船位過於接近岸邊或港口的困擾。

② 艏向將轉至何方始可將船體橫搖幅度降至最小，而且該轉向操作

不會讓船舶陷入困境，或演變成不易善後的局面。此乃因為接領引水人的同時，船舶都會保持一定速度，設若為營造前述下風，不慎選擇不正確的艏向，或過遲轉向營造下風，都可能造成後續陷入操船不易的困境。

③ 確實認識你（妳）所服務船舶的船體規格項目（Particulars），以本例而言，就必須了解本船橫搖至幾度，其舷側邊門底框就會浸水。似此，就應預先告知引水船，請其遠離船邊，等候本船轉向以利營造下風，再讓引水人上船。當然更要通知在梯口等候接引水人的當值駕駛員與船員提高警覺，避免轉向過程中被海浪沖擊。

④ 本案例的情況對引水人是極其危險的，而且是完全無法接受的（extremely dangerous for the pilot and completely unacceptable）。

⑤ 如果遇有海況惡劣至橫搖情形無法改善時，就應考慮直接自主甲板繫放引水梯讓引水人攀爬。此一情形亦常見於乾舷不高卻又配置組合舷梯（Combined accommodation ladder）的大型船，因為乾舷較低，一旦橫搖劇烈，靠近船邊的引水船常有撞擊舷梯底部或其踏板（Lower/Intermediate platform）的風險，不僅容易使舷梯或引水船受創，引水人更無法安全攀爬。

案例 4.2.2 船長與引水人訊息交換不足（Insufficient information exchange between Master and Pilot）

1. **事故種類**：錨地撞船（Allision while anchoring）
2. **案例陳述**：

   一艘滿載的蘇伊士極限型（Suezmax）散裝船（圖 4.2 中的黃色

軌跡）。在無風，能見度良好情況下趨近錨地。駕駛台有一位引水人
負責操船，另有船長、二副、三副、舵工以及一位瞭望員。大副、水
手長與一位水手在船艏備便拋錨。錨位經船舶交通中心（VTS）指定
（anchoring position was assigned by VTS）位於另外三艘錨泊船（vessels
already at anchor）的西方 1.5 浬處。

　　在航程中的某處，引水人下令右舵 20°，繼而右滿舵。此舉讓船
舶偏離趨近指定錨位的既定航線，轉向後船舶介於 1 號船與 2 號船之
間，並正對 3 號船，三艘皆是錨泊船（參閱圖 4.2）。

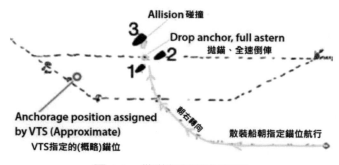

圖 4.2　散裝船運動軌跡圖

　　在近 2 分鐘期間內，引水人頻頻下達俥令與舵令，駕駛台團隊皆
遵照執行。不久之後，引水人下令拋左錨。船舶的錨泊作業團隊將錨
鏈鬆出至 6 節下水並剎住。但散裝船仍以 5 節的速度前進，並持續向
右轉朝 3 號船前去。隨著兩船距離愈來愈近，引水人下令主機全速倒
俥。

　　眼見即將發生的碰撞（Impending allision）無可避免，立即再拋
下右錨企圖減緩衝擊力（Impact）。稍後，散裝船仍以 2.5 節的速度

撞上 3 號錨泊船。兩船皆遭受嚴重損壞（Substantial damage）（參閱圖 4.3、4.4）。

圖 4.3　散裝船撞擊 3 號錨泊船後船艏受創情形

圖 4.4　3 號錨泊船被撞船殼受損狀況

　　事故後，官方調查報告顯示，船長與引水人在進行航程資訊交換時，引水人未與駕駛台團隊討論其計畫行進路徑與拋錨作業的程序。尤其當散裝船無由向右轉向偏離 VTS 指定的錨位，駕駛台團隊竟未質疑引水人為何要更換錨位。調查亦顯示，船上描繪的船位與 AIS

顯示的真正船位，乃至與 VTS 所記錄的運動軌跡皆相去甚遠。此意味著駕駛台團隊的監督不足與情境警覺不正確（inadequate monitoring and inaccurate situational awareness）。

3. **心得分享：**

① 運轉大型船舶進入擁擠的錨地，需要預先計畫，而且需要優良操船技術與良好的團隊運作。

② 即使由引水人實際引領船舶，駕駛台團隊必須詳知預定進行的計畫，一旦發覺明顯偏離原計畫，應即提出質疑（make a challenge）。

③ 在引水人操縱船舶過程中，仍須持續精準地監督船位，並隨時讓引水人知道船舶的進程（even with a pilot at the con, always accurately monitor your vessel's position and keep the pilot informed of the vessel's progress）。

案例 4.2.3 無預警動作的防範（Expect the unexpected）

1. **事故種類**：無預警的碰撞（Unexpected collision）

2. **案例陳述：**

一艘進港油輪在引水人引領下，航行於受限水道（Restricted waterway），此時航道前方另有一艘出港的貨櫃船。駕駛台團隊同時發現左船艏約 45° 方向有一艘拖網漁船（Fishing trawler），距離 1.0 浬。由於拖網漁船並未拖網作業，因而有 8 節的對地速度（Speed over ground）（參閱圖 4.5）。

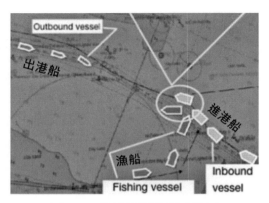

圖 4.5　各船相關位置示意圖

　　起初，引水人已確認拖網漁船將從油輪的船艉距離 0.5 浬處通過。因此油輪的引水人與船長未採取任何動作。直至出港貨櫃船趨近到離油輪 0.6 浬時，漁船卻無預警地向左轉向（altered course to port without notice）。

　　亦即情勢轉變成漁船欲從進港油輪的船艏通過，油輪上的引水人立即用 VHF 警告漁船，並重複地鳴放汽笛企圖引起其注意。

　　在觀察漁船毫無採取任何回應動作後，經船長與引水人討論，決定採取朝右轉向並減俥至半速（Half ahead）。另一方面，在出港貨櫃船上的引水人亦注意到漁船的動態，並鳴放幾次汽笛示警。直至最後關鍵時刻，拖網漁船始再度向左轉向企圖避免碰撞，但因為與油輪過於接近，故造成輕微的碰撞（參閱圖 4.6）。

圖 4.6　　兩船擦撞後瞬間示意圖

3. **心得分享：**

① 海上行船，尤其在交通頻繁水域，切勿假設所有情勢都是一成不變或如你所預期的，反而要時時保持警戒並防範非預期狀況的發生（be alert and expect the unexpected）。

② 如同本案的油輪駕駛台團隊，在引航過程中務必持續與引水人商討當下與後續的航行操作，以便備妥前置作業並強化相關操作的心理建設。

③ 作業中的漁船常因漁撈作業的一貫性，而忽略瞭望與及時採取避讓措施，最好提早鳴笛示警。

案例 4.2.4 過河船舶撞擊閘道岸壁

1. **事故種類**：船長與引水人的責任分野不清

2. **案例陳述**：

　　2013 年 11 月 6 日 04：00 時，船長 138.5 公尺，總噸位 9,627 的巴貝多（Barbados）籍雜貨船 "Claude A. Desgagnes（以下簡稱 C 輪）"，裝載 10,700 噸玉米從加拿大安大略省的漢彌爾頓（Hamilton）航往北愛爾蘭的 Lndonderry。船艏吃水 7.95 公尺，船艉吃水 8.00 公尺。該船在引水人的引領下，向東航行欲穿過安大略湖（參閱圖 4.7）。

圖 4.7　C 輪外觀

　　其後於 16：50 時，在紐約的 Cape Vincent 引水站進行引水人交替換班。由大湖引航站（Great Lakes Pilotage Authority）指派的接班引水人（Relief pilot）登輪引領船舶，須航行 6 小時約 64 浬至易洛魁閘道（Iroquois Lock）（參閱圖 4.8、4.9）。

圖 4.8　C 輪計畫航程示意圖（一）

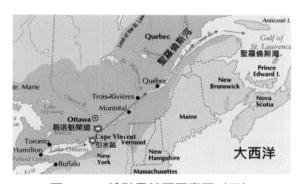

圖 4.9　C 輪計畫航程示意圖（二）

　　接班引水人登船後迅即與交班引水人，以及船長交換包括船舶操縱特性等相關資訊。C 輪開始通過聖羅倫斯河航向易洛魁閘道，駕駛台團隊包括引水人、一位當值駕駛員與一位舵工。在 C 輪前方另有兩艘往下游航行（Downbound）船舶，分別為 A 輪與 R 輪（參閱圖 4.10、4.11）。

圖 4.10　易洛魁閘道（Iroquois Lock）（一）

圖 4.11　易洛魁閘道（Iroquois Lock）（二）

　　就當 C 開始往下游航行時，引水人確認必須以不小於 6 節的速度始能保有舵效，並可與前方的 R 輪保持安全距離。在通過奧格登斯堡大橋（Ogdensburg Bridge）時，因為水流強勁與船舶固有的操縱特性，使得引水人必須頻繁地下達俥、舵指令。

　　於 22：18 時，引水人告知當值駕駛員，一當船舶抵達閘道（Lock）時，可能會使用右錨拖錨以降低船速，並利用拖錨協助操

縱船舶靠泊北閘道口外的堤壁（Upper approach wall）。引水人之所以考慮拖錨運轉（Dragged on the bottom）操縱，乃是因為 C 輪配置的是可變螺距螺旋槳（Controllable-pitch propeller），在低速運轉情況下，會阻擋原本沖擊到舵板（Blanking the rudder）的排出流致舵效變差，而且距離前方的 R 輪距離太近。

於 22：23 時，船長來到駕駛台，4 分鐘後，引水人向 Seaway Iroquois 管制台報告，管制台回報 A 輪是第一艘進入閘道，接著是 R 輪，C 輪跟著這兩艘船進入閘道。此時並未聞有任何往上游航行船舶的通報。

於 22：41 時，引水人通知船長即將進入北閘道口的近渠堤壁（Approach wall），因而需要拖著右錨（dredge the starboard anchor）操船，以求在降低船速的同時獲得較佳的操縱性。船長請求引水人能夠更明確地說明運作細節，但或許是進程緊湊，實際上兩人並未就即將進行的操縱企圖作進一步的討論。

A 輪順利離開閘道往下游航行。於 22：48 時，R 輪開始進入船渠，此時 C 輪位於其後方約 550 公尺，以 5 節的速度趨近。於 22：53 時，引水人要求船長將右錨鬆至水面上（lower the starboard anchor to the water level）。船長收到引水人建議但同時質疑水深太淺是否有危險？因此並未鬆下右錨。引水人回應此舉是標準操作（Standard manoeuvre）。

於 22：54 時，船長提議要減速，但引水人向船長解釋，當下水流的方向與流速，減速是不可行的選擇（Not a viable option）。

於 22：59 時，隨著船舶趨近閘道口，引水人為降低船速請求使

用右錨（離岸錨）拖行，以便在降低船速的同時，讓船艏向左轉向北閘道堤壁。但船長未採取行動。此時引水人告知船長請其接手自行操控船舶（to take command and control of the vessel）。然而，此一船舶操控權（Con）的移轉並未重複或再確認。於是引水人與船長仍持續各自下達不同的指令給舵工。該舵工一度決定只遵循船長的命令。但引水人依舊繼續下達俥令給船長，船長最後只能接受引水人建議並回覆。

於 23：05 時，引水人再度要求船長鬆下右錨，但是船長仍未採取行動。及至船舶持續向右偏轉，引水人請求拋左錨以降低船速，並拖錨向右航行以防止左船艉撞到北閘道堤壁，但此建議仍未被船長採行。

於 23：05：59 時，船速 3 節，引水人向 Seaway Iroquois 管制台報告船長拒絕使用錨具。於 23：06：26 時，該船左船尾撞擊北閘道堤壁（參閱圖 4.12、4.13）。

圖 4.12　C 輪觸擊閘道堤壁過程示意圖（一）

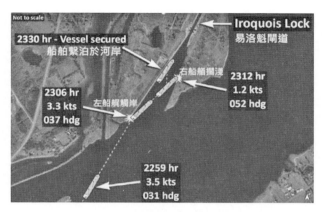

圖 4.13　C 輪觸擊閘道堤壁過程示意圖（二）

　　撞擊後，船長立即下達倒俥指令，並命令二副鬆下艉錨（Stern anchor）企圖降低船速。此時，引水人與船長持續各自下達舵令與俥令，企圖將船體重新對準（Realign）閘道口。然無論如何操作，他們就是無法控制艏向與船速。

　　於 23：12 時，船舶橫越河道並擱淺於岸邊。擱淺後，隨即測量各槽櫃的液面深度，以確認船殼有無破裂，其後該船利用其自身動力駛往北閘道堤壁，引水人離船。

　　於 23：30 時，船長記載船舶泊靠於堤壁。稍後，另位引水人上船，並向 Seaway Iroquois 管制台報告相同要目。事故發生後，聖羅倫斯南下河道關閉超過 15 小時，C 輪同時檢查船體損壞狀況。

3. **船體損壞**（Damage to the vessel）：

　　事故後檢查發現在左船艉起至第 6 根肋材（Frame）之間，近主甲板處船殼有兩處凹陷（Indentation）。主甲板上方之船殼板（Side shell plating）有扭曲與破洞（Buckled and holed），內部結構則有 10 支肋材變形（Deformed）（參閱圖 4.14、4.15）。

圖 4.14　C 輪左船尾觸擊堤壁損壞情形

圖 4.15　C 輪右船艏擱淺壁損壞情形

4. 事故分析：

① 環境條件（Environmental conditions）：事故當晚為陰天，時下大雨故而能見度不佳。西南風風力 15～20 節，氣溫 0℃。流向為東北流速 1.5 節，此為該河段的正常狀況。

② 船員證書與經驗（Personnel certification and experience）：C 輪船員都有適任證書，船長自 2005 年起即擔任船長職務，2013 年 10 月接任 C 輪船長。船長自 2001 年起陸續川航聖羅倫斯河 12 次。引水人於 2009 年 3 月 25 日取得美國海岸防衛隊商船航行員證書。此證書允許其可在美國大湖區引領無噸位限制船舶。他自 2011 年起加入聖羅倫斯河引水協會。

③ 聖羅倫斯河介於蒙特婁（Montreal）與安大略湖（Lake Ontario）之間的河段，為強制引水區。此段水路共有 7 個閘道（Locks），其航道最窄寬度只有 61 公尺，而且控制深度只有 8.23 公尺。

④ 船舶趨近、進出或離開閘道時，操船者所考量因素不外 ETA，閘道附近的船舶，趨近閘道的操船技術，環境條件（如水流及天候），船錨的使用與緊急操作。

在此次事故中，引水人請求船長使用船錨協助操縱的作法稱為拖錨（Dredging），乃是在易洛魁閘道操船常用的實務。使用此法不僅可以利用拋錨鬆短鏈（Short stay）以降低船速，更可在水流沖擊船殼與舵板時，以錨作為迴旋支點（Pivot point），使船體產生側向移動。而當錨鏈與船舶意欲前進的方向相反時，最能產生有效的移動。一般船長比較喜歡單純利用主機調整趨近閘道的速度，不喜用錨操作，因為船長使用拖錨的機會較少。

⑤ 此事故中，C 輪的平均水呎為 7.9 公尺，而該水域最小水深為 9.83 公尺，因此 UKC 有 1.93 公尺，亦即船舶最深吃水的 25%。由於船速不快，故而可以不計「艉蹲」（Squat）的影響。

⑥ 任何決策過程可以分成四階段，即蒐集資訊、整理資訊、依據可

能選項作出決策，以及依據既定決策採取行動。一旦決策被施行，在監督決策過程的成效時，如有獲得新資訊就須重新再啟動過程。影響決策因素廣泛，如個人的情境認知，經驗、訓練、期望、時間限制與外在因素等。

在此案例中，所須做的關鍵決策是如何趨近閘道。引水人建議採行拖錨，乃是依據先前可以成功的操縱類似船型船舶的經驗。當然還包括時間、風速風向、水流以及趨近閘道時的水域受限等因素。至於船長做出不拖錨的決策，乃是依據其職場背景與先前的經驗，此先前經驗包括該公司規定在非緊急狀況，或龍骨距海底間隙（Under Keel Clearance, UKC）未達 3 公尺的水域不得拋錨的規定。而該公司之所以做出類似規定，乃是曾有船舶在閘道附近水域拖錨，造成船底損傷的案例發生。

毫無疑問地，儘管引水人下令拋錨，但船長負有船舶安全的最終責任（the master is ultimately responsible for the safety of the vessel），當然可以不執行引水人的建議，只是也要為自己的堅持承擔事故責任。

⑦ 有效的駕駛台聯絡（Bridge communication）是 BRM 的核心概念，因為其可以促使駕駛台團隊成員了解單一任務如何執行，以及航程該如何的全面性進行。為確保 BRM 的有效性，隨著航程的進展，資訊與企圖必須聯絡溝通並更新。因此有效的駕駛台團隊聯絡，其最重要的因素是隨時保持開放與互動（Remain open and interactive at all times）。

⑧ 本案船長與引水人對於船舶操控權的交接不明確，違反了 IMO 規

定的操控權轉移（Transfer of conduct）實務，導致雙頭馬車各行其是的局面，如本案因操控權的轉移不明確，致使舵工同時收到來自船長與引水人的指令。如果駕駛台團隊成員無法自單一操控船舶者處得到清楚的指令，就會造成不知究竟是誰在操縱船舶的風險，也因而妥協了決策與指令的執行。這是駕駛台最不應該出現的局面。基本上，無論船長與引水人，或是船長與當值駕駛員，乃至當值駕駛員之間，操控權的轉移務必明確，而且發受雙方一定要藉由複誦與確認（Repetition and confirmation）程序，以確保駕駛台團隊所有成員知道當下是誰在操控船舶（Aware of who is at the con）。例如：

a. 船長或交班當值駕駛員：「現在交給你值班（You now have the watch）。」

b. 接班駕駛員必須確認並說出：「我現在可以接班了（I now have the watch.）。」

c. 當船長被呼喚至駕駛台，並接替當值駕駛員的舶操控權時，必須說：「我現在已接手船舶操控權（I now have the conn）。」

d. 當值駕駛員必須確認並說出：「你現在已接手船舶操控權（You now have the conn）。」

⑨ 本案導致撞擊岸壁與擱淺的原因，就是當船舶向下游航行時，船長與引水人雖有交談，但並未發展成分享有關趨近閘道的操縱方法的共識。而在航程的稍前階段，引水人向當值駕駛員解釋其將採拖錨航行的計畫，但此計畫在船長抵達駕駛台時，駕駛員並未向船長轉述。其次，雖引水人稍後曾大概的向船長報告其將採行

拖錨操縱的企圖，但船長並未確認其已了解或同意該操縱方法。及至趨近閘道口時，船長與引水人都未再進一步討論計畫。當船長下令船舶減速時，引水人考量當下水流的速度與流向，引水人建議不要減速。雖然引水人兩度請求使用右錨拖錨，但都被船長拒絕。最後當船舶抵達閘道口的關鍵點（Critical point），引水人再次請求用錨降低船速，但船長並未依引水人建議用錨。

撞擊岸壁後，船長與引水人企圖調整船舶態勢對準閘道口，然而因船舶的動能、風與流的作用根本無法控制船舶，故而使船舶橫越河道並擱淺（crossed the channel and ran aground）。

⑩ 事故調查認定船長與引水人間的誤解（Misunderstanding）係因溝通不足產生，此也是諸多涉及引水人在船引航（involving piloted vessels）發生事故的重要因素（Significant factor）。因此，如果駕駛台團隊未進行資訊交換，藉以獲致行進中船舶操控上的相互了解，就會產生確保航行安全的關鍵操作無法被及時採行與完成的風險。

5. **心得分享：**

① 因為船長與引水人未具相互同意趨近閘道口應採行的最佳操船實務，致無法採取降低船速的有效行動。

② 船舶未藉由任何方法降低船速，諸如拖錨、運用主機，終至撞擊閘道口北堤岸壁。

③ 駕駛台團隊無法再度取得船舶的控制，因而發生撞擊堤壁繼而橫越河道終於擱淺。

④ 如果駕駛台團隊成員未能就未竟的航程持續進行資訊交換，以取

得船舶操縱上的相互了解。就會危及安全航行關鍵操作的風險。

案例 4.2.5 霧中航行使用不正確航行資訊導致擱淺

1. **事故種類**：過度依賴單一航儀

2. **案例陳述**：

加拿大運輸安全局（Transportation Safety Board of Canada，以下簡稱 TSB）於 2014 年 1 月 25 日通告一艘 2006 年於德國建造，總噸位 28,372，長度 221.62 公尺的貨櫃船 "Cap Balanche（以下簡稱 C 輪）"，因能見度不佳，以及引水人過度倚賴其攜帶式引航裝置（Portable Pilotage Unit，以下簡稱 PPU）引航，並據以模擬船舶迴轉率（Rate of turn），不慎造成 C 輪擱淺在加拿大英屬格倫比亞省（又稱卑詩省，BC）弗瑞斯河（Fraser River）史蒂夫士通彎道（Steveston Bend）中，由浮標標識的航道（Buoyed channel）淤泥上。當天由於濃霧使得能見度降低至 150 公尺，引水人甚至無法看到 C 輪的船艏（參閱圖 4.16）。

圖 4.16　C 輪外觀

　　C 輪從華盛頓州的他科馬（Tacoma）航往加拿大的 Fraser Surrey Docks（以下簡稱 FSD 碼頭），於 21：15 時，C 輪在英屬哥倫比亞（卑詩省）沿岸引水人（British Columbia coast pilot）引航下，於霧中抵達弗瑞斯河河口。弗瑞斯河的內河引水人於 21：18 時登輪，並接手引航船舶（參閱圖 4.17）。

圖 4.17　弗瑞斯河與 FSD 碼頭位置示意圖

　　引水人抵駕駛台後站立於雷達旁，並架設 PPU。船舶開始往上游航行，並於 21：52：30 時抵達 S8 號浮標，引水人下達右舵 15° 指令，企圖繞過史蒂夫士通彎道。

　　引水人利用 PPU 的預測器（Predictor）功能，來評估船舶的迴轉率（Rate of turn）與預期運動軌跡。而當船舶開始迴轉後，引水人隨即將舵角減至右舵 10°，繼則右舵 5°，再回正舵（Midships）。

　　於 21：53：20 時，正橫通過 S8 號浮標，船艏向 065°，船速 14.3 節，迴轉率為向右每分鐘 24.8°。

　　於 21：54：30 時，船艏向 089°，船速 13.0 節，船舶開始轉向河

道的南側。引水人下令左滿舵，主機全速前進，企圖制止船舶繼續向
右偏轉，並藉以修正船位使船回到河道中央。但是船舶的運動趨勢並
未如引水人所預期。於 21：56 時，擱淺於 S10 號浮標北方的可航河
道（Navigable channel）內（參閱圖 4.18）。

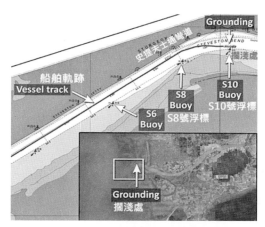

圖 4.18　C 輪擱淺過程示意圖

　　擱淺後，引水人於漲潮（Rising tide）時，利用船舶橫向推進
器（Bow thruster）結合主機用俥使船再度浮起（Refloat）。C 輪於
00：42 時駛抵 FSD 碼頭，並泊靠在 7 號碼頭。C 輪在擱淺後約 30 分
鐘再度浮起，僅是船底部些許油漆擦落。

3. **事故分析：**

① 過度依賴單一航儀：在 TSB 的調查報告中指出，事故的歸因
　　（Causes and contributing factors）是引水人未察覺到其所攜帶 PPU
　　的預測器顯示訊號是不準確的（the predictor was inexact）。而且

在欠缺目視參考依據的情況下，引水人幾乎完全依賴 PPU 的預測器所顯示的預估船位（Projected vessel positions）監控船舶的迴轉率（ROT）。由於引水人所攜帶的 PPU 的預測器功能（Predictor function）是經由船上的自動識別系統（AIS）所輸入的，但是引水人並不知道因為全球定位系統（Global positioning system）的穩定間隔（Smoothing interval）設定差異，致使 AIS 的輸入是不準確的。

結果，引水人在未知訊號異常的情況下，自船上 AIS 獲取不正確的 GPS 位置，駕駛台團隊的其他成員亦不知道，而且倚賴其作為航行依據。

【註】預測器

　　PPU 的預測器功能可以依據船舶當下的迴轉率、位置、船艏向、對地航向與對地速度進行幾何計算，進而推估船舶未來的位置。

但是即使當船舶保持固定的速度與航向，亦會因 GPS 的固有誤差與不準確性，使得從 GPS 取得的對地航向（COG）與對地速度（SOG）數值會持續的變（波）動（Fluctuation）。為使此等數值保持穩定，特在系統內建置「穩定功能」（Smoothing），而此一穩定功能是由用戶設定，可由 2 至 30 秒。也因為 GPS 穩定間隔（Smoothing intervals）設定的結果，COG 與 SOG 的訊號數值傳輸可能產生延遲（Lag）。例如船舶位置訊號的延遲，有時候可長達一個船長，造成在航海儀器上船位不精確的描繪（Inaccurate depictions），諸如本案在引水人的 PPU 上即是。基本上，使用者

如欲預測未來位置，而未能將穩定間隔計入就無法精準執行。

② 船舶操縱：TSB 注意到 C 輪在開始用舵轉向時的船速（太快），縮減了船舶因應發展中情勢（respond to the developing situation）的有效時間。而無法制止的迴轉率使得 C 輪艏向對著河道南側的淤泥處前進。雖然引水人使用反向舵（counter rudder）（左舵）欲制止迴轉。但因其正在減速過程（Decelerating）中，致舵效減弱，終於擱淺在 S10 浮標的北側。

③ 航行資訊分享：調查報告亦指出，引水人並未與駕駛台團隊分享史蒂夫士通彎道淤泥向外延伸的資訊，以致駕駛台團隊未採取獲致此資訊的因應措施，進而無法協助引水人化解此一發展中的不安全情勢（developing unsafe situation）。

由於弗瑞斯河水流量極大，每年約有 300 萬立方公尺的沉澱物堆積在可航水道。準此，在 Sand Heads 與 FSD 之間的部分河道淤積嚴重。其中以八月中旬至九月初旬山洪（Freshet）發生至結束其間最爲明顯。

事故當時，史蒂夫士通彎道的南邊已有淤積並延伸至可航水道。計畫水深在 5〜6 公里間減至 10 公尺，6〜7 公里間減至 10.1 公尺。船舶擱淺處接近位於航道南側 6 公里偏東處的 S10 號浮標（參閱圖 4.19）。

此外，雖電子海圖與紙本海圖都有「此圖顯示深度易受淤積、沖蝕與挖濬的影響而改變」。但實務上船長與駕駛台團隊不可能上網查詢類似資訊。只是可以詢問引水人有關淤積的最新資訊，但船長與駕駛員顯然沒有詢問。

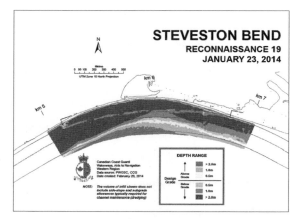

圖 4.19　史蒂夫士通彎道淤泥向外延伸示意圖

④ 航行計畫：引水人備妥的航行計畫標明在弗瑞斯河的安全航速為 10 節。駕駛台團隊執行引水人下達的速度指令顯然已超過此一速限，但無人對引水人提出質疑。

4. **心得分享：**

① 如果航行者僅依賴單一航行儀器，就會有目標未被探測到（Undetected）或不準確（Inaccurate）的潛在風險。

② 如果有可能影響到船舶安全航行的資訊未被引水人與駕駛台團隊進行溝通，將會有不安全形勢與情況存在的風險（if information that may affect the safe passage of the vessel is not communicated between bridge teams and pilots, there is a risk that unsafe situations and conditions may persist）。

③ 如果引水人未能善用當下可資使用的最精確航儀，就有可能依據不準確資訊做出決策的風險（if pilots do not make use of the most accurate navigational equipment available to them, there is a risk they will make decisions based on imprecise information）。

④ TSB 於 1995 年公布關於引水人／船舶駕駛員關係的研究，提及「引水人的決策可以成為系統中易於發生『單點突槌』的脆弱一環（pilot's decision making "can become the weak link in a system prone to single-point failure）。」故而在欠缺有效監督（Effective monitoring）下，對於引領船舶航行的引水人而言，就形同整個系統欠缺安全備份（Safety backup）一樣。

⑤ 事故後，TSB 發出海事安全勸告書給太平洋引航主管機關，提醒關於由船上 AIS 所輸入與引水人依據廣域（回波信號）放大（增強）系統（Wide Area Augmentation System, WAAS）的 DGPS（Differential Global Positioning System）天線所測得訊號，其常有不一致的現象。本案引水人並未攜帶「廣域擴充系統」DGPS 天線。事故後當月稍後，太平洋引航主管機關即發函給所有引水人，敦促所有 PPU 的使用者，同時要具備 WAAS 的 DGPS 天線，而不能單獨依賴船上的 AIS 輸出訊號。

【註】廣域放大系統 WAAS（Wide Area Augmentation System）
　　是由美國聯邦航空局開發建立，用於空中導航的一個系統，該系統主要是通過解決廣域差分 GPS 的資料通信問題，從而提高全球定位系統的精度和可用性。

案例 4.2.6 過河期間遭遇暴風偏航導致擱淺

1. **事故種類**：暴風影響與運河效應

2. **案例陳述**：

2021 年 3 月 23 日，台北某海運公司租傭運營的 20,000 TEU 級全貨櫃輪「長 X 輪（以下簡稱 E 輪）」，從馬來西亞的「Tanjung Pelepas 港」航往鹿特丹途中，於進入蘇伊士運河後，因運河區吹起風力超過 40 節的強風（High wind），以及沙塵暴（Sandstorm）的影響，導致船舶喪失操縱力（Loss of the ability to steer the ship），進而造成偏航（Deviate），最後擱淺在 151 公里（km）標識（Marker）處（標識從地中海側的塞得港量起；如從運河南端的蘇伊士港量起只有 10 公里），船身在河道中打橫（Turned sideways），船舶朝右偏轉插入運河東岸，船艉則順鐘向迴轉卡在河道西岸不能動彈。

事故當天，E 輪排在運河北上護航船隊編號第五（fifth in a northbound convoy）順位，當她擱淺時，後方仍有 15 艘船舶尾隨其後。又由於 E 輪擱淺位置位於運河南段的單行道航道上，因此儘管運河北段已開鑿有第二（旁通，Bypass）航道，仍然迫使蘇伊士運河管理當局（Suez Canal Authority，以下簡稱 SCA）封鎖雙向航道，導致運河南北端各有數百艘船舶等候過河。經過 7 天 6 小時又 48 分鐘，E 輪於 3 月 29 日 15：05 時脫困出淺，再度浮於水面。15：58 時，整艘船舶被拖回運河，隨即在拖船的護航下航往大苦湖（Great Bitter Lake）錨地進行機具的檢查、約詢船員並製作筆錄，以及解碼分析航程資訊紀錄器（VDR）等調查工作（參閱圖 4.20、4.21）。

圖 4.20　E 輪擱淺狀態（一）

圖 4.21　E 輪擱淺狀態（二）

　　巴拿馬籍的 E 輪由日本今治造船廠（Imabari SBMarugame）於
2018 年建造，船東為日本的正榮汽船公司（Shoei Kisen Kaisha），屬
英國船東互保協會（UK P&I Club）會員。E 輪總噸位 22,940，運能
20,124 TEU，船長 399.99 公尺，最大吃水 16 公尺，型寬 59 公尺。
E 輪所有船員皆為印度籍，事故沒有造成人員傷亡，亦未造成油汙染
（參閱圖 4.22）。

圖 4.22　E 輪船型相對尺寸示意圖

　　事故後第一時間，租船人對外宣布 E 輪因遭遇無預期強風（Unexpected strong winds）導致擱淺，並且說明 E 輪是向日本公司租傭，該公司作爲租船人不用對船舶擱淺事故負責任。另一方面，SCA 聲稱事故原因可能涉及「技術或人爲疏失」（Technical or human errors）。

　　蘇伊士運河爲連接亞洲、非洲與歐洲的重要通道，是世界最重要的海運通道之一。最大水深爲 24 公尺，允許船舶通航最大吃水爲 20.12 公尺，最大通行船舶噸位爲 24 萬總噸。通行時間通約爲 14 小時（參閱圖 4.23）。

3. 事故經過與時間軸：

　　E 輪於埃及當地時間 3 月 23 日 00：12 時抵達蘇伊士港。由於錨地已經有許多船舶拋錨等候過河，因此船長決定在錨地附近停俥隨意漂流（drifted slowly in a patternless pause），直至其過河前爲止，E 輪在錨地附近共漂流 5 小時 37 分鐘。

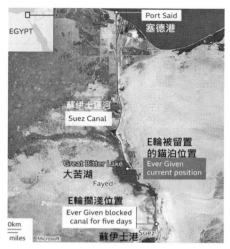

圖 4.23　　E 輪擱淺相對位置示意圖

05：49 時，運河拖船 "Mosaheb 2" 悄悄地來到 E 輪船邊。VTS 通知 E 輪準備過河。此時任誰都預想不到稍後的 07：42 時，E 輪因為擱淺使其成為全世界最著名的船舶。

幾天前，埃及氣象局已發出警告，近日內將有高溫、乾燥並含沙塵，被稱為 "Khamaseen winds" 的風暴吹襲埃及全境，風暴將使溫度大幅上升與能見度變差。氣象報告更警告蘇伊士灣與紅海地區的浪高將達 10～13 呎，可能會阻斷海上航行（disruption of maritime navigation）。此一氣象訊息對於坐在趨近 E 輪拖船上的蘇伊士引水人來說，無疑是最大懸念（Top of mind）。

如同全世界的強制引水區一樣，對於所有欲通過運河的船舶，通常都是依據其所招請的引水人，以其熟悉當地水文的知識口頭建議（Verbally advise）船長操縱船舶通過此一人工運河。但實際上基於

船舶操縱的方便性、連貫性與時效性，都是由船長授權引水人直接操縱船舶的。在正常情況下，引水人形式上乃是協助船舶駕駛台團隊的額外助力。然當有混亂局面產生時，引水人則是船舶在僥倖逃脫（Close call）與承受難以估量的災難（Incalculable disaster）之間作出關鍵取捨的最後一道防線（Last line of defense）。

05：53 時，"Mosaheb 2" 將兩位蘇伊士引水人送上 E 輪後隨即離開，兩位引水人將在駕駛台指揮船舶過河，直至 E 輪航行到接近運河中點處的城市 Ismailia 時，會有另兩位引水人搭船前來換班輪替，直到船舶完全過河為止。

由於本書付梓之際，E 輪擱淺的正式調查報告仍未完成，因而造成事故的真正原因無從得知。筆者只能以手中取得的可靠資訊，加諸擔任環球航線貨櫃船船長通過蘇伊士運河數十次，以及在 K 港擔任 21 年引水人的經驗，推斷 E 輪發生事故的背景原因。可以確定的是，上述兩位引水人登船後的第一件事，就是向船長簡報過河相關事宜。也就是告知船長在過河中，將會遇到所有可能狀況的概要簡報（give the captain of the ship a rundown of everything that we expect to see on that transit）。反之，引水人必定也會詢問船長所有他（她）想知道關於該船的狀況（find out everything you need to know about the ship）。

06：00 時，也就是引水人登船後 7 分鐘，整個蘇伊士港突然活躍起來（sprung to life），等待北上過河的所有船舶在 SCA 的排序指令下依序運轉起來。第一波安排過河的船舶以公務船與船況較新較佳的超大型貨櫃船為主，第一艘北上貨櫃船為 "Al Nasriyah"，其次為 "Cosco Galaxy"，第三艘才是本案的 E 輪，E 輪之後跟著 "Maersk

Denver"。

06：21 時，第一艘貨櫃船 Al Nasriyah 轉向朝北，並開始駛向運河入口，跟在其後的北上船隊隨著跟進前行。

06：51 時，Al Nasriyah 抵達蘇伊士運河的南端界線（Southern terminus）。

06：58 時，Al Nasriyah 進入運河約航行 4.3 浬後，拖船 "Mosaed 2" 抵其船邊協助通過運河。緊隨其後的 Cosco Galaxy 亦在其船艉帶妥拖船 "Mosaed 3"。

07：18 時，E 輪進入蘇伊士運河，但未繫帶拖船。其實，船舶通過運河並無強制規定要求繫帶拖船，此完全取決於引水人個人的決定。例如跟在 E 輪後方的 Maersk Denver 也是沒有繫帶拖船。

07：22 時，E 輪進入運河，並沿著進入口處的彎水道前進。此時 Al Nasriyah 距離塞得港 151 公里，Cosco Galaxy 緊跟其後，而跟在 E 輪後方的 Maersk Denver 也正朝運河入口趨近。E 輪入河後船速逐漸提高，很快就超過蘇伊士運河規定的 8.6 節速限，加速過程快到令人質疑的境界（eyebrow-raising levels）。

07：29 時，E 輪通過運河入口處的彎水道，船速增加至 13.7 節。從實務來看，相信 E 輪引水人之所以會建議船長將船速加到此一超越平日的合理速限，應是沒有其他選擇。

依據前述蘇伊士運河發布的氣象報告，運河區將會吹襲陣風風力達 46 節的強力沙塵暴，而且能見度會降低。在此氣象條件下，如果吹襲到 E 輪的橫向風力增大，則裝在 E 輪甲板上 8～10 層高的貨櫃將成為一片巨大的風帆（Enormous sail），勢將造成 E 輪船體產生無

可預測的偏航（Unpredictable sheer）。而為有效抗衡此一外力影響，引水人通常只能藉由加速提升舵效，以及調整航向角克服之。事實上，當河道中的船舶承受橫風情形下，根本無法一直保持直線航行，然而無限制地加速，卻只會加速船舶觸岸或擱淺的風險。

07：37 時，E 輪船速 13 節。船舶運動軌跡開始出現約近 2 分鐘往西北方推向運河西岸的運動趨勢，引水人為克服此一風壓影響，所採取的操縱作為，導致 E 輪後續再朝向運河東岸方向偏轉。

07：39 時，E 輪的船身打直，船艏向與運河中心軸線平行，但整體船位偏向運河西岸。可以理解的是，造成 E 輪整體船位偏向運河西岸的原因，應是引水人使用右舵企圖制止船體承受風壓偏西漂流的趨勢所造成的。因為快速中使用右舵勢必會迫使船艉往左舷方向偏移。

07：40 時，E 的船艉突然偏轉向運河西岸。除了前述舵效推力外，顯然船舶開始遭遇河岸效應（Bank effect）。就當船艉順鐘向向西偏轉的同時，船艏則是受到介於船身與運河西岸之間水體的擠壓推力（Ballooning cushion）作用，也是順鐘向朝東偏轉，此一情勢發展造成 E 輪失去控制（Out of control）。此時位於駕駛台的兩位引水人與船長面對此一突發緊急狀況，最重要的就是立即採取行動（Action was paramount），因為操船者此時根本沒有時間商量與猶豫，必須集中注意力在眼前發生的情勢與正在做的事。筆者深信駕駛台的兩位引水人當下一定想盡各種辦法，試著去了解究竟發生什麼狀況，又要如何因應。

07：41 時，E 輪船艏偏轉向運河東岸，此時唯一合理的航行選

擇就是將船舶朝左轉向西側。但是此時左船艉與岸邊之間的水體，因流速較快形成的水位降低區，其所產生的吸引力使得 E 輪無法改變航向朝左（參閱圖 4.24）。

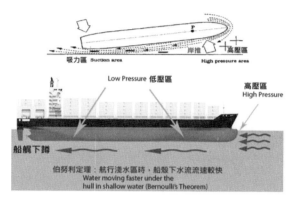

圖 4.24　運河中船舶遭受河岸效應示意圖

07：42 時，E 輪在運河的 151 公里標識處擱淺，球型船艏插入運河東邊河岸（參閱圖 4.25、4.26）。

圖 4.25　E 輪船艏球形船艏插入運河東岸（一）

圖 4.26　E 輪船艏球形船艏插入運河東岸（二）

　　07：43 時，E 輪船艉順鐘向漂流，進而卡在運河西岸上。SCA
隨即宣布運河暫時中止通行。E 輪擱淺後，駕駛台團隊立即採取危機
處理，也就是請求拖船協助，並確認船體有無進水等常規應變程序。
事實上，除了儘快打電話（包括 VHF）求援外，慌亂之中所做的
決定大都是徒然的。求救訊息在第一時間被正在服務前方貨櫃船 Al
Nasriyah 的拖船 Mosaed 2 收到。

　　07：57 時，拖船 Mosaed 2 在 146 公里標識處調頭快速趕來協助
E 輪。

　　08：17 時，拖船 Mosaed 2 與原本在協助 Cosco Galaxy 的拖船
Mosaed 3 一起抵達 E 輪船邊，並開始進行救援作業。此時距離 E 輪
擱淺已 35 分鐘。平心而論，不管救援效果如何，能在如此短的時間
內機動提供救援是值得讚賞的。

　　3 月 24 日，已有近百艘船舶在蘇伊士錨地等候過河。當天有 10
艘拖船抵達現場協助脫險。傍晚，曾因 E 輪船體部分移動而出現一

絲希望，但結果還是無法脫困。

　　3 月 25 日，已有 238 艘船舶等候過河，SCA 宣布全面停止蘇伊士運河的交通。E 輪的日本船東對外宣布，E 輪的脫困作業遭遇「極度困難」（Extreme difficulty），並對阻斷所有欲通過運河而遭遇延誤的船舶致最深歉意。脫困作業主要依靠挖泥船努力清理 E 輪四周的泥沙，拖船則是在船邊推頂（nudged），企圖增加較大的動能。荷蘭救難團隊宣稱脫險需要數天乃至數週時間。此時，許多不願等候的船舶因等候無期，改繞行費時且增加成本的南非好望角航線（costly and time-consuming voyage around Africa）（參閱圖 4.27）。

圖 4.27　繞道好望角與川行蘇伊士運河的航程比較

　　3 月 26 日，已累積 300 艘船舶等候過河。顧及降低對全球能源市場的衝擊，美國表示願意提供協助處理擱淺船。此時許多仍在印度洋航行，原本計畫通過蘇伊士運河的船舶，陸續改變航向繞道南非

（changed course and took a detour）。

　　3 月 27 日，仍有 10 艘拖船與挖泥船在場協助 E 輪脫困。SCA 企圖利用當天的高潮潮汐協助 E 輪脫淺，還包括安排抽出 E 輪船內的壓艙水以減輕重量。但結果仍無法讓 E 輪脫淺。此時等候過河的船舶增至 320 艘。SCA 宣布 E 輪脫淺沒有時間表（參閱圖 4.28）。

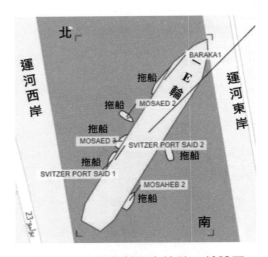

圖 4.28　10 艘拖船正在協助 E 輪脫困

　　3 月 28 日，至少有 369 艘船舶排隊等候通過運河，承載貨物的總貿易值達 96 億美元。來自荷蘭的 "Alp Guard" 與義大利的 "Carlo Magno" 兩艘超大馬力拖船抵達現場。挖土機仍努力挖浚運河的東岸泥沙，希望讓 E 輪的球型船艏移動。所有投入救援的人士都寄全部希望於當天晚上的滿月高潮時機。

　　3 月 29 日，E 輪部分船體開始浮動，而且朝有利出淺的方向移

動，儘管船艉仍崁在河邊沙岸上，最終在 15：05 時由埃及、荷蘭與
義大利的拖船合作下，將 E 輪拖出淺來，一時之間所有船舶鳴笛歡
呼慶祝。救援作業總計挖浚 30,000 立方公尺的泥沙。出淺後，E 輪
隨即被拖往大苦湖進行檢查。E 輪被拖離河岸後，SCA 立即檢查運河
受創情形，在確認河道安全無虞後，隨即於 3 月 29 日 19：00 時恢復
運河通行（參閱圖 4.29）。

圖 4.29　脫困出淺後的 E 輪

4. 脫困出淺：

　　貴為全世界最繁忙的海上貿易航路，運河受阻對歐洲、亞洲與中
東地區間的貿易產生嚴重的負面衝擊（significant negative impact）。
因此 E 輪擱淺後，SCA 迅即與荷蘭海事工程公司 Boskalis 的子公司
「史密特國際公司」（Smit International）簽約處理海難救助（Marine
salvage）業務。

　　E 輪脫困作業（Refloating the ship）剛開始進行時，SCA 官員樂
觀地認為約需兩個工作天，同時擔心眾多船舶受阻卻無法排解的困

境，可能成為國際社會抨擊的目標。

不過，Boskalis 經過查看 E 輪擱淺前的衛星影像與現場有關的畫面，同時也與該船進行聯繫，審慎地指出保守估計可能要花數天甚至數週的時間才能讓 E 輪脫困，具體時間要看船身卡住河岸深淺程度的情況而定。

史密特公司派出由 10 人組成的救難團隊，於 3 月 25 日凌晨 2 點抵達當地，並趕往 E 輪擱淺現場。抵達當地後先確認船隻受困的方向與深度，並決定要如何減輕船隻重量，以便將船隻拖到障礙較小的地方。

經過評估後，脫淺救助作業隨即開始進行，共計有 10 艘拖船協助拖曳與推頂，挖泥抽砂船（Dredger）連同岸上的怪手（Diggers）協助抽取船體四周的泥沙，以及挖開卡住船頭的河岸泥土，配合船上的排水與駁油等減重作業，企圖將船艏插入（Wedged）河岸的 E 輪拖出（參閱圖 4.30、4.31、4.32）。

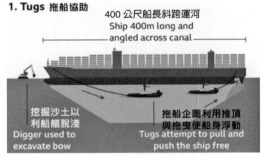

圖 4.30　E 輪脫困出淺作業示意圖（一）

2. Dredging 浚挖

利用抽沙船將船艏下方的
沙與泥抽出以利船舶浮起

Sand and silt removed from underneath the
bows using suction allowing it to float free

圖 4.31　E 輪脫困出淺作業示意圖（二）

3. Lighten the load 減輕負荷

Cargo and fuel could be removed
to reduce weight and make the
ship float higher in the water

移除部分貨櫃與燃油減
輕重量讓船舶更為浮起

圖 4.32　E 輪脫困出淺作業示意圖（三）

5. 事故原因：

① 河岸效應（Bank effect）：事故後，各國海事專家依據網路上顯示的船舶運動軌跡進行分析，推斷造成 E 輪擱淺原因可能是「河岸效應」（Bank effect）作用，亦即船舶在受限制或狹窄水道（Constricted waterway）航行時，船艏與船艉可能因船體周邊水壓分布的差異而產生偏轉，造成船艉向較近一側的岸邊偏轉（swing toward the near bank）的現象，加諸本案往北航行的 E 輪因承受自西向東吹（west-to-east winds）的橫向風風壓，都可能是促使船舶

擱淺的原因。

眾所周知，類似 E 輪噸位的船舶本不應距離河岸過近，一旦過近岸邊，近岸一側介於河岸與船體之間的水流會被擠壓並快速排開。結果，水流速度加快壓力就會降低，加諸船體前進造成跡流（Ship's wake）處的水位較低，就會將船體往下拉引，就如我們沖馬桶水一樣，吸入船艉部分，這現象就是河岸（吸引）效應。此一現象常會促使超大型船舶陷入浩劫（wreak havoc on megaships），因為其排開的水量相對較大，一旦船舶操縱性能無法一如預期良好展現時，將很快地出現操控失能的狀況。

由於目前新型船舶的設計，特別是在近十餘年來船舶噸位大幅增長的潮流下，船東與造船技師多聚焦在提升營運效率與海上穩定性（Efficiency and stability at sea）上，至於在淺水區的流體動力效應（Effects of hydrodynamics）仍是保留相當的模糊空間，實應嚴肅面對並深入探究。

② 在有限水域內，E 輪船速真的太快了（Too much speed for E in a Tight area）：從專業操船者的角度，當吾人看到 AIS 船速顯示「13」，直覺就是太快了，著實令人不安。因為無論在實船或模擬機的操船經驗，超級重載大船在河道中以如此快的船速航行是極度危險的。

③ 未要求拖船帶纜護航：船舶通過運河並無強制規定要求繫帶拖船。但是若從繫帶拖船作為防範措施的角度來看，尤其是遭遇突然來襲的惡劣天候，是特別有用的。另一方面，如果遇有主機或其他機具突發狀況發生，繫帶好的拖船可立即提供協助操船，以

調整態勢或降低船速，操船者就有抗衡突發事故的餘裕。反之，如果沒有繫帶拖船，甚至沒有拖船護航，遇有狀況操船者就只能任由形勢惡化。必須強調的是，由於本案 E 輪船速太快，致使護航 E 輪過河的拖船無法提供有效協助。因此，若在進入運河之前就在正船艉帶妥拖船，或許可以避免此一事故的發生。

④ 船舶噸位大型化，囿於各種限制，俥葉與舵板並未比例增大，致使船舶對俥、舵效能的反應趨於遲緩。本案 E 輪屬滿載狀況，而且甲板上積載多層貨櫃，因此船舶的兩舷各有如一片容易受風的超大風帆（Giant sail），從物理學角度來看，E 輪就有如一艘承受巨大風壓（experiencing tremendous wind pressure）的大型帆船。物理事實是無法改變的，顯然問題焦點在於超大型貨櫃船的船東，以及設計、建造與運用她的所有人，包括蘇伊士運河管理局。

　　超大型貨櫃船的船型與設計就是容許甲板上可以裝載多層貨櫃，而此一特徵常是造成不安全與許多海上事故的主因，包括在暴風情況下航行於狹窄的海峽（navigation in dire straits）或河道內。換言之，在此先決條件下，事故是必然會發生的（accidents are bound to happen）。其次，SCA 作為運河管理機關，應該早就評估過超大型貨櫃船的風險，並採取防範措施。面對此一情勢，SCA 並無採取任何防範措施，例如依據氣象預測資料，考慮超大型貨櫃船是否要延後過河。

　　SCA 在事故後面臨河道技術基礎建設必須升級的壓力（pressure to upgrade the waterway's technical infrastructure），以避免日後再度發生河道受阻或中斷（Disruption）事件。

6. 理賠爭議：

眾所周知，事故的結果勢必引發相關各造激烈的法律攻防，因為各方都在尋求償還運河、船舶修理、貨載延遲，以及海難救助的成本支出。而肇事船舶在釐清責任或協商確認完成前，法院通常是不會放行的。

E 輪在脫險後被埃及法庭下令留置近兩個月期間，SCA 與 E 輪船東為賠償金額爭議不休。日本船東的法律代表，對於 E 輪被留置與 SCA 的索賠金額提出異議，船方認為 SCA 在未提供拖船協助情況下，允許 E 輪進入運河是有過失的（the SCA was at fault for allowing the vessel to enter and not providing tugs）。SCA 回應蘇伊士運河從未因為天氣惡劣關閉，而且船舶噸位變大也不應是原因，因為在此之前已經有許多大型船舶川行蘇伊士運河。SCA 主席更情緒性地回應：「船長不想過河，他大可將船退回蘇伊士啊！」；「船長知道船舶的性能與操縱性（Capabilities of his ship），他可以說我認為天氣不適合（the weather is not appropriate），我不想進入運河。」事實上，當天北上護航船隊中亦有多艘同是重載的超大型貨櫃船，為何 E 輪前方與後方的貨櫃船承受一樣的橫風仍可以順利過河？倒是值得海技專家探討的。

由於相關利益各方對於事故原因的爭辯激烈，結果讓船長陷入被各方指責的困境。依據 SCA 的報告，認為是船長犯下（俥、舵）操作上的錯誤才導致事故的發生。對此，船方法律代表主張 SCA 無法舉證船方的過失（failed to prove any fault by the ship）。

ＳＣＡ於４月７日在法庭上主張因為運河受阻提出索賠

九億一千六百萬美元，稍後降爲五億五千萬美元，其中兩億美元作爲放行被留置 E 輪的保證金。SCA 宣稱他們遭受到實質的與名譽上的損失（suffered material and reputational losses），之所以願意調降索賠金額，乃是獲知 E 輪船上的貨物價值約爲七億七千五百萬美元，此遠低於 SCA 最早估計的三十億美元。至於船舶價值一億四千萬美元則較無爭議。此如同我海上同行過河採買伙食一樣，埃及人永遠有很善良與讓人心動的協商討價手法。儘管 SCA 主席強調，共有 800 人投入 E 輪脫險相關作業，這些人員將因其盡最大努力（great efforts）協助運河重啟而獲得報酬。然而，索賠金額高過船價與貨載總價值是不合海商邏輯的。

4 月 13 日，E 輪遭到埃及政府以「拒絕埃及政府的賠償要求」爲由進行扣押（Impound），船東保險公司認爲埃及政府的主張不合理。其後，SCA、船東與其保險公司之間經過冗長的議價談判，終在 7 月達成保密協議。E 輪在 7 月 7 日被放行，但在其航往目的港鹿特丹之前，仍需先在塞得港停泊進行檢查。一件轟動國際的海事大案，竟以「保密協議」收場，而不是國內諸多大師級學者主張：「船東大不了賠了船價一億多美元就沒事了！」誰輸誰贏雖讓人關注但已不重要，只是再次證明海運經營的不可預測性。

另一方面，海運社會紛紛探討 E 輪擱淺期間，被卡在運河上的其他船隻與貨物的所有人如何向 E 輪的責任保險人，針對易腐貨物的損失或錯過交貨期限進行索賠，初估金額可能會高達數百萬美元。

7. 心得分享：

① 很遺憾地，儘管現代管理科學一再主張事故後急於究責是最不可

取的，但實務上卻常是反其道而行。以本案為例，擱淺船仍未脫險，海運社會就不斷拋出「誰該為 E 輪擱淺負責？」、「誰決定 E 輪於強風中可以過河的？」、「運河封閉 6 天究竟是哪裡出錯？」，以及「誰要為此分擔不同程度的責任？」等典型的問責議題。

　　事實上，無論 SCA、船東或是租船人，在事故原因未釐清前的第一時間對外發布的聲明，都有欠思慮。此等亂象給予吾人一個教訓，就是事故後第一時間不要急於對外，尤其對媒體發表沒有把握或未成熟的「高見」。以本案為例，承攬運送兩千多只貨櫃的租船人，怎能在第一時間對外聲明租船人沒有責任？SCA 未經事故調查，怎能歸責於技術或人為疏失？又保險業者怎能在精算進行之前，斷定 SCA 最多只能索賠一億美元（以船價一億美元為估計依據）？顯然各方僅是依據海事法規與海上保險的解釋來看待此一問題，卻忽略了「海上運輸與貿易」的本質實乃「海上冒險（Marine adventure）」之意，也就是忽略了特定海上職場環境的習慣與風俗，因為大家都忘記了通航蘇伊士運河是航商有求於 SCA 的賣方市場，更不了解埃及人的經營哲學與行事風格。

　　再次強調，無論陸、海、空運，遇有重大事故發生，在未獲授權或確認事故原因前，面對外界，尤其是媒體的標準回應一定是「事故涉及相關各造的法律權益，此時不宜評論（as the matter will be subject to legal issues between the parties, it is inappropriate to comment at this time）。」以免招來不必要的困擾。

② 事故後 UK P&I 宣布，船東完全配合 SCA 直至事故調查完成，並

特別強調事故當下，E 輪並無機械或設備上的缺失，以及配置專業與適任的船長與船員，並且依據蘇伊士運河航行規則，在僱用兩名蘇伊士運河引水人的監督下操控船舶的航行（navigation was being conducted under the supervision of two SCA pilots）。此等聲明顯然是要排除船方的責任。但 SCA 立即否認任何關於船舶擱淺的責任（deny any responsibility for the grounding），並宣稱船長應為事故負責（the vessel's master is to blame）。SCA 的主席主張引水人只是擔任「顧問的角色」（Consultative role），真正的責任還是要落於船長身上（the pilot has "a consultative role", the real onus lies on the ship's captain），船長要為船舶的操作負責（the captain "is responsible for（operations of）the ship）。SCA 同時指出「或許船長在特定的操控要求上犯了錯誤，例如俥令或速度上，才會導致事故的發生。」SCA 指控（Accuse）船長犯下所謂航行或操縱上的錯誤，乃是指船長應該知道超大型船舶航行在狹窄的蘇伊士運河有如水溝行舟，會因遭受來自各面相的物理障礙（Physical barriers）而阻滯（Lock）船隻的運動。

　　SCA 當然知道蘇伊士運河的引水人為實際操船者，SCA 更知道船長應為船舶的航行安全負最終責任。正如同國際海事組織（IMO）所發行的《航行程序與實務》所載：「不論引水人的職責為何，引水人登船並不解除船長與當值駕駛員對於船舶安全的責任與義務（despite the pilot's duties and responsibilities, his presence on board does not exempt the Master and the OOW from their duties and responsibilities for the ship's safety）。」以本案為例，即使船舶操控的指令是由引

水人所下達，船長當然也有權力改變指令，或逕自變更任何有別於引水人所指引的航路與速度（even when orders are issued by the pilot, the captain has the right to change them or use any route or speed other than what the guide says）。又如本案發生的前一天，就有一艘 LNG 船的船長以風力超過極限爲由，拒絕 SCA 過河的安排。因此從國際海事規的角度來看，SCA 上述沒有錯失或責任（no error or responsibility）的主張是正確的。

③ 依照操船理論，姑不論任何原因，如果類似 E 輪噸位的船舶一旦臨時失去控制（Incontrollable），則採取任何可用措施，諸如調整速度、轉向或拋錨以達致有效操控是非常重要的。但在運河的狹窄水道內常是不可能的，因爲在船舶一般跟著一艘排隊過河，而且過河速度（Convoy speed）的快慢受到排列在前、後方船舶間距的嚴重限制，加諸船舶距離兩岸都只有數十公尺，根本沒有任何操縱錯誤空間的情況下，巨大型船的偏轉質量（Sheer mass），即使駕駛台團隊及時採取所有的正確措施亦難控制，何況根本沒有足夠的空間與時間去反應。故而船長或引水人除了擱淺，根本沒有其他選擇，有時候迫於情勢，甚至要在兩害取其輕的考量下，採行「故意擱淺」（Intentional grounding）在易於出淺的河岸上。因此船舶大型化、河道狹窄、欠缺外在助力（拖船）協助避免或降低擱淺風險，才是問題所在，而非船長與引水人的不作爲。

④ 初步調查顯示，事故發生稍前，船長在 12 分鐘內下達 8 個俥、舵指令。毫無疑問地，儘管經過船長授權，但實質下達操船指令的還是引水人。從操船經驗觀察，在極短時間內頻下指令絕對是

犯上操船實務上的大忌，因為此一現象只是凸顯操船者的緊張慌亂，但實質作為與成效不彰。試想短時間內頻下指令的結果，就是前一個指令尚未完成或生效前，隨即改換指令，尤其是效果相互矛盾的指令，使得整個操船過程除了混亂無章外，就是沒有成效地徒做白工。可以理解地，E 輪在河道中偏轉不定，引水人與船長應是考量加速始可提升舵效加以抑制。毫無疑問地，在寬闊水域採此作法是絕對正確的，即使在狹窄水道也是合理地，只不過本案 E 輪在一進入河道就無由地持續加俥至河道的速限以上，及至情況惡化就沒有再加俥的籌碼了。正確的作法應是當操船者加俥加到運河規定的速限，但仍覺得難以有效掌控時，就應請拖船儘速在船艉正中央繫帶拖纜，而且拖纜不能太短，以便協助降速並可抑制偏轉。

⑤ 由於 E 輪懸掛巴拿馬旗，因此貴為全球最大的權宜籍船註冊國，巴拿馬政府將依照國際海事公約的規定，負起事故調查的主要責任。並將事故原因與結論（Conclusions and findings）報告國際海事組織（IMO）。此外，SCA、船舶管理公司（BSM）、船東互保協會亦進行平行調查（run a parallel investigation），以釐清自事故開始所衍生的各種責任。

⑥ 本案船舶機械與電力系統沒有缺失已是經過證實的事實，至於船舶的操縱性亦是經過船級協會（Ship's classification）審核通過，顯然「船」的本身是沒有問題的，本案正確的說法應是「『對』的船跑到『不對』的地方」所造成的。

⑦ E 輪事故後，全球海運相關人士無不對蘇伊士運河的種種交相指

摘。其中最令人詬病的就是蘇伊士運河的工作人員，包括引水人，過河時一定會向船上索取一、二十條的香菸，造成船上莫大的困擾。姑不論是埃及人因宗教信仰刻意營造「施比受有福」的恩惠情境，還是貪汙腐爛的民風所致，吾人只要奉行施捨就可化解無止無盡的騷擾何樂而不為？何況大多數航運公司都會照實核銷此一無法迴避的船務交際支出。俗話常聞及：「強龍不壓地頭蛇！」、「此山是我開，此樹是我栽，要想過此路，留下買路財！」實務上，確有少數船長為了少給埃及引水人一條菸，使得整個引航過程中都陷入討價還價的情境，引水人當然無心專注操船，一心想要拿到他認為應該得到，船長卻不乾脆給他的禮物。似此，無異是創造出事的風險。E輪的印度船長多次泊靠臺灣港口，算是頗有主見的船長，希望出事當下不是因為香菸給的不夠，造成引水人不爽快而盡情加速。

案例 5.1 汽車船碰撞沉沒

1. **事故種類**：兩船聯絡溝通不良引發碰撞
2. **案例陳述**：

　　2012 年 12 月 5 日 18：15 時，巴哈馬籍汽車船 "Baltic Ace（以下簡稱 B 輪）" 欲從比利時的 Zeebrugge 港航往芬蘭的 Kotka 港途中，與一艘從蘇格蘭 Grangemouth 港航往比利時安特衛普港的塞浦路斯籍貨櫃船 "Corvus J（以下簡稱 C 輪）"，在北海接近 NH 燈標（North Hinder Light Buoy; 51°51.9'N, 002°53.9'E），距離鹿特丹約 60 浬，荷蘭南方海岸外 40 浬處發生碰撞。

　　NH 水道交叉點（North Hinder Junction）附近，因爲有四條分道航行巷道（Traffic separation lane）交通流（Traffic flow）的終點於此警戒區（Precautionary area）匯合，故而航行至此區的船隻都被告知要謹愼航行（to proceed with caution）。該水域是世界上海上交通最爲頻繁的航行巷道之一（參閱圖 5.1）。

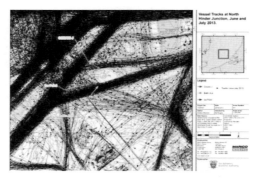

圖 5.1　事故發生水域繁忙的交通流軌跡

B 輪船長 148 公尺，船艏吃水 7.0 公尺、船艉吃水 7.5 公尺，穩心高度（Metacentric Height, GM）1.2 公尺，載運 1,417 部在日本與泰國製造的三菱汽車。C 輪船長 134 公尺，船艏吃水 4.5 公尺、船艉吃水 6.0 公尺（參閱圖 5.2、5.3）。

圖 5.2　汽車船 B 輪

圖 5.3　貨櫃船 C 輪

　　兩船碰撞後，B 輪船艙迅即進水，稍後擱淺於淺水處。共有 13
名船員由直升機吊掛脫困，3 人死亡，其餘 8 名船員失蹤。C 輪雖宣
稱嚴重受損但無沉沒危險。此一事故與挪威籍汽車船於 2002 年 12 月
14 日在碰撞後沉沒於淺水區的事故類似，都發生在 12 月。以下是兩
船碰撞前的航行軌跡（參閱圖 5.4）。

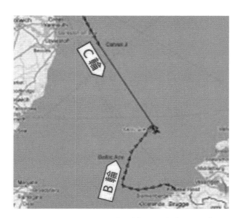

圖 5.4　事故發生前 B 輪與 C 輪

事故後，周邊沿海國政府都派出直升機與船艇投入救援作業。荷蘭海上防衛隊事後表示：「事故當晚天候惡劣，風力 6 級，而且正下著雪，加上船舶沉沒速度很快，船員根本來不及穿上防護衣（Protective clothing）。以當時的海水溫度與浸水時間判斷，殘存者（Survivor）獲救機率不高。」

當地媒體在未經事故調查的第一時間，就主觀的報導可能是人為疏失（Human error）所致，因為該船下水才 5 年，船況良好亦無機具故障（Technical failure），而且八月分才通過一項安全檢查（Safety inspection）。

3. **司法管轄權**（Jurisdiction）：

荷蘭海事主管機關於事故後聲明：「因為碰撞發生地在離岸 12 浬外，也就是不在其領海（Territorial waters）內，而且涉案船舶分別懸掛塞浦路斯與巴哈馬船籍旗（the vessels sail under flags of The Bahamas and Cyprus），所以荷蘭司法機關不會啟動刑事調查（Criminal investigation）。但塞浦路斯與巴哈馬政府仍可透過雙方協商機制，請求荷蘭協助進行調查。」司法上，儘管依照國際法，塞浦路斯與巴哈馬必須行使事故調查權（both countries are compelled to investigate the accident），但是兩國本就屬規範鬆散的權宜國籍（Convenient flag state），故而在力有未逮的現實條件下，只有請求荷蘭協助調查。

初步調查得知，事故當時在周邊海域捕魚的漁民從雷達幕上看到兩船如何碰撞的過程，即 C 輪向右轉向，B 輪則是大幅度朝左轉向。漁民認為兩船碰撞是起因於溝通聯絡不良（Communication error）。

另漁民亦從無線電聽到船長驚慌的求救呼叫：「我們正在下沉，我們需要緊急協助（we are sinking, we need help fast）。」

依據荷蘭建設環境部發言人「由於天候海況惡劣，加上沈船距水面距離有限，很難使用回音測深機，但是確認船體是完整的。」事故發生地的水深為 36 公尺，亦即 B 輪的最高點距水面只有 6 公尺。

4. 碰撞事故的時間軸（Timeline of events leading to the collision）：

B 輪於離開 Zeebrugge 後不久，在 Wandelaar 引航站讓引水人離船。船長在三副接班後不久就離開駕駛台至辦公室。在撞船前不久，三副報告船長從 ARPA 上觀測出 C 輪位於右前方呈交叉相會態勢，最近通過距離（Closest Point of Approach, CPA）為 1 浬，而且附近沒有其他船舶，故而船長仍留在辦公室處理船務未回到駕駛台。

17：57 時，C 輪繞著位於深水錨地最西南端的 DW-W 浮標轉向東南方，以便穿過 NH 交叉水路的警戒區（North Hinder Junction precautionary area），駛向 Steenbank 引水站（Steenbank pilot station）接領引水人，以便引領船舶進入須爾德河（Schelde River）。但由於引水站告知引水人登船時間延後至 19：30 時，當值駕駛員遂將船速自 14 節降至 12.5 節。此時涉案兩船都進入交通繁忙的航行警戒區內（參閱圖 5.5）。

此時兩船雖相距約 8 浬，但當時的視線並未受妨礙，C 輪的當值駕駛員可以目視看到有三艘船舶正趨近警戒區，同時確認 B 輪船速 19 節，位於另外兩艘船的右舷，而且正在追越另兩艘船。兩船的駕駛台航儀都能有效的協助判別彼此的運動態勢。

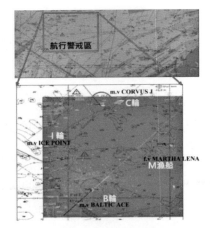

圖 5.5　警戒區內相關各船位置示意圖

　　事實上，位於 B 輪西方的 "Ice Point（以下簡稱 I 輪）" 正在駛往鹿特丹的途中。

　　雖 B 輪與 I 輪愈趨接近（Converging），但 B 輪具有船速較快的優勢，因而被調查單位判定為追越船。

　　另外有一艘漁船 "Panagia（以下簡稱 P 漁船）" 位於 I 輪右後方 1.5 浬處同向航行，由於 P 輪與 I 輪距離夠遠，故被調查單位判定不足以認為與碰撞有關，但是兩船都有參與後繼的搜救作業（Search and rescue operation）。

　　另外一艘漁船 "Komarno（以下簡稱 K 漁船）"，位於 P 漁船後方約 1 浬處，與 P 漁船同向，也被認定與碰撞無關，但也有參與後繼的搜救作業。

　　至於漁船 M 則位於 B 輪右前方，而且位於 C 輪計畫航路（Intended passage）的附近。M 漁船正從事拖網作業（Engaged in

trawling），而且漁具向後朝南流向警戒區最南端的方向（參閱圖
5.6）。

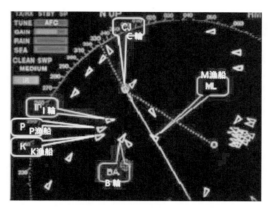

圖 5.6　1755 時雷達螢幕顯示事故前相關各船位置

　　18：08時，B輪與C輪相距3浬，最近距離點（CPA）為0.5浬。
從B輪觀看C輪的方位，得知C輪正緩慢朝右行駛，顯然C輪企圖
從B輪船艏橫越。此時兩船保持31節的相對速度相互趨近。若以兩
船相距3.18浬計算，表示兩船將在6分鐘後抵達其CPA（參閱圖5.7）。

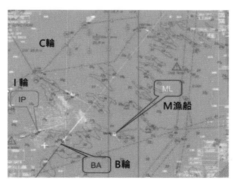

圖 5.7　18：08：16 時的各船位置

其實，B 輪的當值駕駛員約在距離 12 浬時就已從 ARPA 上看到 C 輪，稍後更可清楚看到 C 輪的桅燈。B 輪當值駕駛員首先確認其與 C 輪的 CPA 會發生在 18：08：45 時。事後從 VDR 解碼聽到 B 輪當值駕駛員當下驚叫：「太近了！她在我船艏 0.5 浬。」

18：09：31 時，B 輪當值駕駛員發現與 C 輪正發展成逼近情勢（Close quarters situation），立刻使用 VHF 16 頻道與 C 輪建立聯絡。就當 B 輪駕駛員企圖以 VHF 建立聯絡的同時，C 輪正開始依據航行計畫從 129° 向右轉向至 152°（參閱圖 5.8）。兩船隨即同意改為利用 VHF 的 06 頻道進行聯絡。

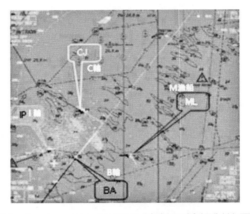

圖 5.8　18：09：22 時 B 輪與 C 輪相對位置

18：09：40 時，B 輪當值駕駛員要求 C 輪保持其航向：「我看到你將以很近的距離通過我的船艏，請你保持你的航向，我將我的航向朝左轉一點（a little to port）。」C 輪同意，兩船最後達致的共識就是避免逼近情勢，B 輪當值駕駛員：「我了解了，我往左轉向，謝

謝。」

18：09：40 至 18：11：28 之間，B 輪自 037° 向左轉至 035°，並保持 18.5 節的船速。在同一時間內，C 輪開始轉向至新航向 152°，並保持 12.5 節的船速。

18：11：28 時，B 輪告知 C 輪，已觀測到 C 輪在轉向（參閱圖 5.9）。

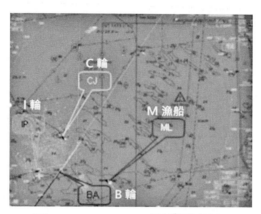

圖 5.9　18：11：30 各船相對位置

此一無線電呼叫旨在確認 C 輪是否正在轉向。C 輪駕駛員回答：「正是，我將保持我的航向，但是因為有另一艘船舶欲從我的船艉橫越，她在我船艉處；如果你能再向左轉一點會更好一點。」B 輪駕駛員了解並同意後再度向左轉。

自 18：11：28 至 18：12：27 期間，B 輪向左轉了 4°，C 輪則保持其航向與船速。

18：13：18 時，C 輪企圖利用 VHF 呼叫 B 輪，恰巧 B 輪駕駛台

團隊正在對話（Conversation），因而並未回應 C 輪的呼叫。

　　C 輪持續呼叫，終於成功建立聯絡並問 B 輪：「你將保持你現在的航向？」B 輪回答：「是！我會保持航向。」（參閱圖 5.10）。

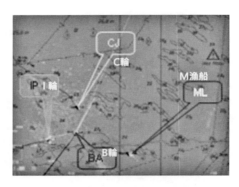

圖 5.10　18：12：50 時各船相對位置

　　18：13：26 時，B 輪開始自 021° 朝左轉向。於 18：14：40 時，艏向轉至 010°。在同一時間內，C 輪開始利用 15° 的舵角向右轉向，自 152° 轉向至 207°。此也是碰撞當下的記錄艏向（Recorded heading at the time of impact）（參閱圖 5.11）。

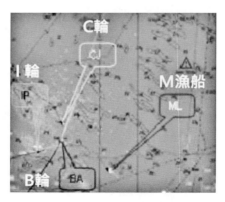

圖 5.11　18：13：50 時各船相對位置

此時，兩船都未減速，仍以 31 節的相對速度接近。當 C 輪開始向右轉向時，B 輪駕駛員將操舵模式轉換至手操舵（Manual），並將舵輪向左扳。剛開始時，未用左滿舵，但隨後即扳至左滿舵。B 輪駕駛員稱兩船交叉橫越距離只有 0.2 浬。此時 B 輪繼續向左轉向，C 輪則向右轉向。

18：15：04 時，B 輪駕駛員保持將舵扳至左滿舵。於此同時 C 輪駕駛員將右舵 15° 反轉至左滿舵，並將俥葉螺距（Propeller pitch）自進俥 65% 轉至倒俥 55%。

18：15：17 時，C 輪撞上 B 輪右舷第 165 號肋骨附近。碰撞前 B 輪艏向 322° 船速 15.1 節，C 輪艏向 207° 船速 9.2 節。

實際碰撞發生後的 30 秒過程中，C 輪船艏的球型船艏（Bulbous bow）貫穿 B 輪的船殼板（Side shell plating），船艏頂著 B 輪右舷作順鐘向迴轉（參閱圖 5.12、5.13、5.14）。

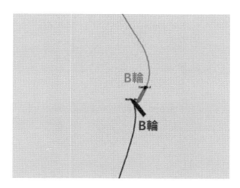

圖 5.12　18：15：17 兩船碰撞相對態勢

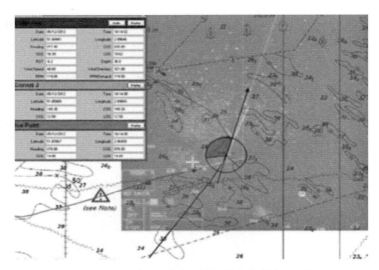

圖 5.13　兩船碰撞時 B 輪顯示的舷燈弧度

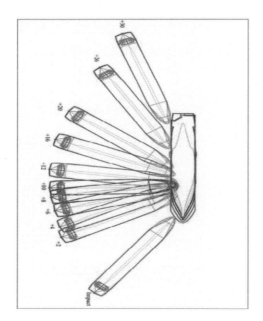

圖 5.14　18：15：46 時兩船碰撞後 30 秒間相對態勢

　　碰撞後不久，約 18：16 時，兩船分開並停止在海上。由於兩船的當值駕駛員都無事先預警，故而兩船的船長都在碰撞後才上駕駛台並評估情勢。此時 B 輪很迅速向右舷傾側，海水經由右舷被撞破的船殼板進入貨艙。船長在碰撞後確認該船已處於無可挽救的情況（Unrecoverable situation），因而在 18：17 時下令棄船（Abandon ship）。

　　碰撞後，B 輪的 VDR 仍持續記錄一陣較短時間，該段時間內可聽到汽笛重複鳴放。伴隨著汽笛聲的是因船身快速傾斜導致許多物品掉落的聲音。B 輪的 VDR 於 18：17：01 時終止記錄。

　　另一方面，碰撞後 C 輪船長立即命令大副檢查船體的水密完整性（Watertight integrity），並確認損壞的程度（Extent of the damage）。檢查後發現雖然球型船艏與船殼遭受嚴重損壞，但是船殼並未破裂，因此 C 輪仍舊留在現場（Remain on scene）並提供搜救作業的協助（參閱圖 5.15、5.16、5.17）。

圖 5.15　B 輪船艏受創情形

圖 5.16　C 輪船艏受創情形

圖 5.17　C 輪船艏受創情形

5. 結論：

① B 輪配置的船員人數安排完全符合公約規定，尤其該輪還增加一名船副，冀以減輕船長與大副在頻繁進出港的船期壓力，並允許船長與大副在必要時得以提供駕駛台團隊的支援。B 輪在合乎人員最低配置水平的規定上增加額外人員，表示其運航人有考量到航行安全。

② B 輪當值駕駛員值班時，配有一位甲板實習生充當專責瞭望員

（Dedicated lookout）協助瞭望。相對於此，C 輪的當值駕駛員在交通繁忙水域時，並未請求額外瞭望員的支援協助，來處理駕駛團隊的相關事項，因而當情勢發展至緊急階段時，無形中增加了駕駛員的工作負荷（Workload）。

③ C 輪的人員配置是近洋航線小型船舶的典型模式，雖然完全符合船旗國主管機關最低人員配置的規定，但是船長不得不加入輪流當值，否則就無法符合法定最低休息工時（Statutory minimum hours of rest）的規定。此一安排，雖符合運航人的安全管理系統（Operator's Safety Management System）的規定，但卻違反了管理系統容許船長在航程中，當值駕駛員遇有險峻情勢（Critical stages）時，需有足夠的人力調度能力為其提供支援的精神。

④ 依據避碰章程第五條：「各船應經常運用視覺、聽覺及各種適合當前環境所有可使用之方法，保持正確瞭望，以期完全了解其處境及碰撞危機。」在調查過程中，明顯發現兩船的當值駕駛員都僅依賴雷達自動測繪設備（Automatic Radar Plotting Aid, ARPA）評估發展中的情勢（to evaluate the developing situation）。而且無視早已確認碰撞危機的存在，竟然都未利用趨近目標船的目視方位變化進行充分的評估（Full appraisal）。

⑤ C 輪駕駛台未指派專責瞭望員，顯然違反 STCW 公約第八章第四節第十四條規定：「瞭望員必須能夠全神貫注地保持適當瞭望，而且不能被指派或從事足以妨礙此任務的其他工作。」

⑥ 一旦決定碰撞危機存在後，當值駕駛員就應依照避碰規則第十五條規定，及早採取行動避開交叉相遇橫越船艏的趨近船舶（taken early action to avoid crossing ahead of the approaching vessels）。本案就是典型的在有意識的情況下，刻意疏於及早採取行動與施展優良傳藝，兩船僅將消極的利用 VHF 建立聯絡視為已採取避碰措施。

⑦ 兩船的駕駛員透過 VHF 做成讓船的協議不僅違反（Contravene）避碰規則的規定，而且是以極為模糊的形式（extremely ambiguous in form）達成協議。此一協議導致兩船的當值駕駛員混淆了情勢，無視先前已確認的情勢，產生對情勢安全的錯誤認知，繼而未依避碰規則的規定判斷碰撞危機是否依舊存在。須知 VHF 只是建立聯絡的手段，通訊的核心目標應是確認目標船的明確操船企圖，以及後續的持續監督與提高情境警覺，直至危機完全解除為止。

⑧ 利用 VHF 作為解決發展中情勢的作法，有違避碰規則的規定。如果兩船都依據避碰規則操縱，或許碰撞危機不會發生。利用 VHF 作為避碰目的使用的危險已廣為海運社會所知，特別是在已存有可行解決方案的情況下，再製造不必要的情境混淆。因此在當下最謹慎的行動，就是依據避碰規則的第十七條第二項規定：「直航船舶，當發現應讓路船舶顯然未依本規則採取適當措施時，亦可單獨採取措施，運轉本船，以避免碰撞。」

　　B 輪當值駕駛員認為利用 VHF 達成避碰協議的作法符合避碰規則規定。但避碰規則第十七條第三項：「動力船舶於交叉相遇情勢中，依本條第一項第（二）款規定採取措施，以避免與另一動力船舶碰撞時，如環境許可，不應朝左轉向，因他船在本船左舷。」顯然 B 輪不應朝左轉向。B 輪駕駛員或許認為，朝左轉向可能有助於增加兩

船之間的交叉通過距離（Crossing distance）。須知採取背離規則規定的行動，只有在雙方藉由明確的聯絡後始可為之。

6. **心得分享：**

① 當兩船互相接近，無視情況發展的不確定性，兩船都沒有減速的紀錄，顯然違反避碰規則第六條：「各船應經常以安全速度航行，俾能採取適當而有效之措施，以避免碰撞，並在適合當前環境與情況之距離內，能使船舶停止前進。」的規定。因此從責任判定的角度來看，只要航行中的兩船發生碰撞，就不能主張兩船中的任一船舶是以安全速度行駛的。

② B 輪船殼板自肋骨 135 至 50 間，垂直方向從第 2 層甲板直至第 6 層甲板船殼破裂，是造成 B 輪快速翻覆的原因。理論上，水面上的艙間所提供儲備浮力（Reserve buoyancy）的船舶結構設計，足以在底層貨艙浸水時為船舶保持浮力。但 B 輪碰撞遭受的損壞導致水線上艙間的整體水密性受到破壞，因而連帶的降低了確保船舶浮於水上所必須的儲備浮力。另由於在第 4 層甲板的水密隔間上方並無橫向隔間（Transverse subdivision），致無法阻擋海水進入其他艙間。也因此無法讓船員能在可控制與有組織的情況下從容撤離。

③ 碰撞後，B 輪船長立即釋放棄船警報是務實的決定，也是他唯一能夠採取的行動。因為在船舶快速下沉的情況下，有無對船舶的損壞作全面評估已不是很重要的事了。

④ 船舶的傾斜角快速增加的事實，是沒有足夠時間讓船員在甲板陡峭至無法行走前，前往位於第 10 層甲板的浸水衣儲藏間

（Immersion suit storage locker），取出並穿著浸水衣。此導致棄船前只有兩位本就位於第 10 層甲板的船員穿好浸水衣。假使浸水衣能分散置於主甲板上不同位置的數個儲藏間，則部分無法至逃生集合站（Muster station）的船員或可即時至主甲板穿妥浸水衣。

⑤ B 輪傾斜角度過大，導致兩舷的救生艇都無法放下，直到船體完全傾覆後，所有施放與回收設備流失後，小艇始自由浮起。此阻礙了撤離行動，更迫使船員於棄船時不得不跳入水中。

⑥ 參與 12 月 5 日救援活動的直升機與船艦，給予 B 輪船員在極度惡劣條件下的勇敢表現與優良船藝技術最高度的評價。顯然平日的演練才是確保緊急情況下安全求生的最佳實務。

案例 5.2 典型的自滿（Complacency）──擅自違規變更航路

1. **事故種類**：觸礁、船體破裂、喪失動力（Contract-breach-black out）

2. **案例概述：**

　　2012 年 1 月 13 日 21：45 時，義大利籍郵輪「歌詩達協和號」（Costa Concordia，以下簡稱 C 輪）從羅馬附近的契維塔韋奇亞（Civitavecchia）出港，航往薩沃納港（Savona）途中，在義大利托斯卡尼（Tuscany）外海撞上吉格里奧島（Isola del Giglio）東岸附近（LAT. 42°22', 20N-LONG. 10°55'50E）的暗礁，但仍持續朝北航行，及至確認船體破裂進水嚴重後，船長才決定調頭往南航行，企圖接近

Giglio Porto 港（以下簡稱 G 港）以利救援，隨後就因船體進水嚴重，以向右舷傾斜 70° 的態勢擱淺在 Punta del Gabbianara 岸邊。當地海岸防衛隊緊急出動，撤離船上的 4,197 名乘客及工作人員。但仍造成 32 人不幸罹難喪生，其中 10 名為旅客，死因包括跳海逃生而失溫，另有 2 人失蹤，64 人受傷（3 人嚴重）。事故當時，海況為大浪（Rough sea，浪高 2.50～4.0 公尺），東北風風力 17 節，視線尚可（Partly cloudy）（參閱圖 5.18、5.19、5.20）。

圖 5.18　C 輪表定行程示意圖

圖 5.19　C 輪觸礁過程航跡示意圖（一）

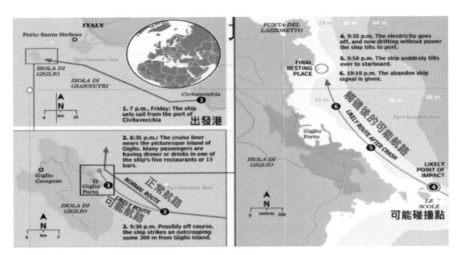

圖 5.20　C 輪觸礁過程航跡示意圖（二）

C 輪於 2006 年 7 月投入市場營運，是義大利當時所能建造郵輪，也是「歌詩達郵輪船隊」中，噸位最大、船身最長的旗艦船，C 輪總噸位達 114,137，排水量 51,387 噸，總長 290.2 公尺。該輪曾是 2008 年引起艙位搶購熱潮的明星郵輪，主要航行地中海。直至目前，該輪是歷史上噸位最大的沉沒郵輪。

此次海難的全部損失，包括罹難者的賠償、船體出淺（Refloating）、拖帶與海岸清除費用估計約二十億美元，已超過 C 輪的建造成本 6.12 億甚多，故而 C 輪旋被保險公司判定為推定全損（Constructive total loss）。擁有 C 郵輪的嘉年華集團股票在 1 月 16 日當天下跌了 18%。

3. **事故關鍵節點歷程**（Timeline about most significant events）

C 輪於 2012 年 1 月 13 日傍晚航行於 Isola del Giglio 島外海，船

長最先聲稱該輪離岸 300 公尺（約 1 個船長）航行，撞上一個海圖上未標識的礁石。事實上，該船所撞到的礁岩在海圖上被標識爲 Le Scole 的區域，位於 Giglio Porto 港口南方約 800 公尺的 Scole Piccola 水下 8 公尺處，爲 Le Scole 最外圍的礁石。潛水夫稍後在左舷水面下的船殼上，發現兩道長達 48.8 公尺且捲曲的裂痕（參閱圖 5.21）。

圖 5.21　C 輪觸礁船殼破損致沉沒示意圖

C 輪觸礁後仍繼續航行，直到完全通過 G 港。在 22：10 時，該輪再轉向朝南企圖更接近 G 港。此一轉向操作造成船舶的重心移至船舶的右舷，船舶繼而先向右舷傾斜約 20°，最後以近 70° 的傾斜角度擱置於淺水中（參閱圖 5.22、5.23、5.24）。

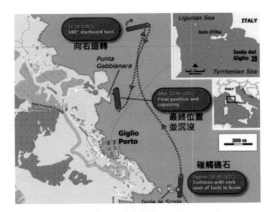

圖 5.22　C 輪觸礁前後航行軌跡示意圖（一）

圖 5.23　C 輪觸礁前後航行軌跡示意圖（二）

圖 5.24　C 輪觸礁致巨石插入船體

4. C 輪觸礁後棄船與搜救過程：

2012 年 1 月 13 日：

22：14 時，搜救中心從 AIS 識別到 C 輪的位置，並與船上建立聯絡，船上回應該輪曾斷電 20 分鐘，未曾正式請求協助。事實上在 22：00：57 時，船長已得知 C 輪有三個連續艙間（No.5,6,7）進水。

22：25：15 時，船長聯絡搜救中心告知船體左舷破裂，正持續傾斜中，請求拖船協助。搜救中心立即命令所有巡邏艇出動救援，並經由 AIS 請求周遭船舶協助救難。

22：36：34 時，C 輪再度與搜救中心聯絡，告知船體傾斜更加嚴重。而且船上有 3208 名旅客（事實上 3206 名），1023 名船員。據此，搜救中心立即增派兩艘拖船前往現場。

22：45：08 時，搜救中心與船長聯絡，船長確認 C 輪仍然浮著，正企圖運轉船舶更靠近岸邊以利拋錨待援。但此時 C 輪的俥、舵已無法掌控。海岸防衛隊的救難船艇與直升機皆已抵達現場待命。

22：54：10 時，搜救中心要求船長棄船（Abandon ship）。

22：55 時，當地警察通報海岸防衛隊，郵輪正施放載有旅客的救生艇（事實上 C 輪早已施放三艘救生艇至水面）。

22：57：41 時，C 輪船長通報搜救中心，已下達棄船指令。

22：58 時，C 輪已實際擱淺靜止於其最終位置 42°21'50.76"N，010°55'17.40"E（參閱圖 5.25）。

圖 5.25　C 輪船體向右舷傾斜擱淺於岸邊

23：10 時，巡邏艇回報搜救中心，救生艇已開始駛向 G 島（Isola del Giglio）港口。事實上，救生艇是被巡邏艇拖帶至渡輪（Aegilium）的船舷旁靠。擬於稍後再由渡輪集中將獲救旅客一併載回岸上，以免救生艇往返港口費時致貽誤救難先機。

23：35 時，幾乎完成棄船。

23：38 時，搜救中心聯絡船長，得知仍有 200 至 300 名船員與旅客在船。稍後巡邏艇查證為 300 至 400 名。

2012 年 1 月 14 日：

00：00 時，船體開始向右舷傾斜，而且傾斜程度已嚴重至旅客難以登上郵輪左舷的救生器具。因而在船艏、船舯與船艉三處都有大

批人員等待救援或登艇（參閱圖 5.26）。

圖 5.26　　船體傾斜致旅客難以登上救生艇筏

　　00：18 時，現場指揮官回報，有上百名人員出現在郵輪左舷。幾分鐘後再回報，有數名旅客因驚慌開始往水裡跳，已命令救援單位前往救起。搜救中心命令所有參與救援船舶將其救生筏（Liferafts）全部投入海上，以便利於救起生還者（Survivors）。於此同時，命令巡邏艇前往 C 輪的右舷查看在 C 輪與岸邊之間海面上，還有無其他生還者。

　　00：27 時，由於同時有太多直升機出現在事故現場，致空域變得太窄。搜救中心指派海岸防衛隊的直升機 "Koala 9.9" 擔任空中交通協調人（Coordinator of the air traffic）。

　　00：34 時，搜救中心嘗試利用手機與船長取得聯絡未果。搜救中心想要了解左舷的狀況如何？結果船長被發現與水手在另一舷的救生艇上。船長聲稱當時他正在參與救起生還者的作業。當被問及究竟還有誰留在船上協調棄船作業？船長回答所有船員都已經登陸。

00：36 時，巡邏船回報搜救中心，船上至少還有 70 至 80 名人員，包括老弱婦孺。

00：41 時，仍約有 50 人無法離船。並證實船長不在船上。

00：42 時，搜救中心與船長聯絡得知仍有上百旅客在船。搜救中心強烈要求（Strongly urges）船長連同駕駛員回到船上協調在船旅客的離船。

00：53 時，由直升機協助吊掛撤離留船人員。

04：20 時，現場指揮官清算現場。

5. 肇事原因調查：

事故調查得知，船長承認當晚他並未利用船上的電腦航行系統：「我利用目視航行（Navigating by sight），因為我非常了解那些海床（Seabeds），這個航程我已經走過 3、4 次了。」另一方面，郵輪公司亦確認 C 輪所採航向：「並非通過 G 島的（電腦程式）既定航路。」郵輪公司的 CEO 聲稱該公司的屬輪都有建構電腦程式航路（Computer-programmed routes），以及：「不論任何原因，一旦船舶偏離儲存於電腦並由 GPS 控制的既定航路，目視與聲音警報都會示警。」但是此等警報功能可改用「手動」（Manually）取代。實際上，2011 年 8 月 14 日，C 輪的同一航程（Itinerary）亦曾採取類似航路，但並不似此次極度接近 Le Scole 島，而且航路是經過郵輪公司核准，並且是在白天所通過的。

船長對於 C 輪過於接近 Le Scole 島航行曾提出數個辯駁理由，但法官得到的證據是，在撞擊當時，船長正與住在島上的退休船長 Mario 講電話，並告訴 Mario：「我們貼近岸邊通過（Sail-past）是要

對你表示敬意。」因爲從 VDR 解碼確認船長曾發信：「請看我們正在通過島嶼，我們將爲您鳴笛致意。」其實，C 輪之所以貼近岸邊通過，亦同時想要博取該船出身自島上的飯店部領班的驚喜，雖領班未曾要求郵船貼近通過。另從紀錄顯示，在 2011 年 8 月，G 港所在地的市長亦曾特別讚許船長演出貼近岸邊航行爲難以置信的奇觀（Incredible spectacle）：「當我們從島上看到點滿著燈光的郵輪通過島嶼，眞是非常美好的景色！」但這一次眞的錯了。毫無疑問地，這是一個典型的自滿案例，船長純爲博取同僚的私誼，以及小島市民的讚許，無視淺水風險擅自違規變更航路，導致船毀人亡的災難。

6. 事故分析：

6.1 質疑：

① C 輪爲何會撞上離 G 島那麼近的礁岩？（Why did it hit a reef so close to the Tuscan island of Giglio?）

② 是否因爲動力故障造成船員失去控制力？（Did a power failure cause the crew to lose control?）

③ 調查中被控過失殺人（Manslaughter）的船長是否蓄意將船駛向錯誤方向？（Did the captain — under investigation on manslaughter allegations — steer it in the wrong direction on purpose?）

④ 爲什麼船員直到船舶危險地傾斜至一側之前，都未告知旅客他們處於危險中？（And why did crew members tell passengers they weren't in danger until the boat was listing perilously to the side?）

6.2 船長失職部分：

　　相關各方咸信失事原因爲船長個人的人爲疏失。因爲郵輪公司

在事故後出面澄清，偏離正常航道是船長自己的決定。儘管小島周邊並不表示水深必然不夠，但船長為何不顧危險，把噸位如此龐大的郵輪，開到距離小島岸邊只有 300 公尺的海域？義大利媒體報導指稱，該船長直至出事前，還在船上的吧台飲酒作樂。

此外，荒唐的船長在事發後，始終堅稱自己在郵輪上停留到乘客疏散才撤離。但從他和海岸防衛隊官員的通話內容顯示，船長不但在所有乘客離開郵輪之前就已離船，而且不顧防衛隊官員一再要求他返回船上救人的指令，找了百般理由拒不從命，竟在事後矢口全然否認。

通話錄音顯示，海岸防衛隊官員法柯（G.Falco）透過無線電對船長怒吼：「你給我回到船上去，然後告訴我還有多少人在船上。聽到沒有？」下達命令後，法柯再次強調「這是命令，別找藉口！」船長最後雖然屈服於命令同意照辦，但終究還是沒有重返郵輪協助乘客疏散。

義大利檢方事後藉由船長和海岸防衛隊的通話內容，戳破他的謊言，認定他在所有乘客獲救前就已棄船逃生，而將他聲押，並控以多重殺人罪，但他矢口否認。對於檢方的指控，船長被收押後還透過辯護律師為自己辯解說：「當時船隻已經傾側 90° 你可以試試看，如果沒有直升機，是否能回到已經傾側 90° 的船隻上？」從海上救難的角度來看，船長似乎忘了其負有船舶最終安全責任的固有職責，因為即使無法登輪，仍應留在現場協助救難與善後，究竟船長是最了解該船的人。

6.3 法理上，C 輪船長為博取船上昔日同僚的驚喜，以及為贏得當地

市長與居民的讚許，偏離既定航線貼近岸邊冒險演出 "Sail past" 秀，已構成「明知不可行卻確信其可行」的「故意過失」行為。此風不可長，猶記得 2019 年國內推出郵輪跳島之旅，某離島縣長透過行政管道要求郵輪變更既有錨泊地點，讓郵輪更近岸邊以便市民與遊客可以觀賞，但遭郵輪船長以水深不足，錨地底質不佳為由拒絕。可見郵輪船長應堅持安全為要的考量。

7. **心得分享：**

7.1 從船舶運作正常的狀況來看，船長與駕駛台團隊的自滿（Complacency）顯然是造成此次海難的主因。自滿的定義為對自己的成就沾沾自喜（Smugness）及自我滿足（Self-satisfaction），顯然含有誹謗的意涵。然而在工作上的自滿乃是人類自然反應的神態，它可以影響任何一個對於例行工作或重複性工作過於熟悉的人，以致讓人失去注意力，終致引發災難。本案船長就是自恃川航該航程多次皆平安無事，於是無視接近岸邊航行的潛在風險。必須強調的是，自滿並非是對個人的批評，但可怕的是一般人絕對不會承認自己有任何自滿的傾向。

7.2 分心（Distraction）是當前海上事故發生的主因之一。航行當值本是嚴肅的專業勤務，當值者一旦分心旁務，勢必影響正在執行中的當值作業品質。如本案郵輪貼近岸邊航行的當下，船長只顧著與老同事講電話，駕駛台團隊成員則分心凝視岸邊的夜景，並陷入自身大膽高超的航行技藝的迷惘中，當然毫無情境警覺可言。

7.3 觸礁前，C 輪仍以較快的航速趨近岸邊，如果船長及早至駕駛台接手操船，仍可修正危險航路（Dangerous route），可見船長的

航行習慣並不良好。再者，調查報告指出船長因未戴近視眼鏡致無法完全判讀雷達。似此，不夠謹慎的態度明顯犯有未充分利用圖資與不當使用系統航儀，如電子海圖的比例尺與雷達的距程設定不當等缺失。

7.4 在緊急情況下，為協助有特殊需求的旅客，需要有足夠受過特殊訓練且持有書面證明的船員，以協助特殊需要的旅客撤退。事實上，在客船上工作的人員並非全屬船員（Seafarers），如客房服務生即是，而這些人員雖勿庸接受 STCW 規定的訓練，但是 IMO 採行的 STCW 1997 年修正案第 VI 章，已適用於在客船上緊急狀況下被指派為協助旅客的人員，特別是客房部人員。所以新規定應被解讀為，在客船上負有特殊任務者都須接受特殊訓練。緊急時，每間客房至少要指定兩名船員協助特殊需要的旅客撤退，所謂特殊需要的旅客（Passengers with special needs）包括老人、行動不便及攜帶幼兒的家庭。法規上，客船應持有證明載明其可搭載多少名特殊需求旅客的名額。

7.5 郵輪遇有棄船情況可採渡輪接駁方式，以降低救生艇來回載運遇難人員的頻率與風險。

7.6 棄船行動進行與完成時，應確實清點滯船人數與已獲救人數。

7.7 事實上，第一次觸礁當時，旅客正在用餐大廳用餐與看秀，突然一聲砰然大響，船員發出的最先通告是電力故障（Electrical failure）。稍後，船體開始先向右舷傾斜約 20°，客房部領班告知旅客沒有問題，而且損壞情況是在控制下，期以降低旅客的驚慌。

7.8 海事善後或救難過程中，非經指派專責人員切勿擅自對媒體發言，務必要指定單一對外聯絡窗口。

7.9 原則上，棄船後切勿急於跳入海中。本案有 3 人在跳海後溺斃，另有 7 人嚴重受傷。另外，因爲郵輪仍有速度船員不願立即放下救生艇，遭遇旅客投訴。事實上，在當時環境下延遲有時是合理的，因爲當船舶仍有速度的情況下，放下小艇是非常危險的。

案例 5.3 霧中碰撞導致船舶沉沒

1. **事故種類**：未依照避碰協議讓船
2. **案例概述**：

　　某重載散裝船 A 輪，在能見度極度不良情況下，以艏向 022° 航行。駕駛台有船長與大副，以及一名舵工。因視線不佳故而主機備便，船速從 13 節降至 11 節。駕駛台團隊從雷達上測知 B 輪在幾近相反航向上，距離約 6 浬，以 6 節船速趨近。船長下令將航向自 022° 轉至 050°，此時與 B 輪距離 3 浬，CPA 僅有 490 公尺。就當船艏轉至 050° 時，船長下令「穩舵」。此時大副利用 VHF 呼叫 B 輪，儘管聯絡有語言障礙以及不明確的陳述，但仍達成以「左舷對左舷通過」的協議。

　　稍後，A 輪船長命令航向朝右轉至 060°。幾分鐘後，B 輪開始向左轉向，而非如同先前兩船所協議「左舷對左舷通過」必須向右轉。A 輪船長下令轉向 070° 隨即 080°。不久之後，看到綠燈在前方，隨即感受到一個撞擊的震動將主機停止並鳴放警報（參閱圖 5.27）。

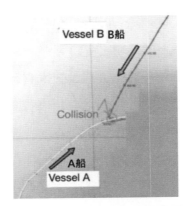

圖 5.27　兩船趨近航跡示意圖

　　兩船脫開後，B 輪隨即沉沒，A 輪則是前尖艙進水。由於事故離岸甚近，海岸防衛隊隨即對棄船後搭乘救生筏的 B 輪船員提供協助。

3. **心得分享：**

① 依據國際海上避碰規則第十九條規定，在能見度受限制情況下，除對被追越船外，應避免對正橫前方之船舶朝左轉向。顯然 B 輪未遵守先前「各自朝右轉向，左舷對左舷通過」的避讓協議是造成事故主因。

② 當與其他船舶協議會船安排時，務必使用明確清楚的語言詞彙溝通，特別是在能見度受限制的情況下。

③ 一旦決定利用轉向以避免碰撞時，應採取明確的大幅度轉向，而非採持續且小角度的轉向。唯有如此，才能讓他船駕駛台團隊容易由雷達或目視明確看出本船的運動態勢。

案例 5.4 渡輪觸礁沉沒

1. 事故種類：瞭望不足

2. 案例概述：

　　2006 年 3 月 21 日 20：00 時，加拿大籍汽車渡輪（Passenger and vehicle ferry）"Queen of the North（以下簡稱 Q 輪）"，離開加拿大的 Prince Rupert（以下簡稱 R 港）開往 Port Hardy（以下簡稱 H 港），船上載有 59 名旅客與 42 名船員。

　　Q 輪總噸位 8,889，船長 125 公尺，吃水 5.25 公尺。事故發生當晚天氣清爽視線良好，風力 4～6 節（Light breeze）。

　　就在從格倫維爾水道（Grenville Channel）進入萊特灣（Wright Sound）後，約在 3 月 21 日 00：21 時，Q 輪撞上 Gil Island 東北側的礁石。Q 輪船殼遭受嚴重損壞，喪失推進動力，旅客與船員在 Q 輪沉沒前棄船。棄船後造成兩名旅客下落不明（unaccounted for），後經證實已遇難（參閱圖 5.28）。

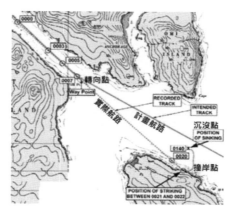

圖 5.28　Q 輪航行軌跡示意圖

3. 事故陳述：

　　2006 年 3 月 21 日 17：00 時 Q 輪抵 R 港，在卸下旅客與汽車後，船員即準備航往 H 港。20：00 時，Q 輪完成旅客與汽車登船作業，離開港口後航行在由 VTS 管控的半掩蔽沿岸水域（Semi-protected VTS coastal waters），也就是格倫維爾水道與萊特灣，預定 3 月 22 日 13：00 時抵達 H 港。

　　駕駛台團隊包括船長、二副、舵工 1、與舵工 2。舵工 2 主要在駕駛台協助舵工 1，因為舵工 1 不熟悉操舵系統（Steering system），為確保在水道的航行安全特請求舵工 2 協助。除了操舵時間外，舵工 1 必須擔任駕駛台的瞭望職務。

　　開船後，四副（Fourth officer, 4/O）來到駕駛台。舵工 1 以手操舵（Hand-steering）操縱渡輪朝南航行。當 Q 輪趨近 Ridley Island，主機解除備便（Standby）但仍保持手操舵。

　　20：50 時，舵工 2 接替舵工 1 值班。

　　21：00 時，船長將船舶操控權（Con）交給二副，並繕寫夜令簿（Night orders），同時交代二副，趨近 Stella Creek 海灣時，如果發現有其他船舶接近時要叫他。船長隨即離開駕駛台。

　　22：00～23：50 時，由二副值班，四副離開駕駛台用餐。舵工 1 於 23：50 時接替舵工 2。此時 Q 輪採自動舵航行，航向 139°（T），以 17.5 對的速度航行於格倫維爾水道，主機由駕駛台操控。

　　在午夜前，四副回到駕駛台，二副告訴他只有前方一艘往南航行的船舶外，沒有其他船。這艘往南航行的船舶經確認是一艘漁船，船名 "Lone Star（以下簡稱 L 船）"，位於左船艏 4.4 浬處，船速 5.9 節。

四副接班後成爲當値駕駛員（Officer Of the Watch, OOW），二副同時告訴他從右船艄來的陣風偶達 30 節。二副隨即下班離開駕駛台。四副接著就與舵工 1 閒聊。

23：59 時，航向朝左調整 4°，以便保持船位在既定航路上。四副利用電子海圖系統（Electronic chart system）決定抵達下一個報告點（Calling-in point）的預定時間，並調整電子海圖螢幕的亮度，以免光害影響目視瞭望（Visual lookout）。

00：02：34 時，在轉向下一個轉向點之前 1.3 浬，四副利用無線電話向魯伯特太子港交通管制中心（Prince Rupert Traffic）報告其已趨近聖蒂岬（Sainty Point），下一個航向 118°（T）。這一個無線電通話時間約 40 秒，管制台依稀可聽到駕駛台的音樂聲。四副記錄通話時間後，隨即再與舵工聊天。約在此時，Q 輪遭遇一陣狂風暴雨（a squall of heavy winds and rain），能見度降低。另一方面，L 船已經通過聖蒂岬，正繞著船夫岬（Waterman Point）向東航駛企圖到承諾島（Promise Island）的後方躲避惡劣海況。

00：05 時，L 船位於 Q 輪左前方 22°，距離 2.8 浬。在雷達幕上再也看不到 L 船，因此雷達顯示「目標喪失」（target-lost）。四副也未企圖想與 L 船建立聯絡。

00：07 時，通過聖蒂岬進入萊特灣。船速 17.5 節，距離下一個轉向點 "Point Cumming light 燈塔" 還要行駛 27 分鐘。事實上，當 Q 輪駛入萊特灣後，四副與舵工各自坐在雷達旁與操舵台旁的椅子上，聽著音樂繼續聊天持續約 12 分鐘。

就在 L 船繞過船夫岬向北往布洛迪岬（Brodie Point）航行後不久，暴風雨通過，視線也變好了（參閱圖 5.29）。

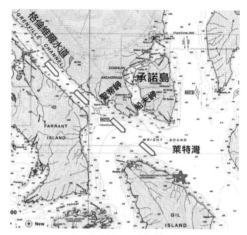

圖 5.29　Q 輪航行軌跡與相對地標示意圖

　　00：20 時，Q 輪已超過下一個轉向點 13 分鐘。此時能見度已改善，四副觀看窗外與雷達後，下令轉向至 109°（T）。舵工 1 提出質疑：「是 109°（T）嗎？」四副回答：「沒錯。」就當舵工 1 準備轉向時，抬頭一望竟然看到右船艏方向有樹木在。四副同時亦看到樹木，並走到操舵台後，命令舵工 1 轉手操舵。但如前所述，舵工 1 並不熟悉操舵台的控制轉換開關，因而有所延遲。稍後採取緊急朝左轉向，但是仍然撞上島嶼。

　　00：21：20 時，撞上 Gil Island，船位 53°19.2'N，129°14.3'W。舵工 1 隨即離開駕駛台籲請船長。Q 輪撞上小島後，持續以緩慢的速度沿著岸邊向前滑行擦撞一陣子，之後往北方向漂流而去。

　　撞上小島之後，人在船員休憩室的二副立即衝上駕駛台，途中遇上離開駕駛台呼叫船長的舵工 1。二副從右舷雷達螢幕上看到小島，

立即將主機節流閥（油門）控制桿（Throttle control）自「前速前進」拉至「全速後退」，但是船體並沒有回應。

在通用警報（general alarm）鳴放後，船長亦抵達駕駛台。隨即命令關閉所有水密門。

事實上，此時大量海水已經由船殼破裂處快速進入船體內，舭水幫浦（Bilge pump）根本來不及排水。當值輪機員立即關閉位於機艙與輔機艙之間的水密門，並告訴駕駛台機艙人員撤離。而位於第 55 號肋骨（Frame 55）的水密門，是介於機艙與工作間之間，因為堆積大量廢棄物造成堵塞，以致眼看海水從兩舷灌進時卻無法關閉。

大副也是在睡覺中驚醒衝上駕駛台，並立即打電話到機艙，但無人接電話。

大副向船長報告後隨即帶著對講機衝到機艙，當他走到位於船舯近第 100 號肋骨處的第 4 層甲板，發現第 3 層汽車甲板已全部浸水。此時 Q 輪微向右傾，船艏微翹高。另一方面，二副與四副衝至船艏甲板（Foredeck）拋下雙錨。二副隨即在衝下第 5、4、3 層甲板呼叫並尋找有無人員還未撤離，同時評估艙內浸水的狀況。

00：26 時，Q 輪報告魯伯特太子港交通管制中心該輪擱淺並需要立即協助（the vessel was aground and required immediate assistance）。

00：27 時，魯伯特太子港海岸防衛隊（Prince Rupert Coast Guard）以 VHF 無線電第 16 頻道轉播 Q 輪海難求救信文（Mayday Relay）：「Q 輪位於格倫維爾水道『聖蒂岬』的南方擱淺，船體浸水且嚴重傾斜。」

00：38 時，Q 輪報告魯伯特太子港交通控制中心該輪水密門已

關閉。

　　01：40 時，Q 輪在宣布棄船後，以船艉朝下的態勢沉入水深 430 公尺的海底，在船艉觸底後繼而船艏，最後整艘船體平正地坐底在海床上，船殼被埋入深度約有 9 公尺的淤泥（Silt）中，船位 53°19.9'N，129°14.7'W。

4. 事故調查：

① 從事故調查報告得知，及至撞船之前，Q 輪的主機與航海儀器都運作正常。但在 2007 年 4 月底，渡輪公司報告調查機關（TSB）聲稱，觸礁當時 Q 輪駕駛台可能只有舵工 1 一人在駕駛台。調查機關遂對此新事證進行澈底調查，確認撞船當時是否真的只有舵工 1 一人在駕駛台。此包括重新審閱各相關當事人的海事報告與調查筆錄，再次約詢各當事人。不知道渡輪公司如此自訴的企圖為何？筆者合理懷疑船東企圖將事故原因導向「航行疏失」，並藉以達致免責的法律條件。

② 如不考慮前項，撞船當時究竟是誰在操舵？調查機關無法確認究竟是舵工 1 使用自動舵轉向，還是四副自己動手轉換成手操舵？無論如何，從電子海圖（ECS）顯示得知，在 00：20：50 時，Q 輪的對地航向（Course over ground, COG）是開始向左轉向的。

③ 00：23～00：27 時，Q 輪向魯伯特太子港交通管制中心報告之經緯度，以及船上有 101 人是不正確的。可能事發當時情況混亂所致，但載客渡輪類同客船，確實掌握船上人數是有效安全管理的最基本要務，尤其駕駛台的備忘板上應該都會記載船上旅客人數，可見 Q 輪管理鬆散。

④ 調查證實，就在轉向點之前，當值駕駛員的例行作業在同一時間
被幾件事情打斷，包括：

　　a. 與舵工聊天。

　　b. 快速移動的風暴（rapidly moving squall），造成能見度降低。

　　c. 顯示目標消失（loss of target）的視覺警報失能。

　　除了上述因素外，當值駕駛員很可能在記錄無線電通訊（logging
the radio communication）與下令改變航向之間的某一時間點分心
了。

⑤ 船員在撤離前無法充分確認船殼損壞的程度（fully ascertain the
extent of damage）。

5. **心得分享：**

① 駕駛台團隊未遵守安全航行應遵守的基本原則（basic principles of
safe navigation），包括：

　　a. 經常繪圖定位以決定船位（frequent plotting to determine the
vessel's position）。

　　b. 當視線變差時應籲請資深船副或船長至駕駛台（calling the
senior OOW or the Master to the bridge when visibility became
reduced）。

　　c. 保持有效瞭望（maintaining an effective lookout）。

　　d. 未鎖定（緊盯）及識別顯著岬角上的當地航行燈塔（locating and
identifying the local navigational lights at prominent headlands）。

　　e. 用目視經由雷達與電子海圖監督船舶進程（monitoring the
vessel's progress visually, via radar and with the ECS）。也就是

不能單憑電子海圖所顯示的圖資航行，而須配合雷達的定位核
對，以確保安全。

② 眾所周知，幾乎所有事故都包含許多因素，包括此一事件。當
值駕駛員顯然在其轉向前有幾分鐘心智的喪失（suffered a mental
slip a few minutes before he was to alter course）。當然此不一定是
致命的線索，然而這悲劇的結果可歸諸於欠缺航海紀律（lack of
navigational discipline）。

③ 儘管當前船東或船廠基於人道考量，駕駛台都會設有人體工學設
計的座椅。其實這與船東要求航行首重安全的理念是相互矛盾
的，因為許多事故已說明了椅子絕對不是當值駕駛員的最好朋友
（many accidents have illustrated that the chair is not an OOW's best
friend）。試想漫漫黑夜下，一個人在冷氣房坐在高級人體工學皮
椅上，聽著醉人的音樂，想不睡著有多困難。相信每一位駕駛員
都有在值班當中與睡神對抗的經驗，即使站著瞌睡，駕駛台玻璃
窗都快被頭敲破了，使力要睜開眼皮有多難啊！何況前述舒適的
環境。不容否認的，現行實務讓當值駕駛員在港期間有忙不完的
船務與雜務，也相對壓縮了駕駛員應有的休息時間，但總要自我
調適找時間休息，究竟航行當值才是航行員的最核心職務。

案例 5.5 散裝船偏離計畫航線擱淺漏油

1. **事故種類**：觸礁船體折斷造成油汙染
2. **案例概述**：

2020 年 7 月 25 日 16：00 時，巴拿馬籍散裝船 "Wakashio（以下簡稱 W 輪）"，在印度洋海島國家模里西斯南部德斯尼海灘（Pointe d'Esny）和藍色海灣公園外海的珊瑚礁擱淺，進而船體折斷，並導致燃油外洩。模里西斯政府啟動「環境緊急狀態」（State of environmental emergency）因應（參閱圖 5.30）。

圖 5.30　事故發生相關地理位置示意圖

事故當時，駕駛台有船長、大副以及輪機長，但直至察覺到船舶停止前進，才知道船舶擱淺。事故後，即使大部分燃油在船體折斷前被海難救助公司抽出，但仍有約 1,000 公噸（MT）的燃油外洩，故而模國科學家聲稱，此次油汙染造成最嚴重的國家生態浩劫（Ecological disaster），不僅毒害野生生物，更波及到吸引全球觀光客慕名而來的完全未受汙染的海水（Pristine water）。事故後兩週，模國政府宣布國家進入緊急狀態（National emergency）。

W 輪擱淺所在地藍色海灣公園珊瑚礁區，其與沿岸的紅樹林早被列入國際濕地拉薩母公約（Ramsar Convention on Wetlands）的保護區。其所貢獻的旅遊觀光收入為模國經濟主要來源，單是 2019 年的觀光相關收入就高達 15 億美元（參閱圖 5.31、5.32）。

圖 5.31　紅樹林遭受油汙染情形

圖 5.32　汙油汙水回收情形

模國民眾對於政府未能有效處理油汙染事故紛紛上街抗爭，甚至要求總理 Pravind Kumar Jugnauth 下台。總理否認有任何責任，反而鎮壓當地媒體不得再傳播相關報導，更引起民眾激烈的反彈（參閱圖 5.33）。

模國總理於 8 月 7 日聲稱國家進入「環境緊急狀態」（State of environmental emergency），並請求法國提供協助。法國總統馬克宏立即從其海外省留尼旺島調動軍民設施與人員，一同參與善後作業。

圖 5.33　首都路易士港的遊行抗議民眾

日本方面亦派出 6 人專家小組前往協助油汙清除作業，當地志工紛紛投入海岸防油汙作業。

　　2020 年 8 月，W 輪所屬的日本東互保協會（Japan P&I），指定 "Polyeco SA" 與 "Le Floch Depollution" 兩家公司進行海岸油汙清除作業。直至 2020 年 11 月初旬，才將模國沿岸的海面油汙清除完畢。海岸線的油汙染清除作業，總共動員 370 名人力費時 5 個月，計回收 1,300 立方公尺的液態油汙廢棄物，與 7,900 立方公尺的固態油汙染廢棄物。

3. 事故陳述：

　　W 輪船東爲日本長崎汽船株式會社（Nagasaki Shipping），租船人爲日本大阪三井商船（Mitsui O.S.K.，以下簡稱 MOL），於 2007 年 3 月下水，同年 5 月交船，船長 299.95 公尺，船寬 50 公尺，載重噸位 200,000 噸，海上服務速度 14.5 節的海岬型散裝船（Capesize bulker），船體構造爲雙重船殼（Double-hulled）。W 輪於 7 月 4 日在中國連雲港卸完貨後，空船欲經由印度洋前往巴西的 Tubarao 港裝

載鐵礦砂，途中曾在新加坡進行補給。船員 20 名無人受傷。W 輪於當年 3 月才通過 NK 船級協會的年檢（Annual inspection）。

　　W 輪於 7 月 25 日擱淺在珊瑚礁當時並未立即漏油，直至 8 月 6 日才開始漏油外洩。模國主管機關爲控制油汙染規模並減小影響，隔離沿岸環境敏感區域（Environmentally sensitive areas），以等候來自國外的專家，協助將船上殘存的 3,890 公噸低含硫燃油（Very low-sulphur fuel oil）與 200 公噸的柴油（DO）抽出（參閱圖 5.34、5.35）。

圖 5.34　W 輪造成的油汙染狀況

圖 5.35　W 輪船體折斷以及油汙染狀況

　　至 8 月 10 日止，估計約有 1,000 公噸燃油外洩，船上殘存燃油估計在 2,500～3,000 公噸之間。由於當地吹起大風（High wind），浪高 5 公尺，以致影響殘油回收作業。此時船殼已可見到裂痕，模國政府擔憂船體會折成兩段（Break in two）。其實，8 月 6 日從芬蘭的衛星 "Iceye" 傳回的相片顯示出油汙染面積已達 3.3 平方公里，8 月 11 日已增加到 27 平方公里。

　　8 月 11 日，「印度油品模里西斯公司」（Indian Oil Mauritius）開始從斷裂的 W 輪船體中，抽出殘油至容量可達 1,000 公噸的油駁（Barge "Tresta Star"）上。駁船再將回收的汙油送回首都路易斯港（Port Louis）處理。

　　8 月 14 日，回收殘留船上的潤滑油約 100 公噸。為防止油汙染擴散至岸邊，已經在船體四周拉起攔油帶（Oil fence），並拋放吸油布。

　　8 月 15 日，船體折斷，船上仍留有 166 公噸燃油。但浪高 4.5 公尺影響清理作業。船體折斷後，船舶前半段被拖至印度洋公海深水處，並於 8 月 24 日鑿沉（Scuttled）。船艉後半段依舊處於擱淺狀態，持續進行回收作業（Recovery operations）。

　　8 月 31 日，一艘在沉沒殘骸上作業中的拖船 "Sir Gaëtan Duval" 因海況惡劣與一艘駁船碰撞後沉沒，造成 8 名船員中的 3 名船員死亡，1 名失蹤。同年 10 月，仍舊擱淺在珊瑚礁上的後半段船體，其救助合約被轉授予中國連雲港大力水下工程（Dali Underwater Engineering）公司接手拆解（Deconstruction）。

4. 事故原因：

① 事故發生前兩天（7 月 23 日），W 輪變更航行計畫，將距離模里西斯島岸 22 浬，改為距離 5 浬通過。7 月 25 日擱淺當天，更企圖將離岸 5 浬改為 2 浬，以便進入船員手機可以收到訊號的區域內，當值駕駛員並使用小比例尺的紙本海圖判定離岸距離與水深。

此外，當 W 輪決定離岸 2 浬航行時，當值駕駛員還是未能遵行適當的航行當值規定，包括目視瞭望與使用雷達定位。結果造成 W 輪擱淺在離岸 0.9 浬的 10 公尺等深線內的淺水區。其實，即使遵守原航向也只離岸 10 浬，大洋何其寬，為何要如此接近岸邊？船長於事後承認，他改變航向沿著岸邊航行是為方便其船員可以使用手機，經由通訊應用程式 WhatsApp 與家人連絡，因為 COVID-19 疫情氾濫使得他的船員自 2020 年 1 月上船後就未被更換休假（參閱圖 5.36）。

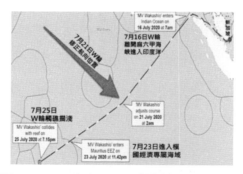

圖 5.36　W 輪偏離原計畫航向的原因成謎

② 此次事故發生前，W 輪事實上已有多次貼近他處沿岸航行的紀錄，但很幸運地都未發生事故。此種不安全的作為（Unsafe

behaviors）或許是因爲船員的自滿造成的過度自信（due to overconfidence that stems from complacency）。對運航人而言，大型船舶的類似行爲反映出船員欠缺安全警覺性（lack of safety awareness），因爲 W 輪所採航線已偏離多數船舶的合理航線甚遠（參閱圖 5.37）。

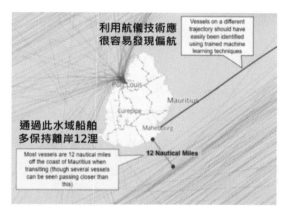

圖 5.37　W 輪航跡明顯偏離大多數船舶的通常航路

　　可以確定的是，隱藏在此等原因之後的眞正意涵，是船員欠缺以安全警覺的態度，以及未確實遵守安全航行的準則，因爲 W 輪既未擬定可以確保適當執行的航行計畫，亦未準備與使用正確比例尺的海圖，而且忽略了利用目視與雷達的航行當值。

③ 事故發生前，模國海岸巡防隊從雷達發現 W 輪航向危險，多次企圖建立聯絡未果，可見當值駕駛員與駕駛台團隊未確實守聽無線電話，甚至完全未注視窗外情境，因爲離岸 5 浬應可看見岸上燈光。

5. 矯正措施：

事故後，W 輪租船人也是運航人（MOL）投資五億日圓擬定下列措施，企圖防止可能原因（Probable causes）的再發生：

① 當事故仍在進行調查的同時，為防範類似事故的再發生，租船人依據事故發生的可能原因啟動安全作業，包括第一線的海員、陸上支援系統、公司管理階層，乃至船舶管理公司，期以進一步改善供應鏈的全面性安全水平。

② 租船人為防事故再發生，特別在所有屬輪駕駛台上架設監視相機（Monitoring cameras）與高速聯絡系統（Communication systems）。該公司亦明訂禁止在駕駛台值班時間使用手機，並加強訓練（beef up training）。

③ 改善安全警覺性不足（lack of safety awareness）的因應：

a. 藉由通報傳達警示：確定公司的屬輪與租傭船舶的船上人員知悉相關事故的原因，以及澈底執行防止事故再發生的措施。

b. 舉辦安全活動（與船員對話）：針對屬輪船上的船員舉辦線上對話，以積極的態度交換有關安全文化的意見（to exchange opinions about safety culture in a proactive manner）。

c. 對執行航行當值的船員進行安全警覺性的考查（conduct a safety awareness survey for crewmembers on navigation watch duties）：此主要針對船員的作業進行實情調查（Fact-finding），並依據調查結果採取必須的措施（take necessary measures based on the results）。

④ 從岸上端強化支持系統（strengthen support system from shore

side）：改善當值人員的技巧，並檢討作業程序，如強化航線選擇與監督船舶運動的技巧。

6. **心得分享：**

① 菲籍或外籍船員在海上遇有重大節日，或為同仁慶生舉辦餐會，是海運界熟知也會通融的情境，而類此得意忘形漏接來自岸方警告，或當值者過度投入歡樂情境，致衍生海難事故的案例過往亦所在多有。因此做為船上管理級幹部，遇有船員習俗上的重大節日，務必提高警覺防範當值人員警覺性鬆弛。

② 受疫情影響船員無法依照合約離船，思鄉之情可以理解，但刻意將船駛近水文資訊不明的岸邊，讓無線網路收訊強度提升的作法實不應為。

③ 事故後，印度籍 58 歲船長 Nandeshwar 與船副於 8 月 18 日以航行疏失（Negligence in operating the vessel）嫌疑罪名被逮捕，並扣押關在模國首都惡名昭彰的 Alcatraz 監獄，法院以具有被判重刑棄保脫逃的風險而拒絕保釋（On bail）直至審判結束為止。船長是在 W 輪擱淺後，經過檢疫隔離兩週後，才於 8 月 18 日被以違反聯合國海洋法公約（UNCLOS）的無害通過（Innocent passage）與模國的海盜法（Piracy laws）的規定起訴並逮捕的。船長被起訴後，宣稱大副在事故當時為當值駕駛員，故而應為船舶擱淺負起責任，此一說法更讓法官認定船長有棄保脫逃的風險。尤其船長在模國沒有家屬，而且要面對最少 5 年的刑期，以及約 738,000 美元的罰款。不可思議的，船長竟採取明顯背離國際公約與海商法令旨意的主張。因為即使大副在操控船舶，並不表示可以免除

船長確保船舶安全與保全，特別是防範任何事故（發生）的責任（even if the Chief /Mate was in control of the ship, this does not in any way relieve the captain of his responsibility to ensure the safety and security of the ship, especially in terms of preventing any accident）。

④ 一連串由船舶運航衍生的油汙染事故，除了環保團體外，許多知名海運評論家與期刊，亦都呼籲各海運利益關係方應深自反省（Self-reflection），並支持提高海運業承擔更高的災難因應與善後清理的財政責任（Financial responsibility）。

⑤ 雖事故後有各種不同評論，例如當時的海況不佳（Adverse weather conditions），但從航海專業來看，氣象預報的暴風（Storm），距離事故點有 1,000 浬之遙，根本不會對正常航行產生影響。至於 W 輪的空船狀態，只要離岸夠遠也不致於被湧浪打到岸邊。其實，最為關鍵的還是駕駛台團隊的瞭望不足，因為 25 日傍晚模國海岸巡防隊耗費將近 1 小時時間，企圖利用 VHF 無線電話警告船長其航向正朝向危險海域行進，但未得到任何回應。

第六章 其他類型事故

6.1 案例解析

案例 6.1 散裝船過度依賴電子航儀導致擱淺

1. **事故種類**：擱淺
2. **案例概述**：

　　2016 年 12 月 3 日清晨，雜貨船 "Muros（以下簡稱 M 輪）" 裝載肥料欲從英國的 Teesport 航往法國的 Rochefort，擱淺在英格蘭諾福克東北岸外海 8 浬的 Haisborough Sand 淺灘（Shoal）上。這淺灘長約 10 浬，寬約 1 浬，與諾福克（Norfolk）東北岸平行（參閱圖 6.1、6.2、6.3）。

圖 6.1　M 輪外觀

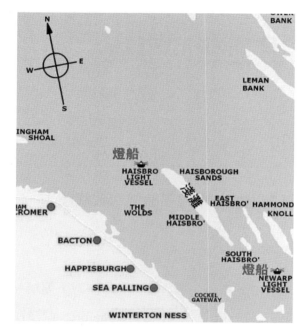

圖 6.2　電子海圖上的 Haisborough Sand 淺灘

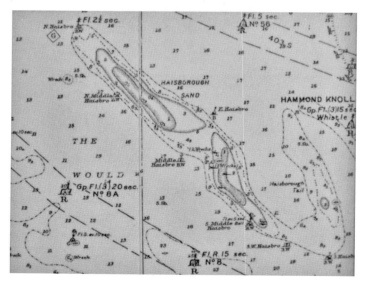

圖 6.3　紙本海圖上的 Haisborough Sand 淺灘

　　M 輪擱淺後，曾企圖自行脫淺（Refloated），但未成功，直至 6 天後才在拖船的協助下脫困，並被拖往鹿特丹修理。

　　M 輪於 2007 年由西班牙 Guernica 船廠建造，船東為西班牙的 Navieta Marueta 公司，總噸位 2,998，載重噸位 4,489 噸，船長 90 公尺，船寬 14.4 公尺，最深吃水 4.5 公尺。

3. **事故陳述與時間軸：**

　　本案事故雖發生在夜間，但是能見度良好。東南風，風力 6～15 節。當時 M 輪駕駛台由船長負責航行當值，同時有一位水手長與甲板見習生。M 輪駕駛台的電子航行儀器包括 ECDIS、雷達，以及駕駛台航行當值警報系統（Bridge navigational watch alarm system, BNWAS）【註】，都能正常運轉。只是測深機（Echo sounder）在離開 Teesport 後就關機了。M 輪的航行當值警報系統，其警報間隔設定在 3 分鐘。

【註】

　　駕駛台航行當值警報系統（BNWAS）是一個當駕駛台當值駕駛員打瞌睡，或陷入其他失能，或離開駕駛台時間過長時，能發出警報聲響的自動系統。

　　23：50 時，二副抵達駕駛台接班。另一幹練水手同時換班接手瞭望。M 輪是依據 ECDIS 上所顯示的計畫航路航行，採用自動舵（Autopilot steering）航行，航向設定 146°，船速 11.2 節（參閱圖 6.4）。

圖 6.4　M 輪航跡圖

　　在換班時，船長指示二副修正航行計畫，從原本計畫要經過 North Hinder Junction 的航路，改成航走 Sunk 分道航行計畫區（Sunk traffic separation scheme）。

　　00：10 時，船長、水手長與甲板實習生離開駕駛台。二副在駕駛台右側的操控位置（Conning position）的 ECDIS 修正航行計畫（參閱圖 6.5）。

　　00：25 時，為遵循修正過的航路，二副在自動操舵儀上調整艏向設定為 140°（參閱圖 6.6）。二副隨即回坐到位於右舷的椅子上。瞭望員本來立於駕駛台左舷，亦改在左舷的椅子坐下來。瞭望員一如常規地重新設定（Reset）航行當值警報器。約略 1 小時 30 分鐘期間，附近只有幾艘船舶通過，所以駕駛台當值非常平靜。

圖 6.5 M 輪駕駛台航儀配置

圖 6.6 M 輪航行於修正過的航路

　　02：08 時，當二副調整航向至 146°，M 輪對準 "Happisburgh" 轉向點（Waypoint），朝向 "Haisborough Sand" 淺灘的南側，位於修正過航路東北方 600 公尺，船速 10.1 節（參閱圖 6.7）。

圖 6.7　M 輪趨近淺灘區

　　02：20 時，二副注意到 ECDIS 上所顯示的船速降至 9.1 節。但由於天候海況都沒有變化，二副覺得船速下降不尋常（參閱圖6.8）。

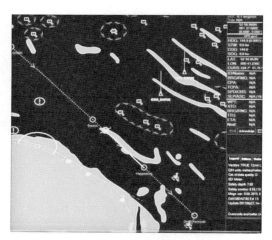

圖 6.8　M 輪進入淺灘區船速下降

　　02：48 時，二副感覺到船體的運動有點異樣，而且船速急速下降。為此，二副隨即改成手操舵（Manual steering），並報告船長船

速降到 0.8 節，她不知道原因為何。船長請其通知輪機長（參閱圖
6.9）。

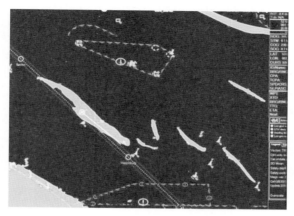

圖 6.9 M 輪船速降至 0.8 節

船長與輪機長於 1 分鐘內衝上駕駛台。此時二副放大 ECDIS 螢
幕顯示器，查看詳細的深度資料（參閱圖 6.10）。此時船速已降至

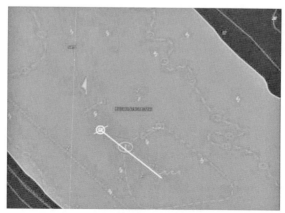

圖 6.10 M 輪擱淺位置示意圖

零，此時船長查覺到 M 輪已經擱淺，立即將主機俥鐘搖至「停俥」位置。2～3 分鐘後，其他船員陸續進入駕駛台，二副開始進行船舶擱淺核查表（Grounding checklist）的填寫。

由於 M 輪的通用警報（General alarm）並未作動鳴放，甲板實習生仍在房間睡覺。大副迅即離開駕駛台，開始檢查各艙、櫃是否進水，輪機長則負責檢查機艙。

很幸運的，船體未進水亦未見損壞，船長企圖藉由俥、舵的結合運用進行脫淺操作。M 輪開始朝船艉方向移動，但在 03：30 時，M 輪以艏向 190° 的方向牢固地擱淺在淺灘上。船長查閱潮汐資料得知低潮時間為 03：50 時，於此同時，大副以鉛錘測深法對船舶四周進行測深。

03：57 時，船長以 VHF 無線電話第 16 頻道呼叫 "Humber" 海岸防衛隊，告知 M 輪擱淺但無海水汙染。

船長企圖利用 09：30 時的高潮時機再度嘗試進行脫淺（Refloat the vessel）。但徒勞無功，因此 M 輪的岸端指定負責人（DPA）遂安排救難公司協助。救難隊伍於 2016 年 12 月 4 日早晨抵達現場。5 天後，M 輪終於脫淺再度浮起離開淺灘。後繼檢查發現 M 輪舵板嚴重受創。

4. 事故分析：

① M 輪修正過的航路直接從淺灘上經過。而淺灘中部水域的深度都低於 5 公尺，即使加上潮高 1.2 公尺，吃水超過 6 公尺的 M 輪當然會擱淺（Run aground）。

② M 輪穿過淺灘的航路是二副利用 ECDIS 計畫修正過，並作為

航行監督的。但卻忽略了系統與程序具備的防範擱淺功能。而且經過修正的航路未經船長核可。至於二副未察覺 M 輪進入淺灘區，ECDIS 警報既未顯示亦未示警，乃是因為「界定警戒區」（Defined guard zone）未正常作動，而且音響警報功能失常（Audible alarm disabled）所致。

③ 二副接班後立即接獲船長指示修正航路，二副僅是花費幾分鐘時間，利用滑鼠與游標在原計畫上更動四個轉向點（Waypoint）就完成修正。雖然二副曾利用目視掃視過修正航路，但她並未確認通過淺灘的航路是不安全的，而且與該水域的浮標系統是不一致的（did not conform with the buoyage in the area）。

④ 毫無疑問地，船長在開船前未審查並核可航行計畫（Voyage plan）是嚴重缺失。船長的解釋是港區作業的工作負荷與時間壓力，而且二副是合格適任航行員，亦熟悉 ECDIS 的使用，因而相信其能力，所以航行計畫通常是在時間方便時即簽妥（signing the passage plan at the earliest convenient opportunity）。實務上，航行計畫大都是船長授權船副而不親為。另本案船長指示二副修正航路的時間過於急迫，亦即二副接班後要馬上要修正航路，而且不久就要轉進新的修正航路，此緊迫過程當然會影響到二副的正常當值。合理的做法應是等二副修正航路完畢，船長檢視後，確認二副已完成接班準備，再行交班離去。

⑤ 二副無視船位已進入 ECDIS 顯示安全等深線內的藍色區域【註1】，尤其當船速急速下降時，應警覺到船舶已擱淺。除了海上航行經驗不足外，顯然情境警覺不足。因此調查機關懷疑其打瞌睡。

【註 1】

安全等深瀓（Safe Contour）：指影響船舶航行安全的等深線，船舶航行在等於或大於安全等深線區域時，就無須擔憂擱淺或觸底水深的一條等深線。由於船舶每航次裝載情況不同，因此船舶吃水會不同，從而根據船舶吃水及 UKC 等設置的安全等深線對於船舶而言是一個變數，航海者務必根據航次特點及時更改安全等深線數值，以確保使用 ECDIS 設置的安全。

5. **心得分享：**

① MAIB 近年所調查的幾起船舶擱淺事故，發現肇事主因多屬船上 ECDIS 的安裝與使用不當所致。愈來愈多證據顯示，第一代的 ECDIS 主要依據 IMO 的操作標準設計，也因爲這些系統成爲船上的強制性要求（Mandatory requirement on ships），因此並未充分注意到終端使用者（海員）的需要。結果，ECDIS 系統通常欠缺必須適應受限水域內準確的航行計畫功能。此一情勢導致船員在使用 ECDIS 時，常採取與管理者所期望，或廠商提供的指南不相符合的方法。

② 本案顯然是因航行員過度信賴電子航儀（Over-reliance on equipment）所致。當然未得到船長的支持亦是促成事故原因，儘管船長表明高度信任二副。

③ 近年來，由於科技的精進，加諸數位化與智慧化潮流趨勢，航海儀器推陳出新，提供航海人員節省許多便利，也提高船舶的運航效率與安全。但不容否認的，隨著新式航儀的市場投入，也發生許多以往未曾發生的事故，例如因使用電子海圖顯示與資訊系統（ECDIS）衍生的航行事故與虛驚【註 2】就是。

【註2】

「Near miss」一詞指「虛驚」、「險兆事件」：發生任何有可能產生對人的嚴重傷害，或是對財產、環境造成重大損失或破壞，但實際上沒有產生或者後果很小的事件。

以電子海圖顯示與資訊系統為例，從諸多案例分析得知此等事故發生的原因並非系統設計缺失（System design failure），反而多係操作上的缺失所造成的。諸如：

a. 不當的航行計畫，未使用或不正確的設定安全水深、安全等深線，或錯誤的輸入船舶資訊，諸如水呎（improper voyage planning, not using or incorrectly setting safety depth, safety contour or wrong inputs of vessels' data, such as draught）。

b. 使用不當的比例尺或顯示模式（using inappropriate scale or display mode）。

c. 未使用自動航路監測功能（not using the automatic route check facility）。

d. 未施行目視核對或瞭望（not carrying out visual checks or lookout）。

e. 利用電子海圖顯示系統作為避碰工具（using ECDIS as an anti-collision tool, and it is not meant for this purpose）。

f. 因為航行者不清楚自動或手動更新程序，致無法確認所使用的電子海圖是最新版（not ensuring that ENCs are up-to-date, due to navigators not being clear on the automatic and/or manual updating procedures）。

g. 不當使用雷達或 AIS 訊息的覆蓋（improper use of radar and/or AIS overlay）。

h. 無法繪出目視或雷達定位的位置線（inability to plot visual and/or radar fixes, LOPs）。

i. 未注意硬體或軟體失常的應急處理程序（not being aware of contingency procedures for hardware and/or software failure）。

j. 當船舶在電子海圖未涵蓋水域操作時未注意備份程序（not being aware of back-up procedure when operating in areas where ENC coverage is unavailable）。

案例 6.2 郵輪失控衝撞威尼斯碼頭與遊河遊艇

1. **事故種類**：主機失控與拖纜斷裂

2. **案例陳述：**

　　2019 年 6 月 2 日（星期日）08：30 時，船長 275 公尺的巴拿馬籍郵輪 "MSC Opera（以下簡稱 M 輪）"，在威尼斯的 Giudecca canal 運河內因主機突失動力，衝撞碼頭與一艘繫泊在岸邊的遊河遊艇 "River Countess（以下簡稱 R 艇）"，遊艇遭受嚴重的損壞（sustained substantial damage）。遊艇從事的遊河活動是威尼斯當地最具吸引力的觀光活動。事故當時，M 輪正進行郵輪最具賣點——通過著名的聖馬可廣場（St. Mark's Square）與威尼斯城的美景體驗航行（scenic sail），因而甲板上站滿數千名的旅客。事故後，所有旅客都說郵輪以極快的速度衝向碼頭。

　　M 輪由法國造船廠建造，於 2004 年投入市場，總噸位 59,000，
屬瑞典 MSC 公司所有。船舶管理公司為 MSC Cruise Management UK
Ltd of Uxbridge。

　　從網路影像紀錄片看到郵輪衝向碼頭的景象，有如恐怖電影一樣
的造成大驚慌，所幸只有 4 名年長觀光客遭受輕傷。撞船後，M 輪
絞起先前拋下的錨後繼續行駛前往客運碼頭。13：15 時，M 輪移往
Marittima terminal 碼頭。次日，M 輪取得主管機關准予修理作業的許
可，遂開始進行修理，直至 6 月 4 日。所幸損壞僅止於最外邊的船殼
處（參閱圖 6.11、6.12、6.13）。

圖 6.11　撞船前的 M 輪（船艏朝左）

圖 6.12　遊河遊艇被擠壓受創情形（一）

圖 6.13　遊河遊艇被擠壓受創情形（二）

3. 事故調查與責任：

　　本案由英國 MAIB 進行調查。基本上，事故一旦涉及客船（Passenger vessel）或郵輪（Cruise ship），則所須支持事故調查的資料量也會相對增加。又調查單位究竟需要什麼種類的資料？毫無疑問地，最主要的電子證據就是如同飛機黑盒子的 VDR。此為所有關於船舶運轉的主要資訊來源，如雷達、VHF、推進系統、操舵等紀錄

都是。尤其在郵輪上，還有許多其他的訊息來源可供調查，例如新式郵輪每每裝置有數百部閉路電視（Closed-circuit television）監視器，可以提供船上內部發生的許多真實狀況。以本案 M 輪為例，網路上流傳的許多影片，就是協助調查單位重建整個事件發生情境最有用的資訊。又在 M 輪碰撞威尼斯碼頭與 R 艇前，從 VDR 錄音檔中可以聽到船長關於主機有問題造成事故發生的相關談話（describing an engine fault causing the incident）。

　　事故後，海事專家列舉數項船員可能的缺失，包括輪機長與電機師有疏於提出主配電盤上專供警示駕駛台主機，以及舵機操控電源供應的警報信號可能有故障的缺失。因為當 M 輪仍未進入運河前，在潟湖航行時跳電警報即有作動。也因為輪機長未將此訊息報告船長，故而駕駛台的操控一直是在不知情的情況下，利用緊急備用（emergency backups）電源。

　　其次，船長一旦被告知舵工的操舵台（Helmsman's console）當機或斷電跳掉時，本應立即命令舵工改採緊急航行（Emergency navigation）模式，而非透過第三者轉傳指令給位於中央操控台（Central console）的舵工。此一違反規定的作法可歸因於船長的疏失。

　　原本緊急電源系統的設計足以繼續供電 30 分鐘，但當 M 輪接近碼頭時卻發生故障，導致駕駛台團隊無法操縱船舶與降低船速（leaving the bridge incapable of maneuvering and regulating the ship's speed）。此外，郵輪在運河段內航行的速度超過指定速度（Designated speed）也是被究責的主要原因。

針對此等質疑，M輪公司主張，監測系統（Monitoring system）的警報失常，屬於監視系統（surveillance system）的設計缺失，應由船廠負責。也就是承造M輪的 "Chantiers de l'Atlantique" 造船廠必須爲郵輪的固有設計缺失（Inherent design flaws）負責（sought to blame the ship's builder）。在M輪公司提出的抗辯書（Rebuttal）中，其所僱用的專家指出，線路異常（Irregularity of the wiring）是造成初始故障（Initial failure）的主因，也因而造成「研判情勢時的混淆與困難」（caused confusion and difficulty in reading the situation）。

M輪公司同時發表聲明：「沒有人要因此事服刑，也沒有人要肩負責任（No one will serve any time and no one has admitted liability）。」事實上，M郵輪公司採此策略旨在讓調查單位從各方管道查出事故的眞相，進而保護其所僱用的海員得以延續其職（專）業壽命（professional lives）。

由於本碰撞（Allision）案發生在全球知名景點威尼斯，故而立即成爲世界頭條新聞，並引發大型郵輪適不適合泊靠於威尼斯的爭議。

法律上，M輪在威尼斯撞擊碼頭與遊艇衍生的刑事案（Criminal case），法院依據義大利法律判處M輪船長 Carmine Siviero 刑期5個月（Sentenced to five months in prison），輪機長與電機師則各判刑2個月，另外兩名船員被判拘押（Behind bars）10天。從義大利法律來看，法院對M輪船員所控罪行（Alleged offense）表示所犯罪行都是極其輕微的。因此所有被告（Defendants）所犯的罪行都是得以易科罰金（to commute their sentences into monetary fines）之罪。也因此

不至於影響涉案船員的職涯發展（Professional careers.）。

　　至於其他涉及事故船員，包括當值駕駛員、協同航行員（Co-navigator）與保全官（Security officer）則被判無罪（exonerated）【註】。

【註】
　　大型郵輪上都配置有兩位船長，兩位皆持有船長證照，通常公司會指派其中一位較資深者負責全船最終安全責任，稱為 "Master"，另一位則是掌管航行與船務，稱為 "Staff Captain"。實務上，引水人上船後通常由 "Master" 親自擔任下達俥令、舵令的「航行員」（Navigator），而 Staff Captain 擔任執行俥令、舵令的「協同航行員」（Co-navigator）。

　　至於保全官，通常是增額或備位船長或大副，掛名「保全官」（Security officer），一方面可以襄贊駕駛台團隊業務，另方面可以熟悉全船的保安保全業務，為日後接掌職務做好準備。

　　另一方面，有關拖船船長的作為，事故當時船艏拖船為 "Angelina C" 船艉為 "Ivonne C"，在正常情況下，它們的馬力足以防範 M 輪碰撞碼頭與遊艇。但因為船速超過 6.8 節，致使船艉拖船 Ivonne C 無法提供制停的協助。但船長事後告訴港務長，敘述他採取制止（Standstill）船舶前進所做的一切努力，例如他已拋下雙錨，但因船速太快無法有效剎住。並強調拖船已盡力作用企圖加大 M 輪與 R 艇繫泊碼頭之間的距離，無奈負荷過大致使拖纜斷裂。故而事故調查團隊初步推測（Initial speculation），認定這艘具有 13 層甲板的郵輪發生碰撞的主要原因之一，是協助拖帶 M 輪進入威尼斯運河的拖船所繫帶的拖纜斷裂所致。

　　事實上，兩艘拖船確已盡最大努力企圖協助降低 M 輪船速，

並調整 M 輪態勢以防止更嚴重的衝擊（to prevent a more serious impact）。兩艘拖船的船長都勿須為事故負責（exonerated from blame for the accident）。尤其兩艘拖船在 M 輪系統故障後又在碼頭旁協助 M 輪近一個小時。

被撞遊艇所屬的 R 遊艇公司，針對遊艇遭受的損壞與修理期間的營業損失（lost revenues while the river cruise ship was out of service for repairs）提出一千四百萬美元的求償。

4. 歷史古城能否彎靠大型郵輪的爭議：

儘管本案的 M 輪是 2019 年全年總計 600 艘彎靠威尼斯的郵輪中，其噸位較小的一艘，但其船長仍有 275 公尺，幾近三座足球場的長度，試想一艘總噸位 59,058 的巨輪，在威尼斯脆弱的歷史古建築物群中破浪川航的威脅是多麼的可怕。從靠泊在岸邊的遊河小艇被撞擊擠壓成支離破碎的慘況來看，就可看出海上巨型郵輪穿越內河時的城市脆弱性（Fragility of a city）。也因此大型郵輪穿越究玳卡運河（Giudecca Canal）的譴責與爭議一直存在於法律與五星級享樂之間。本起事故引發了義大利政府的呼籲，要求立即禁止威尼斯究玳卡運河的郵輪靠泊安排。

事實上，自從 2012 年 1 月 13 日義大利郵輪「歌詩達協和號」觸礁沉沒造成 32 人死亡的事件後。義大利政府自 2014 年元月起，即禁止總噸位 40,000 以上的船舶航行此一水域。然而在威尼斯客運碼頭及其他利益團體以沒有替代水路為由的陳情下，義大利政府於 2015 年推翻前規，准許總噸位大於 96,000 的郵輪航行此水域。郵輪業者也自律性的將郵輪的總噸位極限設於 96,000，並且航行在潟湖區水域

時全部採用低硫燃油（Low-sulfur fuel），以示遵從環保法規的誠意。

　　反之，企業家出身的威尼斯市長，卻著眼於郵輪每年帶來 1800 萬旅客的龐大商機，因而根本不在意聯合國教科文組織（Unesco）於 2014 年要求所有大型郵輪不得進入潟湖的訴求。市長只期望郵輪不得從現在的 Lido 開口（Opening）進入潟湖區，而須改從 Malamocco opening 進入。至於目前廢棄不用的航道 "the Vittorio Emanuele III"，將被挖濬至足夠深度，以使大型郵輪可直接航行至威尼斯市的港口端，但此舉將會造成潟湖的生態毀滅（ecological damage），同時也會增加郵輪與已在使用此港口的其他郵輪之碰撞風險（參閱圖6.14）。

圖 6.14　郵輪進入威尼斯港航路示意圖

　　事實上，威尼斯環保主管機關已核可一項可以滿足 2014 年大型郵輪不得進入潟湖區的計畫，就是在 Lido 水道外的 San Nicolo 建造浮動港口（Floating Port）。接著再由每次可搭載 300 名旅客的不損壞生態環境、電動、無跡流的雙艫體（Eco-friendly, electric, wake-less catamarans）渡輪接駁至威尼斯的各不同景點。如此也可減緩大批旅客同一時間抵達同一景點的擁擠窘況。

　　另一方面，郵輪公司對於郵輪穿越運河，並泊靠於碼頭是破壞歷史古城的說法提出反駁，因為郵輪一經進入運河就停俥，並由拖船拖行運轉（Propellors switched off and pulled by tugs）。實務上，全靠拖船協助難度頗高，至少也要有強有力的側推（Bow thruster）協助，而此強有力的側推馬力常常就等同俥葉的推力。

　　很幸運地，本案 M 輪是以斜角（Oblique angle）撞上碼頭。事故發生的 Toto Bergamo Rossi 碼頭是新建水泥碼頭，強度足以抵抗撞擊。要是撞到其他傳統舊式碼頭，可能釀成更大災害。

5. 事故原因：

　　事故後，義大利公訴檢察官邀請 3 位義大利海軍專家參與調查。

① 海軍專家斷然的指稱船長與船員應對事故負責，因為其對緊急事故的因應訓練不足（Inadequately trained to deal with an emergency）。

② M 輪利用本身動力駛進威尼斯，並朝左轉向進入 Giudecca Canal 運河後，曾發生操縱失靈（Steering failed）現象。此一訊息機艙確實告知駕駛台團隊，但船長並未告知稍後登船的引水人。

③ 船長未能按下操控台上可以立即停俥的按鈕，因此拖船無法控制

速度仍快的郵輪運動軌跡（ship's trajectory），進而造成拖纜斷裂
（Snapping）。

④ 從事故情境重建（Reconstruction）的資料顯示，事故的發生顯然
是「錯誤的操縱」（Erroneous maneuver）所致，因爲如果沒有錯
誤的操縱，M 輪的設計應可及時將船停下（able to stop in time）。

⑤ 儘管郵輪進入潟湖後，由港口引水人負責操縱（Conduct），但
是船長還是負有依據正確程序緊急處理主機故障的責任（captain
is responsible for managing emergencies even though the cruise ships
when in the lagoon are "conducted" by pilots from the Port, had
followed the correct procedure for breakdowns）。

6. **經驗分享：**

① M 輪公司的主張被法院駁斥。無論任何原因，延遲執行緊急程序
（delay the execution of the emergency procedure）都是不合理的（does
not justify for any reason）。

② M 輪公司主張，「停俥」（Stop the ship's propellers）是一個比船
長要求機艙「全速緊急倒俥」（ask engineering to put the ship in full
reverse）的指令更爲危險的選擇。此意味著船長已盡最大努力企
圖讓損壞降至最低。從航海專業來看，一般正常況下，合理的操
作應是先「停俥」，再搖俥鐘至全速倒俥。但本案屬緊急狀況，
要求機艙「全速緊急倒俥」絕對是正確的。可見法院聘請的「專
家」主張船長未先下「停俥」指令致造成事故的說法有違專業。

③ 因爲本案屬突發事故，致使船員能夠反應的時間極其有限（the
ship's crew had very limited time to react），因此船員亦難將損壞降

至最低。

④ 事故影像紀錄片段中，船上汽笛發出刺耳響聲，企圖警告遊艇上的觀光客逃避，亦屬 M 輪船長企圖降低傷亡的正確措施。

⑤ 大型郵輪動力故障或失去動力是常有的事，但大多數是發生在船舶離港後。郵輪公司常將推進系統的故障（Propulsion failures）歸因於「技術原因」（Technical reasons）。大多數的案例中，動力的喪失（Power loss）時機並非發生在關鍵時刻，但本案 M 輪卻在趨近碼頭時發生喪失動力。可謂是在不對的時間發生不對的狀況。

　　M 輪在關鍵時刻喪失動力，並非 M 公司的郵輪第一次在威尼斯港衝撞碼頭。因為在此案發生的 5 年前，MSC Preziosa 亦曾撞過威尼斯碼頭信號台（Maritime station）。另依據威尼斯海事局統計，2016 年單是美國郵輪公司所屬郵輪，就有 18 件主機完全或短暫喪失（Power loss）的事故。從航海專業而言，在關鍵時刻（critical moment）發生主機喪失動力，等於船長失去所有控制（the captain lost all control）。

案例 6.3 渡輪靠泊方向的迷惘

1. **事故種類**：誤認船舶運動方向
2. **案例陳述**：

　　一艘航行於 R（紅）與 B（藍）兩港口間，船舶任一端都可以操縱的雙船頭渡輪（Double-ended ferry），在霧中自 R（紅）港駛向 B（藍）港。渡輪船舯部設有駕駛台，且在駕駛台兩端各設有操縱控制

台，此操縱配置使得該渡輪在往返兩港口之間不用調頭 180°（without having to turn 180°）即可離、靠碼頭。

　　為便於航行，該船的所謂的「船艏端」是隨著船舶行駛方向改變的。即朝 B（藍）港行駛時，船舶的「藍端」（Blue end）為船艏；反之，朝 R（紅）港行駛時，船舶的「紅端」（Red end）為船艏。

　　位於控制台上的手動轉換開關，可以在電子海圖系統顯示正確的艏向。在航程中由船長操控，並立於藍端船艏雷達、ECS 前的舵工旁。另一位船副與專職瞭望員同時立於駕駛台。船副立於駕駛台另端的紅色控制台（朝船艉），並利用雷達與 ECS 提供船長關於航行與避碰的相關訊息。

　　瞭望員位於駕駛台左側翼，隨著渡輪趨近 B（藍）港，舵工感覺難於保持在船長要求的航向上，而且渡輪開始向航道的左側迴轉。他立即相船長提出他的擔憂，於是船長決定親自操舵與操俥。

　　船長接手後，能見度降至 200 公尺以下，協助的駕駛員仍立於駕駛台的另端，而且持續傳遞來自甲板瞭望員的船位資訊，瞭望員的無線電呼叫變得更為頻與急促（more frequent and urgent）。

　　渡輪在船長操控下，雖曾短暫的制止船舶迴轉，但隨即再度向左偏轉，使得渡輪離開內航道向左前進。此時能見度仍未改善，致使駕駛台團隊無法再用目視看到岸線與航行標識（參閱圖 6.15）。

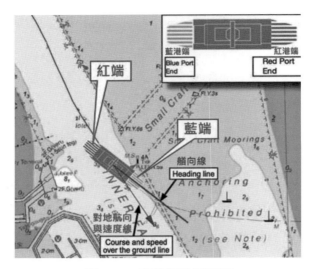

圖 6.15 渡輪運動示意圖

此時，船隻自其原本航向朝左迴轉約 220°，但很快地停止在水上（參閱圖 6.16）。

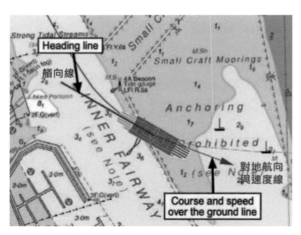

圖 6.16 渡輪已迴轉 180°，但船艏向指示未改變

船長決定放棄泊靠（abort the berthing），並運轉渡輪回至航道中，離開藍港。船長深信其仍維持先前的（朝藍港）方向，於是啟動推進系統的倒俥，並跑至駕駛台的紅端（便於朝運動方向看），並立即加足（倒俥）馬力。

船長同時要求駕駛員給他一個駛回內航道的建議航向，但是此舉更令駕駛員陷入混淆，因爲現在該船正以加速度倒俥駛向位於港口東邊的遊艇繫泊地。稍後，渡輪以 6 節速度撞沉繫泊中的帆船。

撞擊後，船長雖停掉主機推力，但渡輪仍持續衝向海岸線並擱淺於離岸 130 公尺遠的軟泥中（rounded on soft mud about 130 metres from shore）。

3. 事故原因：

① 事故調查報告指出，碰撞與擱淺的發生是因爲船長在霧中迷失方向所致，不愼將渡輪駛向錯誤（相反）方向。

② 當船長接手操控渡輪後，疏於注意操作（方向性）已失控。駕駛台團隊開始各自忙各自的，而未充分支援船長。

③ 過度講究人體工學的駕駛台設備配置，造成（其他成員）無法支援立於控制台另一側操控船舶的單兵作業。

④ 由於電子海圖系統倚賴手動操作提供艏向資訊（適當顯示哪一端是船艏端），但當船長自藍端操控台衝向紅端時，轉換開關並非由船長操作。

⑤ 船長完全聚焦於電子海圖系統，並且使用電子海圖顯示的訊息作爲其決策的依據（focused on the ECS and used the information displayed as a basis for his decision-making）。電子海圖顯示的錯誤

舳向資訊支持船長操縱渡輪倒行進入河道的看法。

4. **經驗分享：**

① 遇有視線不良情況，不能即興盲目引航，而且只有在當它被需要前，已常時練習過此技巧始可採行。最好的作法還是停俥停船等候視線改善。

② 駕駛台資源管理的本質是任務委任與團隊工作（task delegation and teamwork）。本案的駕駛台團隊成員疏於實踐此一本質。其次，駕駛台資源管理的另一關鍵元素是「質疑」（Challenge），如果需要，必須質疑團隊其他成員，甚至是船長的決定。

③ 雖本案發生在視線不良情況下，導致船長過度信賴航儀操縱船舶。必須強調的是，除非視線非常不良，否則港區操船務必採用目視操船模式，此乃因為港區操船水域相對狹窄，加諸地形地勢多變，如果倚賴電子航儀操船，當儀器本身固有的訊號傳遞延遲，極可能造成操船者因儀器顯像或訊號失真而做出錯誤判斷。反之，採用目視操船，操船者憑著感應船舶相對於各種目標的位移，比較容易做出正確精準的判斷與回應。

案例 6.4 甲板貨木材倒塌造成人員傷亡

1. **事故種類：**貨物裝卸工安事件

2. **案例陳述：**

　　某散裝船甲板上積載著捆裝的木材成材（Package sawn timber）。這是該船第一次裝載木材，船員對於裝載此類貨物毫無經

驗。因此貨主特別指派一名貨運監督（Supercargo）上船，協助監督貨物的積載，並提供大副關於貨物積載、固定與穩定性規定等指導。

在貨運監督的指示下，船員利用鋼索、鏈條與伸縮螺絲（Turnbuckle）固定甲板貨。更在甲板貨的前後端搭建木梯，以供作爲船員往返住艙與艏艛甲板之間的通路（參閱圖 6.17）。

圖 6.17　滿載甲板木材用鋼索綁紮固定

就在船舶抵達卸貨港拋錨後，船員開始拆除甲板貨的「綁紮鋼索」（Lashing wire），以便貨物得以卸下至繫泊在散裝船船舷的駁船（Barge）上。依據租船契約（Charterparty）的條件，所有貨物卸船的相關作業，包括船上吊桿的操作，都由碼頭工人負責施行。

卸貨過程中，水手長進行例行作業巡視，並監督卸貨作業過程中木材有無傷及船體。在卸貨過程中，貨運監督並未向船長與船員提出

任何忠告與糾正建言。兩艘駁船（Barge）旁靠於大船的右舷，另一艘駁船則旁靠於左舷（參閱圖 6.18）。

圖 6.18   駁船旁靠於散裝船船舷裝貨

然就在某一吊含有 20 捆成材被吊起的卸貨動作進行時，約有 2 噸的成材自甲板上滑落，進而從左舷墜落下海，迫使貨物作業暫時中止。此時船員才察覺到原本站在木材上的水手長，亦隨之落海，於是船員開始在海面上與駁船上尋找水手長。最後發現水手長在駁船上被壓在一捆木材下方。水手長隨即被救出送至岸上就醫，但沒多久即被宣告死亡（參閱圖 6.19）。

3. **事故調查：**

事後的官方調查發現下列：

① 當甲板貨「綁紮」解開後，裝載於甲板上的貨物穩定性變差（with the deck cargo lashings removed, the cargo packages stowed on deck had insufficient stability），因為航行中船舶顛頗搖擺，造成貨載會產生位移。

圖 6.19 木材掉落至駁船的事故現場

② 裝貨前，船員在甲板上兩舷側豎起直立的防護材（Stanchion）旨在防止航行中甲板貨落海，以及卸貨前綁紮解除後甲板貨倒塌（the use of uprights would have helped prevent a deck cargo stack from collapsing once the securing lashings had been removed）。但經過航海中船體搖晃與甲板貨的位移擠壓，部分防護材在抵港後可能傾斜甚至倒塌。

③ 在裝貨之前，船長未被告知每一捆甲板貨的扭曲變形力（Racking force）與水密塑膠布的磨擦阻力（Frictional resistance）。此等資訊可以讓船長對於甲板貨物每一堆積單位（Stack）的穩定性（Stability）與穩妥性（Security）有更正確的評估。

④ 當船員發現碼頭工人作業方式不正確時，未能及時向工頭（Stevedore foreman）反應並討論，而任憑其持續爲之。

⑤ 船員在甲板貨上值班作業未繫帶安全索（Lifeline, safety harness），以便拉住自甲板貨上可能跌落的作業人員。

⑥ 船員未正確評估風險水平。例如在甲板貨上方設置索道（Catwalk），並藉以連結前項所述的安全索。此一錯誤評估延續到貨物的卸船過程。

4. **經驗分享：**

① 船舶欲裝載甲板木材貨前，船員應詳讀《IMO Code of Safe Practice for Ships Carrying Timber Deck Cargoes（TDC Code 2011）》。並在舷側裝置足以防止甲板貨扭曲變形力強度（Racking strength）過大，導致倒塌落海的防護材。

② 在貨物作業過程中，讓非相關人員立於貨物作業場所附近是增加該等人員風險事故的不必要因子。

③ 一旦發現裝卸工人工作實務有缺失應立即停止作業，並與作業負責人討論改善。

④ 如果要裝載特殊貨載，或是船員對於所需的特別考量欠缺經驗，必須尋求在作業的各個階段確保有專家在場指導。

國家圖書館出版品預行編目資料

海事案例解析／方信雄作. ——初版.——
　臺北市：五南圖書出版股份有限公司，
2022.06
　面；　公分
ISBN 978-626-317-783-3（平裝）

1.CST: 運輸安全　2.CST: 航運管理
3.CST: 船舶　4.CST: 個案研究

557.4　　　　　　　　　111005001

5I63

海事案例解析

作　　者 — 方信雄（3.5）

發 行 人 — 楊榮川

總 經 理 — 楊士清

總 編 輯 — 楊秀麗

副總編輯 — 王正華

責任編輯 — 張維文

封面設計 — 王麗娟

出 版 者 — 五南圖書出版股份有限公司

地　　址：106台北市大安區和平東路二段339號4樓

電　　話：(02)2705-5066　　傳　　真：(02)2706-6100

網　　址：https://www.wunan.com.tw

電子郵件：wunan@wunan.com.tw

劃撥帳號：01068953

戶　　名：五南圖書出版股份有限公司

法律顧問　林勝安律師事務所　林勝安律師

出版日期　2022年6月初版一刷

定　　價　新臺幣480元

經典永恆・名著常在

五十週年的獻禮 —— 經典名著文庫

五南，五十年了，半個世紀，人生旅程的一大半，走過來了。

思索著，邁向百年的未來歷程，能為知識界、文化學術界作些什麼？

在速食文化的生態下，有什麼值得讓人雋永品味的？

歷代經典・當今名著，經過時間的洗禮，千錘百鍊，流傳至今，光芒耀人；

不僅使我們能領悟前人的智慧，同時也增深加廣我們思考的深度與視野。

我們決心投入巨資，有計畫的系統梳選，成立「經典名著文庫」，

希望收入古今中外思想性的、充滿睿智與獨見的經典、名著。

這是一項理想性的、永續性的巨大出版工程。

不在意讀者的眾寡，只考慮它的學術價值，力求完整展現先哲思想的軌跡；

為知識界開啟一片智慧之窗，營造一座百花綻放的世界文明公園，

任君遨遊、取菁吸蜜、嘉惠學子！